荒野(あれの)から聖なる大路(おおじ)へ

ALL ONE IN
CHRIST JESUS

Japan Keswick Convention 50th Anniversary

日本ケズィック・コンベンション
50年記念誌

日本ケズィック・コンベンション
50年記念誌出版特別委員会
［編］

YOBEL, Inc.

写真による50年の歩み

第1回 日本キリスト者修養会
講師：ボブ・ピアス師　通訳者：木田 愛信師

第2回 集合写真　箱根小涌園

第3回
日本ケズィック・コンベンション
常置委員
（左から）
ジョー・グーデン、西村 次郎、
木田 愛信、武藤 健、車田 秋次、
小原 十三司、都田 恒太郎、
羽根田 豊、藤田 昌直

第3回 日本ケズィック・コンベンション講師、常置委員
（左から）
ジョー・グーデン、西村 次郎、アラン・レッドパス、木田 愛信、ボブ・ピアス小原十三司、ポーロ・リース、
武藤 健、都田 恒太郎、車田 秋次、羽根田 豊、藤田 昌直

第3回 日本ケズィック・コンベンション 集合写真（於:箱根小涌園）

第5回 講師、常置委員
（前列左から）
小原 十三司、車田 秋次、
パウロ・リース、
レイモンド・オートランド、
都田 恒太郎
（後列左から）
木田 愛信、三雲 豊造
小出 忍、瀬尾 要造、
藤田 昌直

第15回 安藤 仲市師の祈祷

第8回 会場入口 箱根小涌園

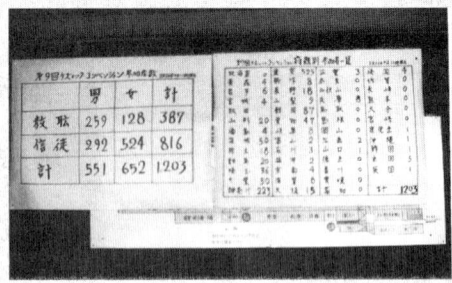

第9回 プログラム表紙
参加人数と参加地域の人数表

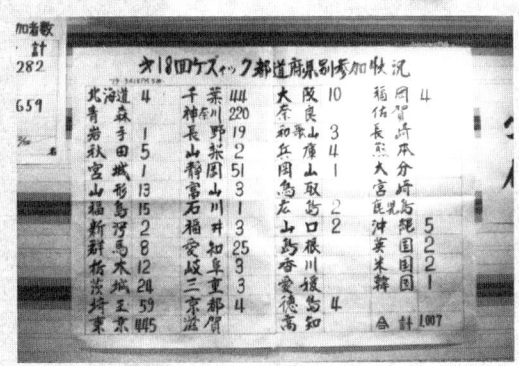
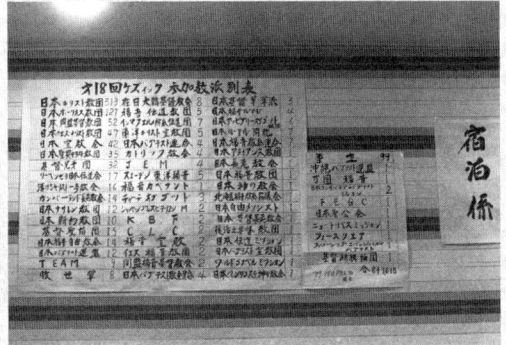

第18回 参加地域の人数

第31回 追悼記念式典　パウロ・リース　小出 忍の追悼写真、講壇は尾花 晃師

第8回 会場風景（於:箱根小涌園）　畳に座って聞く、いすに座って聞く

第21回 会場風景（於:箱根小涌園）

第20回 日本ケズィック・コンベンション
1981(昭和56)年2月24日〜28日　於:箱根小涌園

第23回 日本ケズィック・コンベンション
1984(昭和59)年2月28日〜3月2日　於:箱根小涌園

第25回 日本ケズィック・コンベンション
1986(昭和61)年2月25日〜28日　於:箱根小涌園

第28回 日本ケズィック・コンベンション
1989(昭和64)年2月21日〜24日　於:箱根小涌園

第31回 申込書表紙

第41回 しおり

第49回 しおり

第50回 チラシ

第49回 日本ケズィック・コンベンション　幼児祝福式

荒野から聖なる大路へ

ALL ONE IN CHRIST JESUS

Japan Keswick Convention 50th Anniversary

日本ケズィック・コンベンション 50年記念誌

写真による50年の歩み　写-1

［巻頭言］
記念すべき50年を迎えて　峯野 龍弘　4

［50年お祝いの言葉］
敬愛する日本ケズィックの皆様へ
クリスティーン＆レイモンド・ブラウン　6
ヘザー・オルフォード　6
ジョナサン・ラム　7

［歴代の主な説教］
新約聖書における至聖所（1）〜（3）　パウロ・リース　9
舌を見せよ　G.ダンカン　26
聖書信仰界の分裂とそれをいやす途　渡辺 善太　31
ギデオンの生涯（1）〜（3）　レイモンド・ブラウン　34
わが霊によって　スティーブン・オルフォード　49

［50年通史］
50年を回顧して　荒野から聖なる大路へ　峯野 龍弘　55
主なる歴代講師・通訳者の肖像画　峯野 龍弘　65
ケズィック大会の通訳に求められるもの　増田 誉雄　73
ケズィック・コンベンションと通訳　三ツ橋 信昌　78
しかし、今や　小出 忍　81
英国ケズィック訪問記　瀬尾 要造　83
これがケズィックである　藤田 昌直　87

［各地区の歩み］
大阪ケズィック・コンベンション
日本ケズィック・コンベンション50年に感謝して　岡田 信常　88
大阪ケズィック・コンベンションのこれまでの歩みと、
これからの展望　岡田 信常　89
神の恵みの深さを知るケズィック　武田 二郎　92
有馬ケズィックの思い出　坊向 輝國　93
50年記念によせて　談議 孝義　94
みことばの恵み　長内 和頼　95
御言葉に聴く恵み　井之上 薫　96
大阪ケズィック・コンベンション年表　99

北海道ケズィック・コンベンション
　　北海道ケズィック・コンベンションの始まりと推移　石井 栄治　*100*
　　北海道ケズィック・コンベンション年表　*107*

九州ケズィック・コンベンション
　　ただキリストを誇る恵み　山崎 忍　*108*
　　九州ケズィック・コンベンション20回の恵み　横田 武幸　*109*
　　私の伝道者としての土台を形作ってくれた
　　　　　　　　　　　　　　ケズィックの恵み　横田 法路　*110*
　　九州ケズィック・コンベンションの歴史　第1回～第15回　岡田 順一　*112*
　　九州ケズィック・コンベンションの歴史　第16回～第20回　山崎 忍　*115*
　　九州ケズィック・コンベンション年表　*118*

沖縄ケズィック・コンベンション
　　沖縄ケズィック・コンベンションの恵み　齋藤 清次　*119*
　　沖縄ケズィックの恵み　国吉 守　*119*
　　沖縄ケズィック・コンベンションの歴史と
　　　　　　　　　　　これからの展望　佐久眞 武三　*120*
　　沖縄ケズィック・コンベンション年表　*124*

東北ケズィック・コンベンション
　　東北ケズィックのビジョン開催に至る
　　　　　　　　　　経緯と祈り　小助川 次雄　*125*
　　東北ケズィックのビジョン　島 隆三　*127*
　　東北ケズィックのビジョン　大友 幸一　*128*
　　東北ケズィック・コンベンション年表　*129*

[記　録]
　中央委員会：歴代委員長等一覧表　*131*
　第1回～第49回：聖会/バイブル・リーディング/開会・早天礼拝一覧表　*133*
　日本ケズィック・コンベンション中央委員会構成　*146*
　日本ケズィック・コンベンション規約　*147*

あとがき　黒木 安信　*152*

「ケズィック 50 年記念誌」付録 DVD の使用法について　*154*

巻頭言

記念すべき50年を迎えて
峯野 龍弘（日本ケズィック・コンベンション中央委員長）

遂にお互いは日本ケズィック・コンベンションの記念すべき50年の喜ばしい年を迎えることとなりました。今日に至るまで大いなる祝福をもって終始このコンベンションをお導きくださった主に、心いっぱいの栄光と讃美と感謝を捧げます。

今ここに、過去50年の日本ケズィック・コンベンションの歴史を回顧する時、今更のように懐かしい数々の思い出が脳裏に甦り、胸にこみ上げて来る万感の熱い思いを禁じ得ません。実にこの日本ケズィック・コンベンションの過去50年の歴史は、総じて"神の恵みに満ち溢れた恩寵の歴史"であったと言えるでしょう。

そこでこの"神の恵みに満ち溢れた恩寵の歴史"を、この記念すべき50年に是非一冊の記念誌として纏め上げ、一人でも多くの方々と共にその恵みを分かち合い、主に心からの感謝を捧げると共に、さらにこの"恩寵の歴史"を後世に繋いで行きたいとの願いから、当中央委員会では黒木安信師を委員長とする記念誌出版特別委員会を設け、なおその下に同師を編集長とする記念誌編纂実務委員会を組織し、本誌の出版に取り掛かることにしました。その結果、この記念誌編纂実務委員会の精力的な努力によって、遂にこのような立派な一冊（DVDを含む）を後世に遺すことができました。

それにしても極めて短期間の内に、本誌をここまで纏め上げなければならなかった編纂者各位のご尽力は、並大抵のものではなかったと思います。このためにかくまで多大な労を惜しげもなく払われ、編集、執筆に当たられた各位に、主にあって心からの深い感謝の意を表します。

さて、かくして今ここに出版の運びとなり本誌を手にされた皆様に、僣越ながら小僕自身の日本ケズィック・コンベンションとの出会いについて、幾ばくか記させて頂くことをお許しください。

小僕が直接伝道献身して神学校に入学したのは、1962年4月のことでした。その一年ほど前、聖霊体験と聖めの恵みにあずかっていた小僕は、既に自らの生涯を主の御用のためにお献げし、信徒献身していました。そのことを知った父親は激怒し、遂には小僕を勘当し、家の敷居を跨がせては

くれませんでした。そこで仕方なしに小僕は、エルンスト・ラングというドイツからの宣教師の家に居候する身となりました。かくして宣教師館の屋根裏部屋に居候しながら日々祈り、聖言を学び、伝道奉仕して過ごしていたある朝、ラング宣教師から朝食の後で、「今日から箱根湯本の三昧荘で、3泊4日の修養会があるから、あなたはそこに行って大いに恵まれて来るように」と勧められ、しかも参加費用を手渡され、半ば強制的に参加したのが「日本キリスト者修養会（仮称・ジャパン・ケズィック・コンベンション）」という馬鹿に長たらしい名の修養会でした。しかし、何とこの集いこそが実質「第1回日本ケズィック・コンベンション」となったのでした。それは小僕の神学校入学直前の3月20日（火）の午後から23日（金）の正午までの出来事でした。

この集会には文字通り、北は北海道、南は沖縄に至るまで全国各地から39教派の教職（281名）、信徒（221名）、宣教師（30名）、総勢532名が詰め掛けました。その時の光景は今でも目に焼き付いて離れません。三昧荘の畳敷きの大広間は、隅々までそこに座す人々によって埋め尽くされていました。講壇には主講師のボブ・ピアス博士、ポーロ・リース博士、クリスティー・ウィルソン博士の3師のほか、日本人講師の金井為一郎、車田秋次、小原十三司の諸師、そして通訳者の木田愛信、安村三郎、土屋一臣の3師、さらには武藤健、高瀬恒徳、藤田昌直、瀬尾要造等の委員諸氏が勢ぞろいしておられた。

集会は、回を重ねるごとに霊調が増し、主の聖臨在を目の当たりに拝し、聖霊の圧倒的迫りの内にお互い会衆は、さながらモーセが燃え柴の前に立たされた時のように御前にひれ伏し、主への全き献身と服従を余儀なくされたのでした。

かくして小僕もまたこの第1回日本ケズィック・コンベンションの聖なる別れの場において、聖霊による"再度の聖別"に浴し、この直後、誠にくすしき主の御摂理の内に、その時の早天祈祷会において説教された今は亡き小原十三司師が、校長を務めておられた東京聖書学校に入学することになったのでした。何という絶妙な主の御取り計らいであったことでしょう。

爾来小僕は、今日に至るまでの50年間、この日本ケズィック・コンベンションと深く密着して歩み続けて来ることができました。惟々、大いなる奇しき御業を為された主の聖名を賛美せざるを得ません。

ハレルヤ！

（ウェスレアン・ホーリネス教団 淀橋教会主管牧師）

50年のお祝いの言葉

敬愛する、日本ケズィックの皆様へ

クリスティーン＆レイモンド・ブラウン

　日本ケズィック・コンベンション50年おめでとうございます。

　今日に至るまで日本ケズィック・コンベンションを通して素晴らしい霊的な御業をなしてくださった神様に向かって、皆様と共に心からなる感謝をささげたいと思います。

　神様はこの50年の間、沖縄から北海道に至るまで、聖書的な聖めのメッセージを語り続けてくださいました。妻のクリスティーンと私には、何度もこの素晴らしい働きにお招きいただいたこと、またケズィックの働きに仕えるイギリスと日本が共に主に仕えることができたことなどが素晴らしい思い出となっています。

　今でも、折に触れて皆様のことを思い出し、二人でいつも日本ケズィックのために祈っています。特にそれぞれの地区の委員の先生方や奉仕された方々がケズィックの働きの前進のために労を惜しまずに働いておられることに対し、私たちは神様に感謝しています。

　皆様にとって特別に意義深いこの記念の年が、主の祝福に溢れた年となりますようお祈りいたします。

敬愛する、日本ケズィックの皆様へ

ヘザー・オルフォード

Congratulations to Japan Keswick for 50 years of ministry.

All glory goes to God for His blessing on the Conventions in Japan. I am very grateful that with my husband Stephen,

　日本ケズィック50年おめでとうございます。この間日本ケズィックコンベンションの働きを常に祝福してくださった神様にすべての栄光がありますように。

I had the privilege of sharing in that blessing many times and also the 40th Anniversary.

I give thanks to God for the lives that were blessed and changed through the ministry of the Word.

I praise God for the leadership that has been careful to provide the sequence of teaching that glorifies God, and leads the believer into a deeper walk with the Lord through the enabling power of the Holy Spirit.

My prayer for future Conventions would be "guard the Truth" or as in I Timothy 6：20, "Guard what was committed to your trust."

主人スティーブンと私は、40周年の年を含め何度も日本ケズィックの祝福の中に加えていただき深く感謝しております。ケズィックの働きを通して多くの人々の人生が変えられ祝福を受けて来られたことのゆえに、また、神をあがめる説教や聖霊の力に支えられて神とのより深い歩みに信徒を導く説教を宣べ伝える働きを堅く守り続けてこられた先生方のゆえに、主の御名をほめたたえます。日本ケズィックがこれからも真理を守り、Ⅰテモテ6章20節にあるように、「ゆだねられたものを守る」働きを続けていかれますよう心からお祈りしています。

敬愛する、日本ケズィックの皆様へ

ジョナサン・ラム（英国ケズィック委員長）

JAPAN KESWICK

It gives me great pleasure on behalf of Keswick Ministries in the UK to extend our warm congratulations to the Japan Keswick on your 50th anniversary! It is very encouraging that you have sustained the preaching ministry over so many years, across so many cities, and impacting so many believers! In the UK we have greatly appreciated the opportunities of partnership, and I am not the only speaker to have enjoyed your warm welcome and kind hospitality in the Japan Keswick programme! We are also honoured to welcome you to the UK event whenever

英国ケズィックを代表して、日本ケズィック50年を心からお祝い申し上げます。50年もの長きにわたって、皆様方は、日本各地に働きを広げながらケズィックのメッセージを語り続けて来られました。そしてその働きを通して多くの魂が新しい力を受けてきたことを知り、私たちは大きな励ましを受けています。これまで、英国ケズィックは、日本の皆様と共に主のために働く機会が与えられたことに感謝しています。そして、私だけでなく、これまで数多くの講師を英国からお招きくださり、日本ケズィックの働きのために用いてくださいました。日本の皆様が英国のケズィックに来られる機会がありましたら、こんどは私

that is possible for you.

It is wonderful that the Japan Keswick has been able to ensure that the preaching of Christ, through the Word of God and in the power of the Spirit, is the continuing emphasis of your ministry. We rejoice to know you are holding to the truth of scripture, teaching it with faithfulness and relevance, whilst also changing where needed in order to ensure that a new generation of Japanese Christians is welcomed into the Keswick family. May God bless you in the coming years, until Jesus himself returns!

Jonathan Lamb
Chairman, Keswick Ministries UK

たちが皆様方を喜んでお迎えしたいと思います。

　日本ケズィックが、聖霊の力を受け、神の言葉を通してキリストを宣べ伝えることを働きの中心としておられることはすばらしいことです。そして、皆様方が、御言葉の真理に堅く立ち、その真理を忠実かつ適切に教えつつ、次の世代の日本のクリスチャンがこの働きに加わるために必要なところでは変化も加えておられるお姿を見て、私たちは大いに喜んでいます。どうか、これからも主が再び来られる日まで、皆様の上に神様が豊かな祝福を注ぎ続けてくださいますように！

歴代の主な説教

日本におけるケズィック・コンベンション50年の歴史の中では、今も記憶に鮮明な数多くの名説教が人々の間で語り継がれています。その中から紙上で10編を再現してみました。

新約聖書における至聖所（1）

パウロ・リース

　ヨハネによる福音書13章1節〜17節までをお読みいたしましょう。

　しばらく首をたれて沈黙の中に、われわれを教え給うのは聖霊である、ということを覚えたいと存じます。……アーメン。

　このたびの聖会におきましては、神のお許しを頂いて、皆様を「新約聖書の至聖所」とも言うべき、今、お読みいたしました箇所にご案内申し上げたいと存じます。皆様、ご存知の通り、旧約時代の至聖所は、まず、荒野において幕屋の中に設けられました。それから、それは神殿の中に設けられました。それは神の契約の民であるイスラエル人にとっては地上において最も神聖な場所でありました。それは、神の燃ゆるばかりに輝やく栄光の現われる場所、シェキナーの場所でありました。そして私たちは、新約聖書の至聖所に足を踏み入れているのでございます。

　その場面を簡単に申し上げましょう。主イエスは弟子たちと共にエルサレム市内のとある二階座敷に坐しておられます。それは、過越しの食事のため、そして主の晩餐のためでありました。ただに過越しの祭りのためばかりではなく、パンと葡萄酒をもって御自分の死をあらわす記念の礼典を定められるためでありました。その場所がどこであったか、明確に知ることは出来ません。知られていることは、それが誰かの所有にかかるもので、それを借用されたのであったということだけです。それは彼らが他の人々から離れて、人目を避けて集まることのできる場所でありました。あたかも、エルサレムは祭礼の最中で、多くの人々がごった返しておりました。多くの人々が殺到していたばかりでなく、それはまたイエスにとっては危険な場所でありました。イエスはある親切な人に願って、弟子たちと秘かに会合するその場所を手に入れられました。その場面を想像して見ましょう。弟子たちはしばらくの時間を主と共に静まって過すためにその二階座敷に集って来ました。それから数時間後には主イエスはそこを発って死刑の宣告を受けるために裁きの庭にお立ちにならなければなりません。そしてさらに十字架に行かれなければなりません。しかし今は、主は静かに坐しておら

れます。他の福音書には、主が弟子たちをかえりみて、「私はこの食事を諸君とともにとることを切に望んだ」と言われたと記されてあります。主はわれわれに対しても交わりを切願しておられます。どうか、この聖会を通して、主と親しくお交わりなさるようにお願いいたします。主とのお交わりによって、われわれは豊かな富を得ますけれど、主もまた、心足らわしめられ給うのであるということをお憶えください。

今や、主は口を開いて、その誠心から語りかけられます。十字架を指して出発されるその直前に、主は心を開いてその奥義を明かそうとしておられます。いえ、十字架ばかりではありません。主は十字架をこえて、そのさきのことも、すなわち、復活ののちに、主が何をしようとしておられるかということをも示されます。それが、このヨハネによる福音書13章、14章、15章、さらに進んで、16章、17章の内容でございます。

17章にいたり、主は弟子たちに対する言葉をやめて、父なる神に向って話しはじめられました。17章は主が神に向って語られたお言葉を記録したもので、聖書の中でも比類のない箇所でございます。13章、14章、15章、16章において主は弟子たちに、父なる神にについて語られました。そして17章においては父なる神に、弟子たちについて語られました。これら両者を含めて、私はそれを「新約聖書における至聖所」と呼ぶことにいたします。

さて、この第1回の講演においては13章に集中して学ぼうと存じます。この箇所の鍵語は3節と4節でございます。

イエスは聖父がすべてのものを彼にお与えになったこと、また、彼が神から出て、神に帰るべき者であることを御存知でありました。しかるに、「夕食の席から立ち上がって上着を脱ぎ、手ぬぐいを取って腰に巻かれ」ました。それは実に、神の御子、万物の主権者、主なるお方が僕となられたそのお姿です。ここに、至尊の王者にふさわしい僕の姿があらわされています。その時の空気は一体どのようなものでありましたか。弟子たちは、お互いの中で一番偉いのは誰かということについて激論を戦わせ、互いに反目していました。それは主の御心を痛めまつることでした。ヨハネはこれについて語っていませんが、ルカは22章24節以下にこう記しています。「それから、自分たちの中でだれがいちばん偉いだろうかと言って、争論が彼らの間に起こった。そこでイエスが言われた、『異邦人の王たちは、その民の上に君臨し、また、権力をふるっている者たちは恩人と呼ばれる。しかし、あなたがたは、そうであってはならない。かえって、あたがたの中でいちばん偉い人はいちばん若い者のように、指導する人は仕える者のようになるべきである。』」さきに申し上げましたように、その二階座敷は借用されたものでありました。したがって、その会合には、彼らをその家に招いてくれた、主人役というものがありませんでした。もしその家に招かれたのでありましたならば、主人公は、僕たちに命じて、当然、うやうやしく、主イエスと弟子たちを迎えるはずでありました。勿論塵埃にまみれた足も洗ってくれた筈であります。

しかし、この場合は招かれたのではありませんから、足を洗ってくれたり、いろいろ世話をしてくれる僕はありませんでした。このような時には、弟子たちがお互いに足を洗い合うのが、礼儀でもあり、また

当然なすべきことでありました。しかし彼等のうちに口論がありました。反目がありました。互いに僕のなすべき仕事を他人に押しつけ合って、ついに、足を洗ってやろうという者は一人もありませんでした。主イエスがこの上もなく貴い模範を示されたのは、このような空気、このような場面においてでありました。一層悪かったのは反目し合っていた事実よりも、彼らの精神、彼らの主のそれとは似ても似つかぬ、彼らの精神でした。主は、奴隷がまとうはずの前だれを自ら身におつけになって弟子たちの前に跪かれました。何という貴い、主なる僕のお姿でありましょうか。それは実に弟子たちに対する主イエスの深い愛のあらわれでありました。13章1節には「過越の祭の前に、イエスは、この世を去って父のみもとに行くべき自分の時がきたことを知り、世にいる自分の者たちを愛して、彼らを最後まで愛し通された」と記されております。そして、その深い愛の御思いから、弟子たちの学ぶべきことを、御自身の行為をもって教えられたのでありました。

　主が弟子たちの足を洗われた、このことについて三つの点を指摘したいと思います。

　第一は、その驚嘆すべきことである点です。私たちの意表をつくと申したらよいでしょうか。今一度、13章3節以下を御覧ください。「イエスは、父がすべてのものを自分の手にお与えになったこと、また、自分は神から出てきて、神にかえろうとしていることを思い、夕食の席から立ち上がって、上着を脱ぎ、手ぬぐいをとって腰に巻き……」。主イエスはまず第一に、父なる神がすべてのものを彼の掌中に与えておられることを知っておられました。つぎには、御自分が神から来られたことを知っておられました。さらにまた、彼が神のもとに帰ろうとしていることを知っておられました。何という富。何という高貴な生まれ。そして何という驚くべき到着点ではありませんか。何という栄光に輝く展望ではありませんか。主イエスはこれらすべてを御存知でした。もし私たちがかりにそのようなものであって、そのことを知っていたとしたらどうでありましょうか。どのような態度、行動に出るでありましょうか。「そろそろ、宮殿に引移るべき時が来た。王位について、多くの召使い、僕を駆使しなければならない」というようなことを考えないでしょうか。主イエスはいかがなさいましたか。彼は実に貧しい服装をしておられました。しかも、それさえもお脱ぎになり、それを傍らにおいて、僕の前掛けをおつけになりました。そして器に水を汲み入れ、膝まづいて弟子たちの足を洗いはじめられました。いと高きお方が、いと低くなられました。最も力あるお方が、最も弱き者のごとくになられました。主権者、王者は、奴隷、僕となられました。驚嘆すべきことと申したのはこのことです。

　注目すべき第二の点は、この主の御行為をめぐって起った論争です。6節をごらんください。「こうして、シモン・ペテロの番になった。すると彼はイエスに、『主よ、あなたがわたしの足をお洗いになるのですか』と言った。

　イエスは彼に答えて言われた、『わたしのしていることは今あなたにはわからないが、あとでわかるようになるだろう。』」しかし、ペテロは身体をこわばらせて断乎たる態度をもって言いました「わたしの足を決して洗わないでください」。ペテロは突然、主のこの御行為が、自分を含めた弟子

新約聖書における至聖所（1）

たちに対する、その傲慢な態度に対する叱責であると気がついたのでした。と気付いて見れば、どうして主に足を洗わせることができましょう。いくら何でも、そんな無神経な態度をとることはできません。それで「私には、主に足をお洗わせするようなことはできません。わたしの足を決して洗わないでください」と申し上げたのでした。するとイエスは彼にこう仰せられました「もしわたしがあなたの足を洗わないたら、あなたはわたしとなんの係わりもなくなる」。ここに恩寵の躓きともいうべきものが現われているように思います。主イエスはいかなるお方ですか。神の御子です。ペテロは何者ですか。それで、ペテロは自分が到底、イエスに足を洗って頂く資格のないものであることを考えて、お断わりしたのでありました。受くべき資格のないものに与えられる好意、それは神の恩寵です。恩寵に対して、ペテロはいかなる態度をとるべきでありましたでしょうか。この際ペテロのとるべき態度は唯一つ、「受ける」ということではなかったでしょうか。あなたの側に当然それを受けるべき資格があって、与えられるものは恩寵ではありません。何の資格も、権利も、功績もないものに与えられる、それが恩寵です。罪の赦しの恵みもその通りです。恩寵の前に、私たちのとるべき態度、それは「感謝して受ける」こと以外にはありません。今や、ペテロは砕かれました。9節を御覧ください「シモン・ペテロはイエスに言った、『主よ、では足だけではなく、どうぞ、手も頭も。』」言い換えれば、「私のすべてを」ということです。

さて、注目すべき第三の点に進みましょう。第三の問題は、ここに記されてあることの私たちに対する適用ということです。13、14、15節を御覧ください「あなたがたはわたしを教師、また主と呼んでいる。そう言うのは正しい。わたしはそのとおりである。しかし、主であり、また教師であるわたしが、あなたがたの足を洗ったからには、あなたがたもまた、互に足を洗い合うべきである。わたしがあなたがたにしたとおりに、あなたがたもするように、わたしは手本を示したのだ」。さらに16節に進みましょう「よくよくあなたがたに言っておく。僕はその主人にまさるものではなく、つかわされた者はつかわした者にまさるものではない。」ここに僕となられた王者の私たちに対する御要請があります。私たちは弟子たちの前に跪いて、弟子たちの足を洗われた主の御姿を見ました。そしてそこに真の偉大さというものを見、私たちの心は低くされました。こうして主は今や、私たちに対して、「私は模範を示した、この精神をもってあなた方お互い同志、仕え合ってほしい。私はそれを要請する」と仰せられます。この御要請、主の御要求に関連して三つのことを申し上げたいと思います。

その第一は、その御要求が道理にかなったものであるということです。13節に「あなたがたはわたしを教師、また主と呼んでいる。そう言うのは正しい。わたしはそのとおりである」とあって、14節は日本文の口語訳では「しかし、主であり、また教師であるわたしが、あなたがたの足を洗ったからには」となっていますが、英文では「もし、あなた方の主であり、師である私が、あなた方の足を洗ったとするならば、あなた方は当然、互いに足を洗い合うべきである」(If I then, your Lord and Teacher, have washed your feet, you also ought to wash one another's feet.)とあります。「もし」という小さな言葉が土台になって、この要請が論理的に必然性を持っていることを示しています。王、師であるお方が、僕であり、弟子である者の足を洗い給うたとするならば、理屈の上からも、当然、僕であり、弟子である者はその要請に答えなければなりません。

　第二には、この御要請が私たちの奉仕のために、私たちの奉仕がいかにあるべきであるかを示すために発せられているということです。15節をご覧ください。「わたしがあなたがたにしたとおりに、あなたがたもするように」と主は仰せられます。世に福音的クリスチャンと呼ばれている人々があります。お互いもその中の一人であると思っておりますが、どうでしょう。お互いはどれだけ多くの時間を奉仕のために捧げているでしょうか。それとも多くの時間が論議や論争に費やされているのではないでしょうか。勿論、教理を正確に表現することは大切なことです。しかし、いかに正当な神学的表現がありましても、主の求めておられるような実際的行為、わざがなければ全く空しいと申し上げたいのです。この15節の強調点は、「わたしがしたとおりに、あなたがたもしなさい」ということです。「人の子がきたのも、仕えられるためではなく、仕えるためであり、また多くの人のあがないとして、自分の命を与えるためである」とは他の場合に主の仰せられた言葉でありました。

　第三には、この御要請は、われわれの忠誠がいかなるものであるべきであるかということに触れています。16節に「僕はその主人にまさるものではなく、つかわされた者はつかわした者にまさるものではない」と仰せられております。僕となって足を洗い給う主は、私たちの主であり給います。かくて、その主は立ち上って、僕である私たちにむかって「わたしは手本を示した。わたしがあなたがたにしたとおり、その如くなせ」とお命じになられます。ある小さな団体、メノナイトの兄弟姉妹の間では、兄弟姉妹が足を洗い合うことは主の定められた礼典であると信じられています。その他にも洗足礼を行う群がございます。そのことについてはそれを批判するようなことは敢えて申し上げないことに致します。それらの方々が主に愛された、恵まれた方々であることを私はよく承知しております。すでに以前にも申し上げたかと思いますが、これから申し上げることをお聞きください。

　何年も前のことでありました。その頃、英国のケズィックには久しきにわたって多くの人々から非常に愛されたモール博士という講師がおられました。ある年、モール博士と救世軍の創始者であるウィリアム・ブース大将が一緒に講壇の御用をされました。なお、その他に、のちに優秀なケズィックの講師になった若年のスチュアート・ホールデンという人がいました。午前の集会のあと、これら三人の方々はある身分の高い方の家に招待を受けて出掛けました。午前の講師はブース大将で、大将は全力を注いでメッセージを伝えましたので、その時には全く疲れ果ててしまったという状態でありました。その時のことをホールデン氏が私に聞かせてくださいました。三人の講師たちは美しい、立派な客間に案内され、そこに腰をおろして暫らく食事迄、くつろいでいました。主人公夫妻は食事の準備のために忙しく、客間にいたのは三人だけでした。ブース大将は、いかにも疲れたという形で、坐り心地のよい椅子に深々と腰を

新約聖書における至聖所（1）　13

降していました。するとハンドレー・モール博士は「一寸、失礼」と断わって部屋を出て行きましたが、やがて、見るからにはき心地のよさそうなスリッパを手に、戻って来ました。そしてホールデン氏によれば「終生忘れることの出来ない、美しい場面」が展開されたのでありました。モール博士はブース大将の前に跪くと、大将の靴の紐を解き始めました。大将は大変驚いて、かつ気まり悪げに、「先生、どうぞ、そればかりはご勘弁ください、先生にそんなことをして頂いては余りに畏れ多いことです」と申しました。ブース大将もそれは救世軍の大将でありますから偉いお方には相違ありませんが、モール博士は英国国教会の主教の地位にある方です。それは大変尊敬される、貴い地位です。大将が恐縮したのは無理もないことでした。ところが主教は大将の言葉などは一向耳に入らぬ態で「まあ、まあ」となだめるように、ブース大将の靴を脱がせでスリッパをはかせました。「いかがです、この方がずっと楽でしょう？」これこそ、主イエスの精神を如実に行動をもってあらわしたものではないでしょうか。これこそ、主が私たちに要請しておられることでございます。主は僕の姿をとられた王として御自分を現わされましたが、主はまた、私たちに対しても、このようにあるべきことを求めておられます。

　すでに、大切な三つの点について申し上げました。

　第一はこの事柄がまことに驚嘆すべきものであること。

　第二は主の行為をめぐって起った論争。

　そして第三は、私たちに対する適用。

ということでした。ここで学ぶべきことの主要な点は尽したわけでございますが、なお一つのことを加えたく思います。

それは、以上に対する拒否、ということです。誰が、主のこのような御教訓、御要請を拒否しましたか。21節から30節までの間にそれが述べられてあります。拒否したのは、あの暗い、悲劇的な人物、すなわち、イスカリオテのユダでした。

　イエスは「『わたしのパンを食べている者が、わたしにむかってそのかかとをあげた』とある聖書は成就されなければならない」と言われましたが、さらに、その心騒ぎ、おごそかに「よくよくあなたがたに言っておく。あなたがたのひとりが、わたしを裏切ろうとしている」と仰せられました。弟子たちにはそれが誰であるか見当がつかなかったようです。「弟子たちはだれのことを言われたのか察しかねて、互に顔を見合わせた。」ペテロはヨハネに合図をして「だれのことをおこやったのか、主におたずねするよう」に求めました。ヨハネがペテロに言われたようにすると、主は「わたしが一きれの食物をひたして与える者が、それである」とおしゃって一きれの食物をひたしてとり上げ、それをシモンの子イスカリオテのユダにお与えになりました。27節「この一きれの食物を受けるやいなや、サタンがユダにはいった。そこでイエスは彼に言われた。『しようとしていることを、今すぐするがよい。』」30節「ユダは一きれの食物を受けると、すぐに出て行った。時は夜であった。」彼はつまる所、主の僕ではなく、裏切り者でありました。主の僕の貴い姿、僕の姿をとった王者の尊厳、それは彼のものではありませんでした。あるものはただ醜い背信ばかり。17節に、主は「もしこれらのことがわかっていて、それを行うなら、あなたがたはさいわいである」と述べておられます。しかし、ユダは幸いな者になりませんでした。ユダもまた、

王なる主イエス・キリストの御業を拝した者の一人です。その夜、彼の足は主イエスによって洗われました。そして、その親しい食卓の交わりにも加えられています。にもかかわらず、彼は僕となられた王、その王の、僕となって仕えよとの御要請を斥けました。彼は主の友を装っていましたが、事実は裏切り者でありました。この事実は、お互いの心を探らないでしょうか。今日ここにお集りの皆様の大多数は既に信者として聖餐に与っておいでになるお方たちであると思います。私たちは古くから伝わった讃美歌を歌います。使徒信条を告白します。しかし、それは私たちにとってどん意味があるのでしょう。ユダは主の友を装いながら、主を裏切りました。お互いの中に真に主の僕であることの印が刻み込まれてあるでしょうか。その印とは何ですか。13章35節がそれです。

「互に愛し合うならば、それによって、あなたがたがわたしの弟子であることを、すべての者が認めるであろう。」

私はこのことをもって、この聖会に対するメッセージとしたいと存じます。主は「この聖会に集ったクリスチャンが使徒信条を唱えるならば、それによって日本の一般の人々があなたがたがわたしの弟子であることを認めるであろう」とはおっしゃいません。主は私たちが「互いに愛し合っているならば、その時、それを見る人々が、あの人たちは確かにキリストの弟子であると認めるであろう」とおっしゃっておられます。

何年か以前、韓国のある教会で、総会のような会合が開催されました。ところが、会議の途中、意見が分かれ、ついに激しい論争になりました。論争はやがて喧嘩口論となり、どどのつまりは腕力沙汰にまで及びました。誰かが心配して警察に通報しました。そこで現場に最も近くに居た警官が駆けつけて来ました。現場に到着するや否や彼は大声を張り上げて「喧嘩は止めろ」と叫びました。少し静かになりました。そこで、警官は何と言いましたか。「クリスチャンは、こんなことをしない者と思っていたが。」そこには貴い僕の姿をとった王の尊厳はありませんでした。主の僕の姿は拒否されていたのです。

私は、主が私の心を何もかも、余す所なく知っておられることを承知しています。私の真に欲しているむのが何であるか、主は御存知です。私は、神の恵みにより、何とか、キリストの弟子たるに適わしい印を身につける者になりたいと切に願っています。そして、周囲の人々や、また神が、私を御覧になる時、私が聖霊の助けによって、真に兄弟姉妹を愛している者であると認められとうございます。

私たちはおん自ら謙(へりくだ)って僕の形をとられた貴い主のお姿を学びました。主がこの貴い僕たる者の姿を私たちにも与えんと願っておられることを知りました。不幸にして、この御要請を拒否した者のあった事も学びました。どうか、お互いは、拒んだ者の例に陥らず、互いに主の僕として、互いの僕となって仕え合う者でありたいと存じます。

（完）

S・K

（『ケズイック』25号）

＊S・Kは小出 忍師のイニシャルです。

新約聖書における至聖所（2）

パウロ・リース

　前回に引き続き、今回はヨハネによる福音書第14章を学びたいと存じます。本題に入りますまえに一言お断わりしておきたいことは、最初聖書が書かれました時には現在のような章節の区分はありませんでした。それは後になって、読む人の便宜のためになされたもので最初はありませんでした。そこでこの14章は実際には13章36節からはじまっていることをご注意願いたいと存じます。

　ご承知のように、これらのことはエルサレムの二階座敷で起こりました。

　前回に学びましたように、そこで、キリストの弟子たる者の学ばなければならない大切な教訓が主イエスの実物教訓によって与えられました。そのことののち、まずペテロが主に質問をいたしました。ピリポ、それにイスカリオテのユダではないもう一人のユダ、タダイの子ユダも質問をいたしました。そしてそれらに対して主はいちいちねんごろに答えてくださいました。これらの答えを総合して考えて見ますと、それらがキリスト教の最も困難な教理、三位一体の奥義に対して光を与えていることがわかります。

　16節をご覧ください。「わたしは父にお願いしよう。そうすれば、父は別に助け主を送って、いつまでもあなたがたと共におらせて下さるであろう」。ここに父なる神、子なるイエス・キリスト、聖霊なる神の三位一体の奥義が極めて簡明に言い表わされています。この16節は、今回の私たちの研究の鍵となるべき聖句です。英訳の聖書では次の節の、「それは真理の聖霊である」。そこまで16節に含められることになっています。まずそこに、父に向かって求め給う御子がおられます。それから、御子の願いに答え給う父なる神がおられます。そして最後に、父より遣わされ、弟子たちの中に宿り給う聖霊がおられます。

　今回はこのこと、すなわち神の三位一体性ということを主題として学びたいと存じます。神の三位一体性と申しましても、特に神学的な堅苦しいことを申し上げる考えはありません。三位一体の教理についてまず申し上げておきたいことは、聖書のどこの箇所にも、それはそのままの形では記されていないということです。教会歴史をひもといて見ますと、紀元第4世紀までは三位一体の教理というものが現在のような形では採用されていなかったということがわかります。後日、三位一体の教理という形で表現されるような教えが、それ以前から、すでに教会で教えられていたことは言うまでもありません。三位一体の教理が、教会の公式の信条として法文化されたのは4世紀はじめのニカヤ信条がその最初のものです。三位一体の教理は聖書の中に御自身を啓示しておられる神の非常に豊かな活動、またご本質を示すものでありますが、これを教理として、公的な信仰個条として打ち出すということは教会の非常な努力の結果であったことを思います。

　聖書は創造主なる神を啓示していますが、同時に救い主、キリストとして我らに対決なし給う神を啓示しています。さらに

また創造主なる神、救い主なるキリストが聖霊によってわれわれ信者の中に宿り給うことを啓示しています。

私たちはただ単に、三位一体を教会の教理として取り上げるというのではなく、聖書を忠実に学んでおります間に、いやおうなしに不可避的にぶつかる真理として受け入れざるを得なくなるのです。それは、三者それぞれの三人の神ということではなく、三位にして唯一なる神の秘義であります。

この14章について少し統計的なことを申し上げますと、その章の中に、父について25回、御子について63回言及されています。（もっともその大部分は主イエスが御自分をさしておっしゃった「わたし」という言葉です）。そして聖霊について4回出ています。

これから私が申し上げようと思っておりますことの要点は

　第1、父なる神を思い見よ
　第2、御子なる神を思い見よ
　第3、聖霊を思い見よ

の三点でございます。そこで、

　第1、父なる神を思い見よ、御父に関する考察であります。

まず、「父の家」とあることについて考えて見ましょう。主イエスは、「わたしの父の家には、すまいがたくさんある」と仰せられました。なぜそのように仰せられたのでしょう。「もしなかったならば、わたしはそう言っておいたであろう。あなたがたのために、場所を用意しに行くのだから。そして、行って、場所の用意ができたならば、またきて、あなたがたをわたしのところに迎えよう」。これに先立ち、主は弟子たちに、私はあなたがたのもとを去って行く。そして少なくともうしばらく、「あなたがたはわたしの行く所に来ることができない」と仰せられました。彼らは主と共にあり、主と共にさまざまの苦難を経験して来ました。彼らが耐えることのできたのは主がともにあってくださったからです。ところが今や晴天の霹靂（へきれき）のごとく、主は彼らを去って行く、と仰せられました。弟子たちは不安のドン底に落ちました。そして、トマスは弟子たちを代表して「主よ、どこへおいでになるのか」と尋ねました。

14章1節以下の主のお言葉は、すなわちこのような不安に満たされた弟子たちの質問に対する答えでありました。「あなたがたは、心を騒がせないがよい。」どうかこれまでに申し上げたような、これらの聖句の語られた背景を念頭において頂きたいと存じます。

主は、「あなたがたは、心を騒がせないがよい」と仰せられました。その意味は、「私たちが彼を信じておりますならば、地上にあって、心を悩まし、孤独感じるようなことは全くない」ということでありましょうか。決してそんなことはありません。いかに聖霊が私たちの心の中に働いておられても悲しみが全くなくなってしまうということはありません。クリスチャンにも悲しみがやって来ます。愛する者と別れますならば寂蓼を感じます。クリスチャンにも戦わなければならない多くの問題があります。聖書は「死」について、それはわれらの敵であると申しております。主イエスはここで「心配するな、くよくよするな」と言っておられるのではありません。

前世紀、英国にジョン・ブライトという大政治家がおりました。不幸にして妻に先立たれ、非常な打撃を受け、そのために彼は悲嘆にうちひしがれてしまいました。誰かが彼に同情の言葉を述べました。その時、

彼は「あなたは奥さんを失った経験がおありでないとのことですが、もしそうだとすれば、私の悲しみ、私の苦しみを理解なさることはできません」と言いました。私はブライトが「悲嘆にうちひしがれた」と申しましたが、彼は全くうちひしがれてしまったのではありませんでした。彼は苦しい経験の中でも神に対する信仰を失いませんでした。神の摂理を皮肉に考えることをしませんでした。取り乱して、施す策がないというような醜態を演ずることもありませんでした。

私は主の仰せられた、「心を騒がせないがよい」というお言葉の意味は「私はあなた方を離れて行くと言ったが……そのことによって取り乱すようなことがあってはならない」ということであったと思います。

以上のことを前置きとして、主が語られた信者に関する天的展望に注目することにいたしましょう。主が描いてくださる情景は何と素晴らしいものではありませんか。

まず、「わたしの父の家には、すまいがたくさんある」と言われます。「父」とありますが、天国が一つの家庭的な生活であることが示唆されています。それ故に主イエスは、天国に行くことを、わが故郷に帰ることであると仰せられたのでありましょう。

数年前、日本に参りました時、何かの雑誌か新聞で読んだことを思い起こしています。多くの青年男女が喫茶店、カフエーと言った所を溜り場として夜をあかしているが、それは日本の家屋の事情がまことに窮屈で、銘々がプライバシーを満足させる場所に恵まれていないがためであるという悲しい記事でありました。天国はそのような所ではありません。一人一人に十分なスペースが与えられます。

次に主は、「もしなかったならば」と仰せられました。主がこう仰せられた訳は、天国がお互いに十二分に豊かな将来であるばかりでなく、それが保証された将来であることを示すためでありました。「もしなかったならばわたしはそう言っておいたであろう」。

哲人ソクラテスは主イエスより少し以前の人物です。彼はある日、弟子たちの前に、「不死」に関する講義をしましたが、その講義を次のような言葉をもって結びました。「さて諸君、私が未来の状態が一部始終、私が今述べた通りのものであると主張するとするならば、それは哲人にとってふさわしくないことである」。ということはソクラテスが「不死」について述べたことは、彼の思想に過ぎない、ということです。

主イエスが述べておられることは単なる思想ではありません。単なる推測ではありません。「もし事実でなかったならば、あらかじめそう言っておくはずです。このことは絶対に保証される事実である」。

さらにまた、主は「あなたがたのために、場所を用意しに行く」と仰せられました。「あなたがた」とありますが、それは「銘々に適した」「各自の憧憬、期待、願望、それらすべてにマッチした」という意味です。世間には神様がもう少し心の広いお方で、いろいろな条件をつけないで、すべての人を天国に連れて行ってくださればよいのだが、という人々があります。本当にそうでしょうか。

数年前、米国のある巡回伝道者が船旅をしていました。彼は説教者であったばかりでなく、また声楽家でもありました。ある日、彼は誰もいない船の広間に入って行って、グランドピアノを弾奏しはじめました。そしてピアノに合せて、次から次へいろいろな讃美歌を歌いはじめました。彼が

「主よみもとに近づかん」というあの有名な讃美歌を夢中になって歌っていますと、一人の紳士が入ってきてそれを聞いていました。やがてその紳士は伝道者に近づいて来てこう言いました。「讃美歌はもう止めにして頂けませんか。私は讃美歌を聞いているとまるで地獄にいるように感じます」。このような人が天国に携えて行かれたならばどうでしょう。彼は幸福でしょうか。天国は彼にとって、まさに地獄となるのではないでしょうか。

主は、「あなたがたのために、場所を用意しに行く」と仰せられました。その意味は「私は赦罪の恵みと、聖（きよ）めの恵みによってまずあなたがたを整えます。しかるのちに彼所（あそこ）に行ってあなたがたのために所を備えます」ということです。こうして天国は、救われた者、聖められた者に適わしい場所であることがわかります。

さらに主は、父の家についても3つのことを語られました。「またきて、あなたがたをわたしのところに迎えよう。わたしのおる所にあなたがたもおらせるためである」。兄弟、姉妹、私たちが天国に召されて行きます時、私たちにとってもっとも大きな魅力は一体、何でしょうか。真珠をちりばめた門扉でしょうか。黄金を敷きつめた歩道でしょうか。いいえ、最大の魅力は主イエスの御顔です。聖歌に、「その時、わが身のほまれやいかならん」というのがあります。日本語の現行の聖歌の639番でございます。「悩み多き浮世を　去りて天つわが家に　主をば拝しまつらば　いかにわれの幸なる　その時わが身のほまれや　いかならん　主をば拝しまつらば　わがほまれ　ああいかならん」。すなわち、父の家に、主のいまし給う所にある幸いでございます。

父の家と仰せられましたが、「父の御心」についても知りたく思います。このテキストには言葉の上でこそ明示されていませんが、「御心」そのものははっきり知ることができると思います。神学用語に、神の自然的属性という言葉があります。神の全知、全能、遍在をこのような言葉で言いあらわします。そこには創造者なる神、主権者なる神、審判者なる神というような方面が示されています。しかし、それとともに神にはもう一つの面がございます。すなわち罪に陥り、堕落し、汚れてしまっている人間に心を惹かれ給う神、すなわち神の道徳的属性というべきものです。これは直ちに「神の御心」に連なるものであると思います。

神が全能であられるということについて納得いたしましたならば、次にはその全能なるお方がその全能を私のためにどのように用いられるのであろうかということが知りたくなります。ただ全能ということだけであれば、全能なる悪魔のごときものも考えられる訳です。全能なる暴君もあり得る訳です。しかるに、主イエスによって示された神は、「全能なる父なる神」であられます。その御心は、そのお働きの中に示されています。主は、「わたしを見た者は、父を見たのである」（9節）と仰せられました。神は御自分の造られた人間、罪を犯してその祈っている人間に対して、御自身の御心をあらわしたく願っておられました。それは人間が罪に落ちたその時から、「神の御心」でありました。ヘブル人への手紙1章1～2節をご覧ください。「神は、むかしは、預言者たちにより、いろいろな時に、いろいろな方法で、先祖たちに語られたが、この終りの時には、御子によって、わたしたちに語られたのである」。すなわち、神が漸進的な方法をもって御自身を啓示されたことが示されています。そして、

新約聖書における至聖所（2）　19

その頂点はイエス・キリストでありました。主イエスが、「わたしを見た者は、父を見たのである」と仰せられたのはその意味です。主イエスは、宇宙の創造者、主権者であるお方が、罪人の救いのために、人となってこの世界においでくださった、そのお方であられます。

米国に、夫婦と彼らの幼ない一人息子の3人からなっている一つの家庭がありました。彼等は互いに深く愛し合っていました。ところが、ふとした病気がもとでその父親が亡くなってしまいまいした。葬式もことごとく終わって母親と息子だけの淋しい生活がはじまりました。彼等の家の客間には、父親が亡くなるしばらく前に画家に描かせた父親の肖像画が額縁に入れて掛けられてありました。

ある日、母親は客間の前を通り過ぎようとして、ドアの間から息子が客間にいることに気付きました。「一体、独りで何をしているのだろう」と思って見ていますと、見られているとも知らず、息子は父親の肖像画をじっと見つめていましたが、やがて、肖像画にむかってこう言いました「パパ、そこから出て来て頂戴」。

この少年の言葉は、イエス・キリストの御降誕以前の人類の心をあらわしていると思います。ナザレのイエスこそは、実に生ける神の御独り子、額縁から降り立って、私たちの間に来てくださった神であられます。神の啓示そのものでいまし給うお方です。「父の御心」はイエス・キリストによって、イエス・キリストのうちに現わされました。しかもその、「父の御心」が「愛」であることが23節に示されています。「わたしの父はその人を愛します」。

私たちは、父なる神の御心が、昔は預言者たちによって、そしてついには御独り子イエス・キリストによって啓示されたことを学びました。また、その「御心」が愛であることを学びました。

第3には、その「御心」が何人にも与えられているということを申し上げたいと思います。

13節をご覧ください。「わたしの名によって願うことは、なんでもかなえてあげよう。父が子によって栄光をお受けになるためである」。言い換えますならば「私たちは、主イエス・キリストによって……主イエス・キリストを通して……いついかなる時でも、自由自在に、父なる神に近づくことができる」ということです。

私たちと身分の違う、非常に身分の高い人々に会うということは容易なことではありません。それは日本でも米国でも同じことだと思います。皆様が、急に思い立って皇居を訪問され、陛下に会わせて頂きたい、とおっしゃられましても、まずそれは不可能なことでしょう。私たちとても同様で、ワシントンのホワイト・ハウスに行きましても、大統領に面会するということは容易なことでありません。しかしながら、感謝なことではありませんか。神を賛美せよ。天の父なる神は、私たちが自由自在に御自身に近づきまつることをお許しくださいます。あなたがいかなる方であろうとも、どんな事情のもとにあろうとも、御子イエス・キリストによって、神の御心に近づきまつることがおできになるのです。何と感謝なことではございませんか。

（完）

S・K

（『ケズイック』26号）

新約聖書における至聖所（3）

パウロ・リース

　このたびの聖会におきましては、ヨハネの福音書13章以下、17章までを学ぶ幸いに導かれております。そこはいわば新約聖書における至聖所とも言うべき箇所で、その時、主はエルサレムの二階座敷で、最後の晩餐の席についておられました。この所を読んでおりますと、私たちも弟子たちと共にその席にはべらせられているように感じます。

　第1回の集会では13章によって、王たるお方の尊い僕としてのお姿を見ました。第2回には14章に入り、神の三位一体性について学びました。しかし、全部を尽すことができませんでしたので、この第3の集会では、さらに神の三位一体性について、残りの部分を申し上げたいと存じます。

　第1の要点は「父なる神を思い見よ」ということでした。第2の要点は、「御子なる神を思い見よ」です。「御子」を見るということはまず第一に、彼の御人格、品性を見るということです。14章9節をご覧ください。「わたしを見た者は、父を見たのである」。すなわち、御子なる主イエス・キリストはその御人格において、父なる神と、永遠に、また本質的に同一のお方であられるということです。28節を見ますと、主はそこに「父はわたしより大きいからである」と述べておられます。それは御子が、神なるお方であられるばかりでなく、人となられた神、人性をとっておられましたから、その点において「父はわたしより大いかたである」と述べられたのでありました。このことについてピリピ人への手紙2章6～7節には、「キリストは……おのれをむなしうして……人間の姿になられた」と記されています。しかし、そのことはキリストが神性を放棄されたということではありません。主イエスは神性に属するさまざまの特権、また栄光を惜し気もなく振り捨てて、おのれをむなしうして、人間の姿になられました。それですから、彼はその神性において父なる神にひとしく、その人性をおとりになった点において、神に劣るお方であられました。

　「御子」について、さらにその地位と、その役割りについて学びたいと思います。

　14章7節にキリストの職分の一つについて記されています。「もしあなたがたがわたしを知っていたならばわたしの父をも知ったであろう」。その意味は、彼が父なる神を現わすためにこの世においでになったということです。私は、キリストが抱いておられた自覚ということについて考えたことがありました。キリストはこのことあのことについてどのように考えておられたであろうかということを深く探って行きますと、それは結局、神御自身のお考えであるということが分りました。しかし、キリストの職分は、神を示されるということだけではありません。私たちと父なる神の間に立って、執り成してくださる「仲保者」のお仕事があります。6節は「だれでもわたしによらないでは、父のみもとに行くことはできない」と述べられているのはそのことです。パウロが、「神は唯一であり、神と人との間の仲保者もただひとりであっ

て、それは人なるキリスト・イエスである」（Ⅰテモテヘ2・5）と述べていることは余りにも有名です。

14章においてなお一つのポイントが残っています。それは、「聖霊を思い見よ」ということです。

このことについて第1にはっきりしておきたい点は、「聖霊はキリストの教会の中に宿り給う」ということです。

14章16節、17節をご覧ください「わたしは父ににお願いしよう。そうすれぼ、父は別に助け主を送って、いつまでもあなたがたと共ににおらせてくださるである。それは真理の御霊である。この世はそれを見ようともせず、知ろうともしないので、それを受けることができない。あなたがたはそれを知っている。なぜなら、それはあなたがたと共におり、またあなたがたのうちにいるからである」。

主イエスは聖霊に対して特別称号を用いておられます。それは「パラクレートス」という言葉で、元来「ある人の傍に召される者」という意味があります。弟子たちにとって、主イエスは「パラクレートス」であられました。

しかし今や、主は弟子たちを離れて行こうとしておられます。そして、「わたしは父にお願いしよう。そうすれば父はあなた方に別のパラクレートスを送ってくださるであろう」と仰せられました。その今一人のパラクレートスは三位一体の第三位にいます聖霊御自身に他なりません。しかも幸いなことは、そのお方はイエス御自身とは異り、時間、空間の制約をお受けにならないお方です。

主イエスが弟子たちに対して仰せられたことの意味はこうです。「私は肉体を持っている者として、あなた方の中に宿ることは不可能である。私はあなた方と共にいた。今も共にいる。しかし、今あなた方が私を見ているようなあり方で、今後いつまでもあなた方と共にいることはできない。しかし、やがて聖霊がおいでになる。彼は私のように肉体を備えておられないので、あなた方の中にお宿りになる。彼は肉体を持った私が、あなた方に近付くことができるよりも一層、あなた方に近くあってくださるであろう。」「あなたがた」とありますのは個人個人としての弟子というよりは全体としての弟子団、すなわち教会を指しています。すなわち、「聖霊はキリストの教会の中に宿り給う」ということが語られたのでありました。

ここで注意願いたいのは17節と23節の関係です。23節をご覧ください、「イエスは彼に答えて言われた、『もしだれでもわたしを愛するならば、わたしの言葉を守るであろう。そして、わたしの父はその人を愛し、また、わたしたちはその人のところに行って、その人と一緒に住むであろう』」。主は、「聖霊はあなた方の中に宿られる」と仰せられました。しかし、今や、主イエスは、「私と私の父とが来てあなた方の中に宿る」と語っておられます。いったい、これはどういうことでありましょうか。簡単明瞭に言いますならば、それは、聖霊の内住によって、私たちは三位一体なる神のあらゆる貴い価値を持つのである、ということです。聖霊の内住によって、教会は創造者なる神を持ちます。聖霊の内住によって、教会は贖い主なる神を持ちます。そして、さらに聖霊の内住によって教会は聖め主なる神、すなわち聖霊御自身を持ちます。すなわち主は、聖霊の内住とそのお働きによって、三位一体なる神のすべてがあなた方のものになると述べておられるのです。

23節に、「その人と一緒に住むであろう」と述べられておりますが、英語では、「その人をわれわれの住居とするであろう」と記されています。すなわちその意味は、「父と私とは聖霊によって、あなた方を私たちの住居とする。そこに私たちのホームを設けるのである」ということです。14章2節に「わたしの父の家には、すまいが多くある」と述べられています。23節には、「その人と一緒に住むであろう」とあります。このように日本語の聖書では、それぞれ別の言葉が用いられていますが、原語では両方とも、「すまい」が用いられています。「私の父の家には、すまいがたくさんある」と仰せられた主はさらに、「父なる神と私とはあなた方の中に、すまいを設ける。」と述べられたのでありました。

私たちが、わが身のすべてを、主イエスと御聖霊の働きに全くゆだねますならば、このような者たちが父なる神の住み給う神の宮となるのです。果して私たちはこのような驚くべきことに対して、どれだけの心備えがありましょうか。

なる程、クリスチャンでありますならば、一応は聖霊を宿してはいるでしょう。しかし果して聖霊を、わが身と、わが身につける一切にかかわる支配者、主権者として、いわば一国の大統領の如き地位におつけ申しているでしょうか。この点については必ずしも明白ではないと思います。もし、聖霊に一切の主権を捧げておりませんならば、聖霊は私たちの中に宿っておられるかも知れませんが、それは聖霊の住居としてふさわしい場所ではありません。クリスチャン同志の間に争いが起りますような場合、ああ果して、これで聖霊の住居、神の住居と呼ぶことができるであろうかと考えさせられます。

聖書の中にもこのようなクリスチャンの姿が描かれています。パウロはコリントの教会員たちに対して、「あなたがたの間に、ねたみや争いがあるのは、あなたがたが肉の人であって、普通の人間のように歩いているためではないか」（Ⅰコリント3・3）と書き送っています。このような低い品性を、世の人々の前にさらけ出すということは、教会を示すことにはならない、世の人々の姿をさらしているのであると述べているのです。

お互いがこうして、ケズィック聖会を開いている目的は何ですか。それは、お互いクリスチャンがただ単に聖霊によって生れかわるというだけでは十分でなく、聖霊によって歩み、聖霊によって変貌させられなければならないことを知るためです。獅子の洞窟のような私たちが、父なる神の住みたもう所、神の宮と変えて頂くことができるとは何という幸いなことではありませんか。

神に喜ばれる生涯とは、全く聖霊に明け渡され、神が喜んでそこに宿り給うような状態ではないでしょうか。

以上、述べてまいりましたことは、聖霊が教会の中に宿り給うということです。

聖霊はさらに、キリストに関する真理を啓示されるお方であられます。17節に、「それは真理の御霊である」と述べられています。さらに26節をご覧ください。「しかし、助け主、すなわち、父がわたしの名によってつかわされる聖霊は、あなたがたにすべてのことを教え、またわたしが話しておいたことを、ことごとく思い起させるであろう」。真理はすべて神のものです。悪魔にはいかなる真理もありません。勿論、悪魔にも、真理を真理として認めることのでき

る知恵はあるでしょう。しかし、彼自身が持っているものは反真理か、非真理、すなわち真理でないことです。すべての真理は神に属します。数学的真理は神に属します。科学的真理も神に属します。しかし、これらの真理は必ずしも私たちを救いに導く救いの真理ではありません。それは聖霊のかかわる真理の領域です。聖霊は救いにかかわる真理を教えてくださいます。16章14節には、「わたしのものを受けて、それをあなたがたに知らせるからである」と記されています。

マルチン・ルターが立ち上がる直前の時代を考えて見ましょう。聖霊の働きは無視され拒まれていました。その時聖霊は、「信仰による義人は、信仰によって生きる」という大真理をマルチン・ルターに示されました。このようなことはルターの場合ばかりではありません。教会の全歴史を通じて、聖霊は、その時々に応じて、神によって啓示された真理の中から、特に重要な真理を取り上げて、これに照明を与え、私たちに示してくださいます。以上、聖霊について2つの点を申し上げました。

第1は、聖霊がキリスト教会の中に宿り給うこと。

第2は、聖霊がキリストに関わる真理を示してくださることでした。

第3は、聖霊がキリストの言葉を私たちに思い起させてくださるということです。26節の下半句をご覧ください、「聖霊は……またわたしが話しておいたことを、ことごとく思い起させるであろう」。このお言葉は二重の意味において成就されました。第1には新約聖書が書かれたということ、特に4つの福音書が書かれたということにおいて成就しました。教会は、原始教会時代から、4つの福音書の霊感を受けたそれぞれの記者たちが、聖霊によって導かれて、主イエスの御生涯について私たちに必要なすべてのことを書き記したのであると理解して来ました。第2は、聖書の記述というような特殊な出来事ばかりでなく、あらゆる時代の、あらゆる信者たちにも聖霊が同じように働いてくださるということの中に成就されました。すぐその次の20節を見て頂きましょうか。「わたしは平安をあなたがたに残して行く。わたしの平安をあなたがたに与える。わたしが与えるのは、世が与えるようなものとは異なる。あなたがたは心を騒がせるな、またおじけるな」。

年配の方々は、第一次世界大戦の当時、ドイツにヒンデンブルクという将軍のいたことを記憶しておられると思います。その頃、私はまだほんの若僧でありました。戦争の行われていた間じゅう、私は新聞紙に彼の写真を見るたびに、まるで悪魔の化身でも見るように感じていました。戦争が終わった時、彼は希望を担ってドイツ共和国の大統領に就任しました。そして私は、彼が実は敬虔なクリスチャンであることを知りました。さらに時がたって、私は将軍の臨終について記したものを読んで深く感動したことを忘れることができません。彼の侍医はクリスチャンで、年老いて病床にある将軍の肉体上の世話をしたばかりでなく、診察のために彼を見舞うたびごとに聖書の箇所を読んで聞かせました。いよいよ、将軍の最後が近づきつつあるある日、将軍は医者にむかって訊ねました、「先生よ、死はもうすでに私の部屋に入っているでしょうか」。そこで医者は、「まだこの部屋には入っていないようですが、庭先きでもうろついているのでしょう。入って来るのもいずれ遠いことではありません」と答

えました。将軍は診察を終えて退出しようとする医師に、「聖書を読んでもらいたい」と願いました。「どこを読んで差し上げましょうか。」「ヨハネによる福音書14章を読んでください。」そこで医者は14章の1節から読みはじめました。「あなたがたは、心を騒がせないがよい。神を信じ、またわたしを信じなさい。」臨終の時の近づいている将軍は目を閉じて、その御言葉に聞き入っていました。朗読は進んで27節に来ました。「わたしは平安をあなたがたに残して行く」。「わたしの平安をあなたがたに与える」。「心を騒がせるな」。「またおじけるな」。……その時、将軍は医者に向かってこう言いました。「先生、ありがとう、もう結構です。私の心の中にはその平安があります」。そしてさらに語をついで、「先生、死に、部屋に入って来るように言ってください。私はもう用意ができていますから」と言ったとのことです。

　主イエスがその御言葉を語られたのは1900年も以前のことでありました。そして、それから1900年もたった時、命旦夕（めいたんせき）に迫った一人の将軍は、この言葉をそらんじて、「その平安」を心に抱いていました。

　皆様、私たちは神の三位一体性について学んで参りました。

　第1は、父なる神を思い見よ。父なる神についてこの14章のうちに23回記されております。

　第2は、御子なる神を思い見よ。御子については63回記されております。

　第3は、聖霊を思い見よ。この章の中に聖霊について特筆すべきことが4回記されております。

　このように私たちの救いの完成のために、三位一体の神に関するすべてのことが、ことごとく私たちに与えられています。それとともに、神においても、私たちと私たちにかかわるすべてを、ことごとく御自身のものとしたく願っておられます。神はあなたを御自分の所有となし得られましょうか。あなたは何とお答えになりますか。聖霊の御業が進められてきますと、私たちの間に、明確な恵みにあずかりたいと願う方々が起って来ます。それらの方々は、神の御前に跪いて、どのような点において明確な恵みを得たいのか、具体的にお祈りになってください。一例を申せば「私の心は獅子の洞窟のごときものであってはなりません。神の住居となって、神の宮として頂きとうございます」。「聖霊よ、私自身と私の生活のすべてをご掌握ください」。「私を満たしてください」。「私を聖めてください」。「私の傲慢を十字架にかけてください」。「毎日、勝利の生活を送り得ますように」。「主のみ心を私にお与えください」というように。単純卒直にお祈りになってください。それから神の約束を信じてください。神が必ず満たしてくださると信じてください。あなたを、主の御用にかなった聖められた貴い器にしてくださると信じてください。

　皆様の上に豊かな祝福がありますようにお祈りいたします。

（完）
S・K
（『ケズイック』27号）

舌を見せよ

G・ダンカン

　ヤコブ書3章1～12節までをご覧ください。この午後はこの所から「舌」について学びたいと思います。最初のお話の中で私は、「成程、生命がないというわけではないが、健康であるとは言い得ない霊的状態」について申し上げました。肉体的健康の場合を考えて見ましようか。どうも身体の調子がおかしいというので医者に参りますと、大抵のお医者さんは、まず第一番に、「一寸、舌を見せてご覧なさい」と言います。「もし、言葉の上であやまちのない人があれば、そういう人は全身をも制御することのできる完全な人である」(3・2)とあります。「完全な人」とは「成人」という意味であります。仮にこの午後、主がこの所においでになったとして、お互いの霊的成育の程度を、また霊的健康の状態を知ろうとなさいますならば、どうされるでしょうか。「お前の言葉はどうか？」「おまえの舌はどうだ？」「舌を見せよ」と言われるに相違ありません。たしかに、どの程度に舌を制することができるかということが、信者の成育の度を示す目盛りであり、霊的健康の状態を示すバロメーターであります。

　お読み願いましたテキストに「舌」について6つの事柄が述べられています。

　第1は「馬を制するためのくつわ」(3節)であります。

　第2は「船を操縦するための舵」(4節)、

　第3は「火」(6節)、

　第4は「毒」(8節)、

　第5は「泉」(11節)、

　第6は「木の実」(12節)であります。

　しかし、よく見ますとこれらの比喩はおのおの2つずつ1組に分類することができると思います。すなわち「くつわ」と「舵」との間には一つの共通点があり、「火」と「毒」の間に共通点があり「泉」と「実を結ぶ木」の間に共通点があります。

　(1) そこでまず「くつわ」と「舵」について考えて見ましょう。これらは何れも、方向 (Direction) を与えるものであります。馬の口にふくませる「くつわ」は馬の身体の全体から見れば、まことに小さなものであります。船の「舵」に至ってはなおさらのことであります。しかも、私共はこの小さい「くつわ」を用いて大きな馬の方向を変え、「舵」を用いて大きな船の方向を決定します。誰かの言葉が私共の生涯の方向を決定し、私共の言葉が誰かの生涯の方向を決定するものであることを思わずにはおられません。お互い信者として今日、この所におりますが、信者となる方向に私たちの生涯を導いたものは何でありましたか。キリスト教は最初から言葉による宣教によって全世界に拡大されて行きました。いつか、誰かによって福音の言葉が私たちに伝えられました。それは集会に誘ってくれる言葉でありましたか。「今、キリストを救主として受け入れなさい」と迫る伝道者の言葉でありましたか。あるいはあなたの職場で、あなたの傍に働いている若い姉妹の「証し」でありましたか。あなたを愛して、あなたのために祈り続けてくれた、祈りの言葉でありましたか。あなたが

今日信者としてある、この方向にあなたを決定したものは誰かの言葉であったのであります。誰かの言葉があなたの生涯の方向を決定したように、あなたの言葉も誰かの生涯の方向を決定します。このように考えて参りますと、お互いの「言葉」というものの責任がまことに重大であると思わないわけにはいきません。個人の生涯の方向を決定するばかりでありません。あなたの言葉は波紋のように広がって多くの人々の生涯を決定し、大きくは世界の方向を決定するものであることを無視することができません。お互いは、お互いの「言葉」に対して大きな責任をもっております。

　ここで一言付け加えたく思いますことは、一面において「言論の自由」というようなことが言われますが、それは時と所と場所を選ばず、また相手を考えずに、勝手気ままなことを喋り散らしてよいということではないことであります。場合によっては、たとえ「発言」したくありましても「発言の権利」がないこともあるということです。そこで、このような大きな影響力をもっている「言葉」を発する際には、かく発言する権利が自分に果してあるのだろうかということをよく考えなければなりません。

　私は一人の信者の婦人を知っています。この婦人に玉に傷ともいうべき一つの欠点は、「おしゃべり」ということでありました。「おしゃべり」は必ずしも婦人に限ったことではありませんが、とにかくこの婦人はおしゃべりでありました。どこにでも首を突込んで、「これは本当の話なのですよ」と話します。彼女にはその場合、発言の権利があるかどうかという反省がありません。ある晩は彼女は私の宅に客として泊りました。ところが18才になる私の娘が新調の服を着込んで客間に入って来ました、とお思いください。18才の娘と言えば新調の服を着ることを喜ぶものであります。この点、東洋も西洋も変らないことと思います。ちょうど、客間に居合わせた例の婦人が私の娘を見て何と言ったとお考えになりますか。「まあ、何て、変てこな服でしょう」とこう言いました。事実、変てこであったかも知れません。くだんの婦人は、何を言おうと「言論は自由」と考えていたかも知れませんが、果してそうでありましょうか。私たちはどこかに客として招かれて、その家に足を踏み入れるや否や、片はしからその家の道具類、家具類をけなし、くさす権利があるでしょうか。食器をけなす、食事をけなす、好意をもってしてくれたことに対して片はじから文句をつける、私たちに果してこのような権利があるものでしょうか。多分、私の申上げたく思っている意味をご理解くださると信じます。「言論は自由」であると申しても、時と場合によっては沈黙しなければならない、言葉を出す権利がない、慎しまなければならないことがある、ということであります。

　よく熱心に「証し」をされる信者の中に、実は「何と、うるさい、失礼な人なのだろう」という不幸な印象を与える人たちがあります。もし語る権利のある場合でありますならば、それは主から与えられた権利であります。主の栄光のために語らなければなりません。ある高名な伝道者が申しました「人々にあなた自身を信用させることができるようになるまでは、救主を信じさせることはむずかしい」と。

　（2）次には「火」と「毒」について考えて参りましょう。「くつわ」と「舵」とは人生に方向（Direction）を与えると申しましたが「火」と「毒」とは人生に災害

(Damage)をもたらします。すなわち、お互いの「言葉」というものは恐ろしい破壊力をもっているものであるということであります。

嵐の日に、木の枝と枝とすれ合って火花を発します。その小さな火はやがて全山を焼きはらいます。ほんの僅かの毒、その毒が全身を犯してわれらの生命を奪います。今日キリスト教会の中で最も恐るべき破壊力は何でありましようか。私は信者の「舌」であると信じます。「火」と「毒」とは破壊力を発揮して、災害をもたらすものでありますが、両者の間には、その働き方において多少の相違があると思います。すなわち「火」の場合は不用意に誤ってした場合で、「毒」の方は故意に計画的になされた場合であります。

私はかつて、オーストラリアの、大山火事のあった地方を訪問したことがあります。非常に広般な地域が焼き払われて、幾つもの町や村が灰燼に帰し、当然、多くの人命が奪われました。しかもその起こりをたずねましたところ、たき火の火がその近くにあった紙屑に飛び火して大事となったとのことでした。これは故意にしたことではありませんでした。しかし事実は広大な地域を全く荒廃に帰せしめてしまったのであります。「言葉」の恐ろしさはここにあります。あなたが不用意に、誰かの霊魂を傷つけるような発言をしますと誰がこれを消火することができますか。「故意」でないと言われるでしょう。「偶然」とおっしゃられるかも知れません。しかし火元は、あなたの「言葉」にあるのです。そして火は延焼に延焼を重ねて大森林を荒廃させてしまいます。不用意な「言葉」によってどれだけ多くの災害がもたらされることか。もっと慎重になる必要が、あるのではないでしようか。

「火」が偶然を現わすとすれば「毒」は故意を示します。しかも多くの場合、こっそりと、秘かに、用いられるのであります。実に悪魔的であると言わねばなりません。最初から誰かを傷つける目的で、誰かを滅ぼす目的でそのような意図のもとに、計画的に発言されるのであります。兄弟姉妹、「まさか信者が」と仰せられますか。あなたは誰かの名声や感化を傷つけようとして語った経験はありませんか。語られた当人は、まさかあなたから出た話だとは知らないかも知れません。あなたはまんまと目的を達するのであります。

これは英国で実際にあった話です。ある婦人が友人を何人かお茶の会に招きました。婦人たちの楽しげな会話に花が咲きました。やがて主人役の婦人はお茶の準備をするために席をはずしました。彼女が部屋を出て、その背後にドアがしまるや否や、あとに残った婦人たちは彼女のこき下ろしをはじめました。もちろん、この婦人について親切な言語が語られたのではありません。5分経って彼女はお茶をのせた盆をもって客間に戻って来ました。そしてほほえみながら「今日は皆さんをびっくりさせようと思いまして一寸いたずらをしましたのよ」と出て行ったかと思うと、テープ・レコーダーを持って入って来ました。「さっきから大分お話しがはずんだようですわね。みなさんの声をお聞かせしましようね」。それを聞いて蒼くなったのは客人たちでありました。しかし何も知らないその家の主婦は電線を差し込みに差し込んでテープをかけ始めました。機械から婦人たちの声が流れはじめました。それを聞いた瞬間、ほほえんでいた婦人の顔から微笑がさっと消えました。お客は一人去り、二人

去り、全部逃げ出して行きました。

　これが「毒」です。あなたはこの「毒」をお用いになったことはありませんか。あなたの周囲には、あなたの毒を受けている人はありませんか。故意に、同僚の悪評をする。あなたはなるほど正統教理を語り、福音主義的な伝道者であるかも知れません。主のために熱心ですらあるかも知れません。教会において、有用な地位についておられるかも知れません。しかし主は仰せられます。「舌を見せてくれ」。そこに毒はありませんか。ああ舌は恐るべき破壊の器であります。

　（3）最後に「泉」と「実を結ぶ木」について申し上げます。人が「泉」に期待するものは清洌なる清水であります。果樹に期待するものは甘美なる果実であります。私共の周囲にある人々が私共信者に期待するものはそれであります。清洌な清水を期待します。しかるに濁った、到底飲用にならない汚水がでてくるといたします。甘美な果実を期待しているのに苦い実を味わされるのであります。その結果は、期待はずれ、失望（Disappointment）であります。人々は聖霊の実を期待します。結ばれているものは苦き肉の実であります。生命の言葉、キリストの御声を期待しています。彼らは何を聞かせられているでありましょうか。

　ある日私は自動車を運転してロンドンの下町に参りました。道幅はせまく、店はたて込んで、通りは雑踏しておりました。ついに車を進めることができなくなって、しばし立往生をしている間、一人の青年が路傍伝道をしているのが目に入りました。人通りの多い所でありまから路傍伝道には最好適と見られました。しかし暫し聞いておるうちに、私は彼が手に持つべきものを間違っていることに気付きました。彼は彼の周囲に来る、おかみさんたちを頭ごなしに叱りつけこきおろし、けなしつけておりました。しかも彼の持っていたものは一冊の聖書でありました。彼はその場合、聖書を持つべきではなく太い棍棒を持つべきであると私は考えたのであります。

　私は考えました。主イエスであればあのように語られるだろうかと。青年は熱心ではありましたが、おそらく人々に失望を与えたに相異ありません。教職の皆様、いかがでございましょう。主は恵みと真理に満てるお方であられました。このことについて私に苦い経験がございます。私は最初、満堂の聴衆を持つ教会に遣わされました。私は私なりに精根尽して福音を語ったつもりでありました。しかし今、振りかえって考えて見ますと、真理は語っていたかも知れませんが、恵みがありませんでした。私の言葉によって失望したり、感情を害したりして出て行く人々に対して、実は心の中で「去る者は去るがよい、人びとはまだいくらでもいるのだから」と考えておりました。ところが、神様はにわかにその教会から、今度はまことに教勢の衰えている、朝の礼拝、わずかに30人、夜は20人位というさびれた教会に私を転任させなさいました。転任の当初、私は、この教会が衰えているので神様は私を用いて盛んにさせようとしていなさるのだなと考えておりました。

　しかしそれはとんでもない誤解でありました。神様は私を造り変えなさるために転任させなさったのでありました。教職の兄弟姉妹！　あなたはあなたの舌先三寸をもって満堂の会衆を鞭うち、追い払い、そこを空っぽにすることはできますが、空席

を鞭打って堂に満つる信者を獲得することはできません。あの信者は強情で、頑固でと考えておられる方はありませんか。頑固で強情にさせているのはあなたではありませんか。あなたは主を代表するお方として真理とともに恵みに満ちておられるでありましょうか。

ヤコブは私たちの「舌」というものが、用い方いかんによって、人々に方向（Direction）を与えるものであること、災害（Damage）をもたらすこと、そして最後に、失望（Disappointment）を与えるものであることを述べました。

かく学んで参りますと「舌」の問題について私たちは、はなはだ悲観的とならざるを得ません。「ところが『舌』を制しうる人は、ひとりもいない」と8節に述べられております。しかし、このことは、誰も制し得ないということとは異なります。私たちは常に敗北しようといたします。しかしその私たちに力を与えて勝利を与えてくださるお方があるではありませんか。私はこのことを信じて疑わないものであります。主は、「人は心に満つるより、口に語るものである」と仰せられました。そこで「舌」の問題の解決は「舌」よりも一段と深い所に、すなわち「心」にあることがわかります。私の教会の会員にまことに子煩悩な人がおります。3人の自慢息子があって、すでに皆成人してそれぞれ家庭を持っています。この息子たちの両親を訪ねますと、話題は必ず、息子の自慢であります。ふたこと目には「息子が息子が」と申します。彼らの心は息子の事で一杯になっているのであります。また私の友人の一人に非常にゴルフの好きな人がいます。人の顔さえ見ればゴルフの話です。そのようにテニスのことばかり話をする人もあります。その心が、ゴルフで、テニスで一杯になっているからであります。

聖霊の充満とはいかなることでありますか。私たちの心がキリストをもって満たされることであります。もし私たちの心がキリストをもって満たされておりますならば、私たちが口を開きさえするならば、キリストが出て来られる筈ではないでありましょうか。この時、周囲の人々はキリストの声をききます。

兄弟姉妹！

今日、主はここにいまし給います。どうか心を鎮めて主の御声を聞いてください。あなたは、「いや、これでも、俺は相当立派な信者である」と考えておられるでしょうか。主はあなたに対し、私に対し、

「お前の舌を見せよ」。

「舌を見せよ」

と仰せられます。

(K)

(『ケズイック』7号)

聖書信仰界の分裂とそれをいやす途（みち）
～ケズィック・コンベンションの現代的意義～

渡辺 善太（文学博士、元立教大学大学院教授）

今日、聖書信仰者の世界は、真っ二つに分裂している。この分裂こそ、現代キリスト教会の綜合的宣教力を弱めているものである。この根本的分裂の解決なくして、わが国・教会の弱体化を防ぐことはできない。こんど初めてもたれるようになった「ケズィック・コンベンション」（仮称）の現代的意義は、この「分裂」を医（い）やす途を示すところにある。

世界の聖書信仰界の「分裂」には、二つの種類がある。極めて大ざっぱな分け方だが──

その第一種類は、聖書信仰そのものに関する分裂である。その一方には、聖書をキリスト教の「古典」とし、研究者自身にとっては、その「信仰と生活の参考書」なりとする立場、及びそれに近い立場がある。他方には、これを教会および信仰者の「正典」または「神言」とし、その「信仰と生活の規準書」なりとする立場がある。もちろんこの中にも、多少の強弱の差はあり得る。この分裂こそ聖書の本質的信仰における根本的差異である。

第二種類の分裂は、ともに聖書を「正典」または「神言」なりと信じながら、その研究の「方法」を異にしている分裂である。そしてその差異のおかれている点を端的にいえば、「現形聖書」に対するそれぞれの態度の差異である。一方は、現形聖書に重点をおかず、その歴史的生成過程または「どうしてできたか？」という点に重点をおき、他方は、直接に「現形聖書」または、それが「何であるか？」という点に重点をおいている。

これら二種類の聖書信仰界における分裂は、大体、教会と学校とにおける、いわゆる聖書教育に、その原因をもっている。まず教会におけるその聖書教育についてみると、これには二種類あって、その信者に聖書を「神言」なりと教えるものと、「古典」または、単に最高の宗教書なりと教えるものとがある。次に神学校における聖書学の教育をみると──大学の神学部においても同様だが──すべてその歴史的研究またはその「生成過程」のみについて教えられている。その結果、聖書は「史料の束（たば）」としてみられている。ちょうどそれは、近代の歴史的研究の始まる以前、それが教義学に対する「証拠章節の束（たば）」としてみられたのによく似ている。前述の、教会で聖書を「古典」なりと教えられた学生は、この教育に対して何も矛盾を感じないで、むしろ当たり前の事として受け取りながら、そこを卒業する。そして赴任した教会で、また自分がその通り信者に教える。ところが教会で「神言」なりと教えられた学生は、この教え方によって非常に苦悩し、ある者はそれに耐えられないで中退する。──内村鑑三先生が米国ハートフォード神学校を中退したように。──また中退しない者は卒業までにそれに慣らされて、その研究方法に即した聖書信仰になってしまう。そしてこれまた赴任した教会でそれを教えるというふうになる。

こう書くと話しが割り切れているから、事は極めて簡単なように思われる。ところが簡単ではない。というのは、聖書を「神言」なりと信ずる人びとの教会とその牧師たちは、これを「古典」または「参考書」なりとする人びとを「異端」なりとし、それを教える神学校を異端教習所なりとして、これにその信者たちを入学させないのはもちろん、これに対しては燃えるような敵対感情をすらいだいている。今日では、この人びとは数としては少ないが、その影響力としては決して弱くはない。

　次に聖書を「正典」即「神言」なりと信じている人びとの間における分裂、すなわち聖書研究の「方法」に関する分裂は、前者ほどその関係が酷烈ではないが、そこには相互を「軽蔑する」という点にその感じが現れている。そして「現形聖書」を、一方はその生成過程における一段階にすぎないものとしてこれを軽視し、他方はこれこそ「聖書そのもの」なりと主張している。

　これら二種類の分裂によって、相対する両者は共に、相手と交わることさえも快からずとなし、その間にキリスト者としての一致が全く欠けている。ここにこの「分裂」が現代キリスト教界の「綜合的宣教力」を弱めるものだと前述された理由がある。善悪正邪はさておいて、過般のクルセード大会の経過を見ればこのことがよく分る。

　この事態は、世界の、そして日本のキリスト教会にとって、致命的なものである。もしこの事態が「そうである」という認識ができたら、進んで「そうであるべきではない」という処まで進み、さらに、キリスト教なら「どこかにそれを医やすべき途があるはずである」と考え、「それはこれだ」という結論を出すまでゆくべきである。

　この分裂が医やされる途は、第一種のそれと第二種のそれとに対しては別でなければならない。もちろんそれは聖書の問題だから相関的ではあるが、分けて考える方がわかりよい。

　第一種の聖書信仰そのものに関する分裂は、直接にその信仰者に対して、聖書の神言的力が圧倒的に迫るという、上からの途以外にはない。これは言うまでもなく人力の如何ともすることのできるものではない。しかし、神は二千年の間、聖書によってこの力を表わし給うた。そして多くの――しかも数えることもできない程の人間が、この力にふれて、聖書を「神言なり」と確信するようになった。その意味でこの力の表われることを仰望しつつ、我らはそれがための途を考えなければならない。

　第二種類の「現形聖書」に対する態度またはその研究「方法」に関する分裂の医やされる途は、究極的には前と同様神御自身の御力によるものであるが、しかし、ある程度までは、聖書学的、神学的理論が、その「途」となることが認識されなければならない。今日、世界中で行なわれている、いわゆる「歴史的聖書研究方法」も、実は最初から、「現形聖書」の価値軽視から出発したものではなく、むしろ、それによって開かれた「聖書はどうしてできたか？」という問いに対する手がかりとしての答が、全世界の聖書学徒の興味をひいた点にある。そしてその興味に刺戟され、「樹を見て森を見ず」または「鹿を追う猟師山を見ず」というふうになって、「史料」のみが目に見え、「現形聖書」がその研究者の眼界から消えたわけである。

　この歴史的聖書研究の経過を見てもわかるように、この「方法」の問題は、まず聖書学的神学の理論で説明されなければなら

ないし、説明されれば分るものである。実は、この新しい聖書学的神学の必要が、「聖書の統一性を回復せよ」または「聖書の全体的解釈法を確立せよ」という叫びとなって、全世界に現われている。そして、それは全世界の聖書学界における新しき聖書解釈論の必要の声として、一流学者の著書及び論文にあらわれている。

わが日本の広い意味の神学界で不思議なことは、弁証法神学の台頭以来、この神学が日本の学徒に強烈な刺戟を与え、教義学的または組織神学的方面の人々は、ほとんどすべてそれに影響されるようになったのに聖書学の方面においては、この神学の影響がほとんど現われていないことである。もちろん聖書学徒も「バルト、ブルンナー」を語る。しかしそれは語るのみで、それに対応する聖書学説は、どこにも建設されていない。これは実に不思議な現象といわねばならない。ここに前述の「分裂」が、医やされないまま捨ておかれている原因がみられる。

今やしかし、このケズィック・コンベンションによって「この分裂」の医やさるべき途が、示されんとしている。

ここで私は、私自身の経験を語ることを許して頂きたい。今から約53、4年前、私は恩師の手を通して、このケズィック・コンベンションの記録を見た。これは実に私の聖書理解を開眼してくれた。そこには今日の語でいえば——聖書学的にみても正しいし、しかも霊的の意味において強力な説得力をもつ「聖書講解」なるものが——そこではこれを Bible Reading と呼んでいる——行なわれている。これは当時の日本において、聖書の一節をとったり、一部分をとったりして、いわゆる霊的解釈をしているのとは、全くちがった聖書の「全巻的解釈」が行なわれている。私はここで初めて聖書学と——上からの神的圧倒力と呼んでもよくはないかと思われるほどの——圧倒的説得力とが、全く結びつけられている事例を見せつけられた。これこそわが日本の教会に必要なものだと、若年ながら痛感させられた。それ以来私はできるだけ毎年ケズィックの記録を読むようにつとめ、そしてその講演者の著書を読むようにつとめた。だが私自身——ここにのべる余白をもたないが——種々の変遷を経てきたので、その実現につくすこともできなかったし、またそういう機会に遭遇することもなくして今日にいたった。

実はここで、私の告白が許されるとすれば、このケズィックの年々の記録にあった聖書解釈の説得力が、その後の私の極端な「高等批評」（歴史的批評）的立場から私を救ってくれたのだということをここに附け加えておきたい。

しかるに今日、このケズィック・コンベンションが、わが日本においても、定期的に開催されようとしている。私はここに、日本における聖書信仰界の分裂が、医やさるべき途が、指示されるであろうことを信じている。ただ一つ、もしこのコンベンションが、ある特殊の人びとの教義的意向によって決定されるようなことがあったら、それは前述の意義を全く失うようになるということをおそれる。しかし私はそんなことがないと信ずる。

さらに、その英国本土におけるそれよりも、よりまさった聖書講解の行なわれるところとして、そしてさらにその上よりの説得力の味わせられるところとして、このコンベンションがもたれることを祈る者である。

（1962・昭和37・4・30）

ギデオンの生涯（1）

レイモンド・ブラウン

士師記6章7〜18節

今日から3回にわたって、ギデオンの生涯から御言葉に学びたいと思います。

パウロは旧約の出来事を、私たちに対する警告として示しています。ギデオンの物語も私たちに対する厳しい、厳粛な警告として聞くことができます。それは経験や年齢に関係なく、すべての人に起こることです。せっかくホーリネスの道についたにもかかわらず、すべての人がその聖めの道を全うするものではないという警告です。それは、経験や年齢に関係なく、すべての人に起こることです。人生の途上においても、その終わりにおいても神を嘆かせるような失敗をすることがありうるのです。ですからパウロは、「立っていると思う者は、倒れないように気をつけるがよい」（Ⅰコリント10・12）と警告しています。

ギデオンは神を愛することで始めましたが、お金を愛することによって人生の終焉を迎えました（Gideon begun by loving God, but finished by loving money）。ギデオンの物語は、私たちへの励ましであると共に、警告でもあります。

まず、6章から見ていくことにします。士師記の時代は、まさに今の私たちの時代と同じようなものです。私たちが旧約聖書に思いを向けるのは、現実の社会から逃避するためではありません。士師記に描かれている時代の様相について4つの点を考えてみましょう。

まず、分割された社会状況（divided society）ということです。

それは、様々な部族間に破れが生じ、破局を迎えた時代でした。神の民がお互いに争っている様が、描写されています。私たちの住んでいる社会状況も、互いにその関係が破られてきています。便利な時代になってきているにもかかわらず、互いに平和に過ごせない時代です。毎日のテレビに見るニュースによって、悲しいことに、私たちは分かたれた世界に生きていることを知らされるのではないでしょうか。サラエボのニュースを世界中の人々がいろんな思いで見ていることでしょう。南アフリカの状況についても、みんな心を痛めています。中東のあたりも、互いの関係が絶たれたような状況の中にあります。私自身の国のことを申せば、北アイルランドの問題を抱えています。ですから、士師記の世界に思いをいたすということは、まさに現代の様相をそのまま見ることができるということになるわけです。乳と蜜の流れている地において、これらの人々は皆お互いに調和して生きるべきでした。しかしながら、破れてしまった関係という悲しい物語が、この士師記に沢山出てくるのです。

次に、分かたれた社会というだけでなく、非常に不道徳な（immoral）社会でした。

たとえば、復讐心に燃えるエフタの罪のこと、12章にはエフタが何万人という人たちを殺したという残忍さが見られます。またサムソンの不道徳さについても記されています。

士師記に展開されている社会は、不道徳

な社会でした。これはまた、今の社会の様相そのものでもあります。

さらにまた、偶像礼拝（idolatrous）の姿が見られます。

私の前に他の神があってはならないと神は言われました。しかし、ギデオンの家族のうちにさえ、バアル礼拝という偶像礼拝が行われていたということを6章で見ることができます。私たちもこうした偶像崇拝的な社会の中に住んでいるのではないでしょうか。私たちと神との間に入ってくるものは、それが何であっても、それ自体が偶像礼拝になりうるのです。人々は金銭を礼拝します。また物質を神として礼拝しています。さらには性を神としていきます。「人がもし神を持たないなら、人は必ず偶像を持つに至るのである」とルターは語っています。

最後は、自己中心的な（selfish）社会でした。

21章の最後には、「そのころ、イスラエルには王がなく、それぞれ自分の目に正しいとすることを行っていた」とあります。士師記の社会状況は、まさに今日の私たちの社会状況を反映しているし、その意味でキリストのために証しする者たちとして置かれている社会との関係が出てくるのです。それは分割された社会でした。また不道徳な、偶像崇拝的な、自己中心的な社会でした。このような社会状況にあって、御自身が用いることのできる人を、神は捜しておられるのです。主がどのようにしてギデオンに出会われたのかということは、現代に生きる私たちにとっても大切な点です。偶像礼拝や不道徳な生活をしている時、それらの人たちは神の前にさばきを招く生活をしていることになります。神御自身が守りの御手を退けられて、隣の国々からイスラエルの国に敵が入ってくるのをお許しになったのでした。

さて、ギデオンの時代にはミディアン人からの脅威が大変なものでした。アカバ湾あたりに居住していたミディアン人たちでした。彼らはらくだを家畜として飼育していました。それが周囲の人々の脅威となったのです。てなずけたらくだに乗って、長い距離を疾風のごとく走ってきては、攻撃をしていく。6章4～5節には、そういう様子が記されています。彼らは陣を敷いては攻撃し、また次へと進んでいくのです。まるでいなごの大群のように押し寄せてきたわけです。その数は数えられないほどでした。このような危機的状況の中でイスラエルの民は神に助けを叫び求めました。ここにはこのような危機的状況の中にあって、神がその民をどのように扱われるかが書かれています。「危機」という字は漢字では危険ということ、もう一つは機会を意味することを私は聞きました。危険のただ中に置かれていたのがギデオンでした。しかしそれはまた、すばらしい機会でした。

今朝、私もそのような状況にいるという方がいらっしゃるかもしれません。家族のうちに突如として大変悲しいことが起こったという方、自分の仕事についても今後、どうなるのか分からない、そういう人がおられるかもしれません。しかし、神は危機的状況の中にある民を特別に助けてくださるお方なのです（God specializes in helping people in crisis）。そこでこの六章において、そうした危機的状況の中にある人々に神がどのようにして助けてくださるのかを見ていきたいと思います。

（1）危機的状況の中で神の言葉が与えられたということ（7～10節、God's

word is given in crisis）

　イスラエルの民が主に叫び声をあげて助けを求めた時、神は一人の預言者を遣わされました。この預言者の名前を私たちは知りません。神の御言葉は必ずしも有名な人を通して与えられるとは限りません。大切なのはその預言者が何を語ったのか、ということです。名もなき預言者が、この危機的状況の中にあって、神がいかに偉大なお方であるかをイスラエルの民に思い出させているのです。神について彼は何と言っているのでしょうか。

　①真実な神（faithful God）
　イスラエルの民は神を捨ててしまったのでした。しかし神はその民に対して、「イスラエルの神、主」として自らを示しておられます。自分たちの父祖の神である、契約の神であった。契約の神は、御自身の民に対して不真実であることは全くありませんでした。

　②力ある神（powerful God）
　イスラエルの民を奴隷となっていたエジプトから導き出してくださった、力ある神です。自分たちではすることのできなかったことを成し遂げてくださった神でした。

　③憐れみに富みたもう神（merciful God）
　奴隷の地から彼らを解放された神です。このところは、荒野において神がモーセに出会ってくださった時のことを彼らに思い起させるものです。その時、神は彼らの叫び声を聞かれたのでした。

　④寛大な神（generous God）
　神はエジプトの奴隷状態から解放しただけでなく、新しい土地へと導かれました。「その地をあなたたちに与えた」と（9節）。唯一のまことの神だけしか、このことを彼らにすることはできませんでした。このお方は、唯一の神であられます。「わたしがあなたたちの神、主である」（10節）。この表現自体が、神が荒野でモーセに語られた御言葉そのものを私たちに思い起こさせるものではないでしょうか。モーセに与えられたその同じメッセージが、ミディアン人に囲まれたイスラエルの民に今や与えられることになったのでした。異なる神々を拝んではならない、と神は語られました。神御自身が導き入れられたその地の神々を礼拝してはならない。しかし、このことが実はイスラエルの民の中に起こり、ギデオンの家族の間でも起こったのでした。

　⑤忍耐の神（patient God）
　10節には、「あなたたちは……アモリ人の神を畏れ敬ってはならない、とわたしは告げておいた。だがあなたたちは、わたしの声に聞き従わなかった」とあります。しかしながら、そのような状況であるにもかかわらず、名もなき預言者を通して、神は語り続けられたのでした。

　危機的状況の中で神がなされる第一の点は、御言葉を通して神は御自身を啓示されるということです。大切なことは、危機的状況の中での必要な助けは、神が与えられたこの驚くべき御言葉の内にあるということを心に留めることです。この世において神が私たちのためになしてくださる第一のことは、神は御自身を唯一のまことの神、必要を満たすに十分なお方として啓示してくださったということです。

（2）危機的状況の中で神の恵みが啓示されたということ（God's grace is revealed in crisis）

　8節にありますように、預言者はすべての人に与えられました。しかし、11節を見ますと、主の使いは一人の人物にだけ現れているのです。このような具合に神は何

世紀にもわたって御自身の民たちを扱われてきたのでした。まず社会を変えていくに当たって、神は個人を変えていかれる、それが手始めでした。まず預言者の言葉があり、次には主の御使いが一人の人のところにやって来ました。ここには、それを頂くに値しない私たちにすばらしい恵みが与えられるという、驚くべき物語があります。

11節、「さて、主の御使いが来て、オフラにあるテレビンの木の下に座った。これはアビエゼルの人ヨアシュのものであった」。

ギデオンの父ヨアシュはバアル礼拝をしていました。ギデオンが一番最初にしたことは、このバアルの祭壇を切り倒すことでした。しかし、主の御使いはそうした偶像礼拝のただ中にあった家族に恵みのメッセージを届けたのでした。恵みの御言葉が彼に与えられたということは、ギデオンが受ける価値がないにもかかわらず与えられたこと。これが恵みということです。主の御使いが来て、かしの木の下に座り、若きギデオンが現れるのを待っている、これは何と美しい情景ではないでしょうか。主の御使いは、ギデオンがやって来て酒ぶねの中で小麦を打つという状況が起こるまで、忍耐をもって待ち続けたのでした。「酒ぶねの中で」ということは、何か恐れの状況であったのではないでしょうか。実はミディアン人のことを恐れていたから、戸を閉じて酒ぶねの中でやっていたのでした。小麦を打つということは、普通なら外でやることです。しかし、敵であるミディアン人を非常に恐れていたギデオンは戸を閉じて小麦を打っていたのでした。受ける価値のない者に神の恵みが与えられる。恵みについてのすばらしいことは、神がその人物をあるがままにおいて見られるのでなく、その人がやがてどのような人物になるのかということをご覧になることです（God sees the man, not he is, but he can be）。

酒ぶねから外に出たギデオンに与えられた最初の言葉にギデオンは非常に驚いたと思われます。おびえているギデオンに対して主の御使いが語りかけています（12節）。これこそは恵みの言葉、確実な言葉、希望の言葉です。「勇者よ、主はあなたと共におられます」（12節）。神の力にあって、あなたは勇者である。神の恵みと力によって、ギデオンがどのような人物になっていくのかということを、御使いは確証したのでした。しかし、ギデオンの思いには、まだ疑いが、不安が満ちていました。

（3）危機的状況の中で神の御臨在が現されたこと（God's presence is manifesting in crisis）

13節には、この時、ギデオンの思いの中にあった疑いや不安感が示されています。「主なる神がわたしたちと共においでになるのでしたら、なぜこのようなことがわたしたちにふりかかったのですか」「……驚くべき御業はすべてどうなってしまったのですか」「今、主はわたしたちを見放し、ミディアン人の手に渡してしまわれ」たのでは、と。「もし」「なぜ」「どこに」「今」というように、ギデオンの思いの中にあることが展開されています。捨てられた人々に主は現れてくださる。もうここで終わりだという状況の中にある者に主は御自身を現してくださるのです。神の聖き御言葉のこのページに記されている美しい物語がここにありますが、それはただページに記されているだけではありません。

さて、ギデオンの物語は私の若い頃の経験を思い出させてくれます。

私は不幸な、離婚した家庭に育ちました。子どもの頃のことを思い出します時、私ほど不幸な始まりを持った者はいないのではないかと思うのです。私は父親を知りません。母が妊娠したから結婚したのでした。数週間して赤ちゃんが生まれ、それが私でした。この結婚は最初から、良いものではありませんでした。3歳の時、両親は離婚しました。しばらくして、母は再婚しました。母は最初の結婚が、どんなに不幸であったかを語ってくれました。しかし、再婚の生活も不幸なものであるのを目の当たりにして、私は育ちました。新しい父親は私にとって、必ずしも良いものではありませんでした。教会に行くことが私の慰めで、教会で親切な友人に出会いました。その教会の会員となりましたが、福音に触れるには至りませんでした。

　17歳の時、愛してやまなかった母が40歳で突如、亡くなりました。人生はもう私にとって何の意味もなくなってしまいました。そんな時、ある友人が手紙をくれました。「レイモンド君、今度は君の信仰が君の支えになるね」と。しかし、私は助けとなるような信仰は持っていませんでした。私はただ、宗教的であっただけでした。私にとってクリスチャンであるということは、ただ集会に行ったり、祈ったりするだけで、私の内には何もありませんでした。

　母が亡くなって数か月して、私の人生経験に最もすばらしいことが起こりました。私が行っていた小さな教会に、あるグループの人々がやって来て、イエスさまのことを語ってくれました。その人たちはイエスさまを自分自身の生活体験として、身近な方として語ってくれたのです。人は神のために何をしなければならないかではなく、イエスさまが私たちに対して何をしてくださったかを語ったのでした。私は17歳ですから、そこで話をしてくれた人々は、おじいさんやおばあさんに当たる年齢の人々でした。

　忘れられない印象を受けたこと、それはこれらの人々がイエスさまを何か本当に身近な方であるように話をしていることでした。彼らも悲しみや家族の死を体験してきた人たちでした。しかし、そういう危機的状況の中にあっても、神の御臨在がその方々にとって大きな意味を持っていることを、彼らは知っていたのでした。この高齢者の方々がイエスさまについて語るのを聞いた時、私は本当のクリスチャンではなかったことに気付きました。

　その土曜日の夜の集会の後、私はあるクリスチャンの友人と共に家に帰ってきました。その時その友人に、「実はね、僕は今日、大変な発見をしたよ。実は、私は今までクリスチャンでなかったのだ」と話しました。彼は微笑んで、「大変だって、どういう意味だよ、すばらしいことではないか。君は今、本当の意味でイエスさまを自分の主として信じることができるようになったのではないか」。私の人生を全く変えたこの驚くべき出来事が、私の人生にとっての最大の出来事となったのです。

　母の死という危機的状況の中にあって、神御自身が危機の中に助けたもう神として臨まれたのでした。母を失うということは、私にとって本当に、最も悲しい出来事でした。しかし、そのことが実は私を自分の人生の極限に立たせ、そしてそこで神だけが私のところに来て、助けてくださるお方であることを知ることができたのでした。

　私が回心してからもう50年が過ぎました。そしてこの50年、主の最善が私を守り続けてくださったことを神に感謝し、ま

た賛美したいと思います。私はこの地上の父親の愛というものを知りませんでした。しかし、私の今までの生涯において、天の父なる神のやさしい愛を経験してきました。私は人生の危機の中にあって母の愛を失いましたが、イエスさまの愛を見出したのです。私には地上の家族はありませんでした。しかし、神の家族が、私の霊的家族となったのでした。この神の家族こそはこの50年来、私のことをはぐくみ育て、気を配り、支えてくれました。このことは、危機的状況の中でこそ起こったことでした。ですから私はこのギデオンの物語に、非常に親近感を覚えるのです。

さて、この箇所から、もう一つ大切な点を見てみたいと思います。

力をもってギデオンに臨みたもうというこの約束を、神はギデオンに与えられました。しかし、それは力だけではありません。平安のうちに主はギデオンに臨まれたのでした。ギデオンは主の御使いに言いました。「あなたがわたしにお告げになるのだというしるしを見せてください」（17節）と。そしてギデオンは供え物を用意して主の御使いに差し出します。主の御使いが杖の先を差し伸べてその供え物に触れると、岩から火が燃え上がり、肉とパンとを焼き尽くしました。すると主の御使いは見えなくなってしまったのです。その時にギデオンは、私は主の御臨在の前にあったのだ、と気付いたのでした。

恐れに満たされていたギデオンの中には、もう一つの思いが突入してきました。それは顔と顔を合わせて主の御使いの御顔を拝したのだから、今、自分は死ななければならないという不安でした。23節を見ますと、恐れのうちにある者に恵み深い神はこう語りかけておられます。「安心せよ。恐れるな。あなたが死ぬことはない」と。ギデオンはそこで主のために祭壇を築き、「主は平安」と名付けました。危機的状況の中で、主なる神は力だけでなく、平安をもって私たちに臨まれるのです。

このように見てまいりましたことこそ、私たちの福音の核心とも言えることではないでしょうか。危機的状況の中にあって、神御自身のすばらしい変わることのない御言葉が与えられます。神は私たちのところにやって来て、そばに座って、私たちに御自身の恵みを与えてくださるのです。「恐れるな、わたしが共にいるではないか」、とギデオンにおっしゃってくださったと同じように、私たちにもおっしゃってくださるのです。日々の生活をするのに必要なすべての力を私はあなたに与える。そして、あなたが持っている不安をすべて取り除き、私はあなたに大いなる平安を与える。危機的状況でした。しかしそれはギデオンにとってすばらしい栄光に満ちた神の機会だったのです。

明朝は、この神の機会が力と平安の中で、どのようにしてギデオンのものになったのかを見ていきたいと思います。アーメン。

（文責・黒木安信）
（1994年『聖手の下に』）

ギデオンの生涯（2）
レイモンド・ブラウン

士師記7章9～21節

このたびは、ギデオンの生涯に見る神の御業について学んでいます。

ギデオンは主の命に従って、「父のものであるバアルの祭壇」を壊し、その傍らにある「アシェラ像」を切り倒しました。このようなことをすることは、ギデオンのいのちが危ぶまれることでした。しかし、ギデオンはそれをやり遂げたのでした。それは主御自身が共におられたからであり、主の平安がギデオンに与えられていたからでした。しかしその時のギデオンには、「父の家族と町の人々」への恐れがありました。しかし、神はそのようなギデオンを造りかえて、神に用いられるギデオンとしてくださいました。クリスチャン生活にとって、神御自身に用いられていくことほど、大切なことはありません。しかもギデオンが家において、家族の者たちの間で神に用いられていったことは、意味あることです。

さて、家族の間で神に用いられていくということは、決してたやすいことではありません。ギデオンはバアルの祭壇を壊しただけでなく、主御自身のための祭壇を築きました。イスラエルの神こそは私にとって最も偉大な、最も大切な神であられるという証しを自分の家族全体の中でいたしました。

そこでこのギデオンが主の働きのためにさらに続けて用いられていくという場面に進んでいきましょう。神御自身に用いられていくことほど、私たちのクリスチャン生活にとって大切なことはないのではないでしょうか。世の中には他の優先順位というものがあります。その優先順位は成功すること、人気があること、幸福であること、などです。しかしクリスチャンにとって最も大切なことは、神に用いられることです。

この朝、すばらしい神の人であられた瀬尾要造先生の記念会が持たれました。先生の御生涯も神に用いられて、すばらしい影響（beautiful influence）を与えるものでした。ある時、先生とホーリネスについて祝された、交わりのひとときを持ったことがあります。それはジョン・ハントという宣教師の書いた本のことでした。彼はフィジー島の人食い人種のところに宣教に行きました。そういう人たちのところで宣教することは、大変困難なことでした。彼は友人の宣教師、ジェームス・カルバートと文通しました。ハントはアルミニアンで、カルバートはカルヴィニストでした。神学的な立場は異なっていても、彼らは一つの点では一致していました。それは二人とも、聖い生活を送りたい（live holy lives）ということでした。私たちが聖めの道を求め、そのように歩むということは、ケズィックのテーマで、「皆、キリスト・イエスにあって一つ」なのです。

この二人の間に交わされた手紙はその後、『全ききよめについての書簡』（"Letters on entire sanctification"）として出版されました。そこにはこう書かれてあります。「無益な、役に立たない生涯の呪いから私たちが逃れられるように、祈ろうでは

ありませんか」(Let us pray that we may escape the curse of a useless life)。私たちが主の御許に召された後に、人々は私たちのことを何と言うのでしょうか。瀬尾先生のように、神の御手のうちにあって本当に有益な、役に立った人生を送られた、と言われたいものです。

さてこの朝、どのようにして神に用いられていくのかを、ギデオンを通して学びたいと思います。それはギデオンだけでなく、神の民と呼ばれている私たちみんなについて言えることです。まず第一のことは、神に用いられた人々とは、神に力を与えられた人々であるということです。

（１）神に用いられる人々とは、神に力を与えられた人々（empowered people）

ギデオンはここに至るまで、人々を恐れ、不安を抱いていました。「父の家族と町の人々」を恐れて、夜になって「バアルの祭壇」を壊した（6・27〜28）と記されています。しかし、その彼に「主の霊」が大きな力をもって臨みます。彼は角笛を吹いて人々を神の働きのために召し集めます。神の霊によそわれて、彼は用いられていく者となりました。

旧約の時代には、神の霊はある特定の人に、特別な働きのために与えられています。しかし、新約の時代には信じるすべての人に御霊なる神は宿られます。特権にあずかった少数者に臨まれるお方ではありません。御霊はイエスに信頼を置くすべての者に臨まれ、力を与えられます。この内住の御霊のゆえに、私たちもまた力を頂いて、神の働きのために用いられることができるのです。御霊はギデオンに臨まれました。同じように、御霊は私たちにも臨まれるのです。用いられた人々は、主によって力を与えられた人々です。主の御霊によって力を頂いて、主に用いられる者となりましょう。

（２）神に用いられる人々は、信じるところの人々（believing people）

神が用いられる人々とは、神がはっきりと語られたことを神を信頼して受け入れていく人々のことです。神はギデオンに「あなたはイスラエルを、ミディアン人の手から救い出すことができる。わたしがあなたを遣わすのではないか」（6・14）とはっきりと仰せになりました。しかしギデオンは「もしお告げになったように、わたしの手によってイスラエルを救おうとなさっているなら……」と尋ねています（36節以下）。「もし」とは何ということでしょうか。神はギデオンに「わたしがあなたと共にいるから、あなたはミディアン人をあたかも一人の人を倒すように打ち倒すことができる」（16節）と約束されました。このように神がはっきりとおっしゃっているのに、恐れと不安のうちにあるギデオンにはまだ疑いがありました。ですから彼は、「羊一匹分の毛を麦打ち場に置きますから、その羊の毛にだけ露を置き、土は全く乾いているようにしてください」（37節）としるしを求めたのでした。

このことにつきまして、私はやさしく、愛をもって言わせていただきたいのです。この物語が聖書の中に記されているのは、皆さまがたもまたこの模範にならって主を試しなさいと、言われていることではありません。今日まで、大勢の方がここに出ていますように、主を試すやり方をしているのを知っています。私たちには聖書全体が与えられ、導きを仰ぐことができます。また、ギデオンが持っていなかった主イエス・キリストのすばらしい御生涯を模範と

して持っています。不安に思う時、聖書と主の模範が与えられています。また私たちには内住の聖霊の光、いのちがあります。その聖霊御自身が私たちを導いてくださいます。さらにまた課題となっていることを語り合う友らも与えられているではありませんか。そのような信仰の友らからの導きも頂けます。このようなすばらしい祝福が沢山私たちに与えられているにもかかわらず、あたかも羊の毛を置くような愚かなことをしているクリスチャンを大勢、知っています。

ギデオンのこうした態度は、神に対してこうしなさい、ああしなさい、と言っていることになります。しかし、この疑いに取りつかれているギデオンのところに主御自身がやって来られ、ギデオンを用いていかれるとは、何とすばらしいことでしょうか。これこそ主の憐れみです。ギデオンは条件を出します。それに対して憐れみをもって主は答えてくださる。何という驚くべき奇跡でしょうか。

さて、朝の露が降ります。ギデオンが主に求めたように朝の露が降ります。太陽が昇り羊の毛の外側は全く乾いています。羊の毛は朝の露で水を含んでいます。ギデオンが羊の毛を手にしますと、露のしずくがそこから下に落ちます。これならやろう、ということになるのですが、実際にはそうなりませんでした。ギデオンは神に、「もう一度だけ羊の毛で試すのを許し」（39節）てくださいと、今度は正反対のことを求めます（「羊の毛だけが乾いて、土には一面露が置かれているようにしてください」）。しかし、それにも主は答えてくださったのでした。

さて、7章に進みますと、徹底して主にのみ依り頼む民となるために、数が減らされます。その理由は、数によって勝ったと誇ることのないように（2節）、また恐れを取り除くためでもあります（3節）。戦略的に熟練された者たちが求められてもいません。主が望まれたのは、主に依り頼む者たちでした。この戦いは盾と剣をもって戦ういくさではありませんでした。壺、たいまつ、角笛、人間の声をもっての戦いですから、ただ主に信頼する者たちだけで戦うために、数が減らされたのでした。

その夜、主はギデオンに語られたのです（9節）。恐らく、ギデオンはその夜、眠れなかったことでしょう。しかし、ギデオンの必要を知っておられる主御自身が今度はギデオンにしるしを与えられたのです。そのギデオンのところに主は来られ、ギデオンを励まし、押し出されたのでした。

（3）神に用いられる人々は、主御自身によって導かれていく人々（guided people）

眠れないギデオンに主は語られます。ギデオンが思ってもいないことを、主はギデオンに励ましとして与えられます。これこそ神が憐れみの神であられることのしるしではないでしょうか。ギデオンはいなごのように数多くの敵軍、らくだも数えきれない敵陣、その中でたった一つの天幕へと主によって導かれていきます。すると一人の男が夢の話をしていました。ちょうどその時、そこへと導かれていったのでした。10分前なら早すぎ、5分後なら遅すぎたわけです。しかしその男が眠れなくなるような夢を語っていた時に、ギデオンはその場所へと導かれたのでした。

「大麦の丸いパンがミディアンの陣営に転がり込み、天幕まで達して一撃を与え、これを倒し、ひっくり返した。こうして天幕

は倒れてしまった」と。大麦のパンは昔の中近東で一番貧しい人たちの食べ物でした。ミディアン人は金持ちだから、大麦のパンは食べない。それはあの貧しいイスラエルにちがいない。それは神がミディアン人をギデオンの手に渡されることだ。ギデオンは異教の民の兵士の口から神の言葉そのままを聞くことになったのでした。すでにギデオンに告げられていた「ミディアン人をあなたの手に渡そう」（7、9節）、この同じことがミディアンの兵士によって語られるのを聞いて、ギデオンは同じことをイスラエルの陣営に帰って民に語ります。「立て。主はミディアン人の陣営をあなたたちの手に渡してくださった」(15節) と。主の民は、主に導かれる民です。

神は私たちの人生経験の中にあって、私たちを愛と主権に満ちた言葉をもって導きたもうお方です。私たちに主御自身の御計画を示し、主が立てられた正しい時、正しい場所でそれを私たちに与えてくださいます。

（4）神に用いられる人々は、励まされた民（encouraged people）

この場面から、もう一つ大切な点を学びましょう。それは、励まされた民が神の民であるということです。ミディアンの兵士の言葉を聞いて励まされるだけではありません。10節の「、もし下って行くのが恐ろしいなら、従者プラを連れて敵陣に下」れ、という慰めに満ちた言葉です。もちろん、勝利は主がなされることですが、神はここで人間の助けをギデオンに与えておられるのです。

クリスチャン生活で主のために用いられていく時、他の信者によって助けられ、導かれていくことは、私たちへの大きな励ましです。聖めの道を歩むことは孤独な歩みではありません。主は私たちの生涯を祝福せんとして、その道を私たちと同じように歩く同志をお与えくださるのです。ギデオンにとって、この谷に向かって一人で降りていくことはとても不安で、恐ろしいことだったでしょう。しかし、同僚が一緒に行ってくれるなら、それはどんなにギデオンを励ましたことか、計り知れません。

そこでギデオンはどのように応答していったのでしょうか。彼はその夢の話と解釈を聞いた時、「ひれ伏し」たとあります（15節）。彼は主を礼拝したのでした。感謝をもって、賛美をもって主を礼拝する民こそ、主に用いられていく民です。真夜中ミディアンの陣営においてギデオンは手を天に挙げて感謝をもって礼拝をささげました。神の憐れみのしるしとして、神をたたえる手を挙げる、これこそは主に用いられる民の特徴です。

（5）神に用いられる人々は、一致した民（unified people）

さて、三百名がそれぞれ別々に行動するなら、勝ち戦にはなりません。その集団が一体感を持ち、調和して一緒に働く時、そこに神が働かれるのです。ここには神御自身にすべての栄光を帰そうとする従順な指導者がいます。また一緒にやろうとして応答する民がいました。何をなすべきか、どのような優先順位ですべきかといった戦略が与えられています。そこにまた、番兵が交代するという絶好の機会が示されていくのです。真夜中、番兵の交代の時、彼は疲労困憊（こんぱい）して深い眠りに陥ってしまいました。交代した次の兵士はまだ疲労感をもって、慣れない感じでそこに立っている。ちょうどその時、壺が砕かれ、三百の角笛が鳴らされ、三百人の兵士が「主のために、ギ

ギデオンの生涯（2）

デオンのために剣を」(20節)と叫びます。その叫び声が谷間にこだまとなって響いていきました。「三百人が角笛を吹くと、主は、敵の陣営の至るところで、同士討ちを起こされ」たとあります(22節)。これは主御自身によって与えられた勝利です。一致した人々が主に用いられたのです。

(6) 神に用いられる人々は、勝利ある人々 (victorious people)

この戦いに勝つために要求されたものは何だったでしょうか。神の命令に聞くという姿勢です。聖別されたリーダーの言うことを聞き入れるということです。そして主御自身のみを信頼することです。こういう人々を、主は喜んで用いられるのです。

アーメン。
(文責・黒木安信)
(1994年『聖手の下に』)

ギデオンの生涯 (3)
レイモンド・ブラウン

士師記8章22〜28節

士師6章で、どのようにギデオンが神さまの召命にあずかったかを見ました。7章では、ギデオンがどのように神さまに用いられたかを見ました。今日は8章から、彼がどのような人生体験によって、信仰を試みられることになったかを見ましょう。

イギリスでは、ギデオンと言いますと、たいまつや角笛で非常に有名であります。しかし、この大勝利の後に何が起こったかは、イギリスのクリスチャンたちもあまり知りません。皆さんは7章の物語をよくご存じですが、8章の物語もご存じでしょうか。聖書全体が私たちにとって、どこも同じように大切な箇所なのです。8章も私たちに、ホーリネスの生活、聖さについて、大変大切なことを教えております。

まず初めに、ケズィックは個人的なホーリネスを信じております。ですから、ギデオンの個人的な全生涯に、神さま御自身がどのようにお働きになったかを見たいのです。この8章に、ギデオンの生活の幸いなる部分と悲しい部分が出てきます。ケズィックは、聖書的なホーリネスをも言います。この8章には、私たちのホーリネスについて語られています。そしてこの章のホーリネスは、私たちが見落としてはならないものです。

ケズィックは、実践的な聖めを信じております。このような時代に生きている私たちは、実際的な問題に直面いたしますが、このような中でのホーリネス、聖さということなのです。8章は、私たちに実践的な意味でのホーリネスを教えています。

さて、ミディアン人たちが大敗北を喫し、多数が殺され、また数千人が退却しました。ギデオンは、エフライムの者たちにヨルダン川の渡しのところで、逃げるミディアン人を待ち構えて撃つようにと言います。そこで彼らは攻撃して、大勢の者たちを撃ちました。それからギデオンは、自分の個人

的な生活における困難に直面しました。そしてこの章の中には、そのような意味での４つの大切な課題があるのです。

（１）批判

第１に批判です。非常に鋭く、強く誰かがあなたを批判し、迫ってきた時に、どうしますか。私たちはみな実践的なホーリネスを信奉するものです。

８章１、２、３節。ギデオンがエフライムの人々から非常に厳しく批判されたのです。彼は、ミディアン人を追撃するのにエフライム人の助けを求め、そして、エフライム人は非常な勝利を収めました。しかし、エフライム人は不平不満を言いやすい人々でした。初め谷でミディアン人を撃った時に、自分たちが戦いにかかわらなかったということを批判しているのです。もっと早く私たちに声をかけなかったのか、というのですね。

ギデオンが直面した困難は、この激しく責められるということでした。しかし、ギデオンはそれに対して、なんと知恵深く、丁寧に答えていることでしょう。人は大抵、批判されると、強い言葉で返すものです。しかしそうなると、状況はますます悪くなってしまいます。罪の問題性は、罪が罪を再生産する力を持っていることです。罪が一つ行われると、それがそれから力を得て進み、私たちがどうしようもないものになってしまうのです。エフライムの人たちが、これだけ激しくギデオンを責めることは、思いやりのないことであったと思います。しかしそれに対して、ギデオンは賢く、心を落ち着けて、親切に答えています。この状況が悪くならないように、「どうですか、あなたがたのほうが、よっぽどすばらしいことをしたのではないですか。ミディアン人の首長たちをあなたがたは撃ってしまったではないですか」と言います。神さま御自身が、彼らを通して、どれだけすばらしいことをなさったかを、ここでは思い出させています。「神はミディアンの将軍オレブとゼエブをあなたたちの手に、お渡しになった」と３節で言っています。ここで非常に温かく語ることによって、彼らの憤りがやわらぎました。

士師記12章によると、エフライム人は、エフタに対して同じような批判をしているのです。しかしエフタは、この批判に対して、ギデオンのように穏やかに対応せず、反対に殺してしまったのです。同じような物語なのですが、結果は全く違っております。

私たちが、聖められたクリスチャンであるならば、このような批判に対して、どのように処理しなければならないかを知らねばなりません。そして聖書はこの章で、それをどのようにやったらよいかを示してくれています。また、ローマ書12章17節に、「だれに対しても悪に悪を返さず……」とあります。ギデオンが非常に上手に、信仰深く、この批判を処置していることは、私たちのすばらしい手本ではないでしょうか。ここで彼は違った種類のいくさに勝ったということができるでしょう。私たちが主のために戦わなければならない戦いは、しばしばこのような内的な生活の戦いではないでしょうか。

でも、私は今そのような問題は抱えていません、と言う方がいらっしゃるかもしれません。私はそれを聞きますと、それは本当に良かったですね、と言います。しかし、そのような日がやがて来るかもしれないのですから、神さまの御言葉を心の内に蓄えておいていただきたいのです。今のこの時点において自分に適応する御言葉だけを御

言葉としていただくのではないのです。誰かが皆さんを非常に激しく不当に責め立ててくる時に、ギデオンのように、穏やかに平和を作り出す者として答えますか。それとも、エフタのように、怒って破壊的に応答しますか。これこそが実践的で個人的なホーリネスであります。だいたい、会話に出てくる批判は、優しく落ち着いて受け止めるだけで、答える必要はないのです。

ある牧師が他の牧師から非常に激しい批判の手紙を受け取りました。それに対して彼は激しく答えないで、ハガキで短く答えました。「親愛なる友よ。お手紙ありがとうございます。あなたが確かに正しいかもしれません」。そして最後に「クリスチャンとしての愛をもって」。それから自分の名前を。「あなたのほうが正しいのです」と書かないで、「あなたのほうが正しいかもしれません」と言うことで、彼は批判の激しさを取り除いてしまったのです。激しく責め立てる手紙を書いた牧師から、返事が来ました、「あの時はどうも強いことを言い過ぎてしまってごめんなさい」と。

(2) 恨み

エフライムの問題について、ギデオンは非常に上手に、信仰的に処置しました。もうエフライムの人たちは、彼に対して怒りを持つこともありませんでした。

そしてさらに、ギデオンは数千人のミディアン人を追撃します。三百人の兵士たちは、もうだいぶ疲れ切っておりました。彼らはヨルダン川を渡って追撃し、非常に疲れ切って彼らはスコトという町に着きました（8・4）。そこでギデオンは町の人々に、「わたしに従ってきた民にパンを恵んでいただきたい」と言いますと、彼らはあざ笑いました。「わたしたちがあなたの軍にパンを与えなければならない」のですか。

さて、それまでは非常に穏やかなギデオンでありましたが、ここで突如怒りが爆発します。疲れ切った兵士たちに、スコトの町の者がパンを与えないことは、非常に残酷なことであったと思います。それに対してギデオンは厳しく答えて、このミディアン人たちに勝利を収めた時に、いばらととげであなたたちを踏み付けてやるぞ、と言うのです。パウロのことばを思い出してください。「だれに対しても悪に悪を返さず……」（ローマ12・17）。

ギデオンは、疲れ切った兵士を連れて、次の町へと進んでいきます。ペヌエルでもパンを求めますが、その町の人たちも拒絶しました。ここでもギデオンは怒ってしまいます。この町に建てられた非常にすばらしい塔を見て、私がこの戦いから帰ってきた時には、この塔を壊してやる、と言うのです。そしてまさに、そのような具合にスコト人たちに報い、ペヌエルでも、塔をその言葉のように叩きつぶしてしまうのです。さらにそれよりも悪いことに、ペヌエルのある人々を殺してしまうのです。

この物語が私たちに教えようとしていることは、恨みを持ってはならないということです。私たちに対して、他の人が非常に不親切である時に、ギデオンを嘲笑したように、誰かが私たちを馬鹿にしたら、どうなさいますか。私たちが何かを願ったのに、相手がそれに応じてくれない時、どうしますか。この物語は、私たちがどのように恨みを処理したらいいかを示しています。ギデオンはスコトの町の人たちに恨みを持って出ていき、恨みがギデオンの心の内に広がりました。はやくスコトの町に帰って報復してやるのだと。そしてまたペヌエルでも、やがてこの町に帰ってきた時は塔を叩

き壊してくれると。このように、罪の恐ろしさは、罪が罪を再生産する、罪が罪を生んでいくことにあります。

聖書は私たちに実践的な警告を与えています。ここでギデオンがやったように、私たちもやってはいけない、私たちの心の内に恨みを大きく育ててしまってはいけないということです。イエスさまはおっしゃいました。あなたがたを憎む敵をも愛しなさい。片方の頬を打たれたら、もう片方も差し出しなさい。たしかに難しいことではありましょう。しかし、そのひどい仕打ちを神さまの恵みによって受け入れることです。キリストの恵みによって、それをそのようにして止めないならば、罪は罪を生み、罪の再生産が始まってしまいます。たしかに人がひどい仕打ちをする時に、それを受け入れることはたやすいことではありません。しかしこのホーリネスのメッセージは、たやすい容易なことを言っているのではありません。イエスさまが私たちに望んでいらっしゃる十字架を負って歩む道す。人がイエスさまに対してひどいことを言ったことが何回かあったことでしょうが、イエスさまは絶対に恨みをもってお答えになることはありませんでした。

聖き人として歩むということは、私たちもイエスさまの御足跡に従うことです。私たちのクリスチャン生活について、ギデオンは良い意味でのお手本でしょう。しかしながらこの箇所においては、良いお手本ではないのです。前にも言いましたが、旧約聖書には私たちへの励ましと警告が書かれています。

何年か前ジョン・ケージャー先生がイギリスのケズィック委員会の委員長でした。そして彼の弟、アーサーは、本当にすばらしい輝くばかりのクリスチャンでした。そして彼はロンドンで保護監察官をしており、裁判所に連れていかれる犯罪者の記録をまとめる仕事をしていました。さて、そのような犯罪人の一人が、それが誰か分からないのですが、彼に対して非常な怒りを持ちました。ある日、玄関のドアベルが鳴りました。そしてその弟さんが玄関に出ていくと、ヘルメットをかぶった男の人が何も言わずに硫酸とおぼしき物を彼の顔に振り掛け、バイクに乗って去りました。アーサーは、顔全体を火傷してしまったのです。そして悪いことには、目が全く見えなくなってしまいました。ひどい経験でした。彼は暗黒の内に、目の見えない生活を歩むことになってしまいました。

しかしアーサーは、最高の輝くばかりの愛に満ちたクリスチャンであり続けたのです。そのひどい経験を通して、恨みの思いを持ちませんでした。その代わりに、自分にそのような害をした人に対して祈る人となったのです。このように、彼はクリスチャンとして、その状況に応答したことになるのです。このように、聖さに生きる人は、ギデオンのように、ひどいことをされたからもっとひどいことをするのではなく、ひどい仕打ちに対して、イエスさまと同じようにそれを受け入れ、そしてそれを許し、愛をもって答えるのです。

8章の最初の戦いにおいては、ギデオンは勝利を収めました。しかしながら、第2の恨みについての戦いにおいては、彼は負けいくさであったのです。

（3）誇り

さてこの章には、22〜23節に、第3番目の戦いが書かれています。さて、ギデオンがミディアンとの戦いに勝っておりますので、ギデオンのリーダーシップについて、

良い印象をイスラエルの人々は持ったのでしょう。そこで、ギデオンに私たちの王になってくださいと言うのです。それは大きな間違いですが、あなたが私たちをミディアン人の手から救ったのですからと言うのです（22節）。しかしミディアン人に勝ったのはギデオンではないのです。神さま御自身の手によって、この勝利を収めたものであったのです。

さて、彼はまた違った種類の試みに会いました。自分たちの王様になってくださいというのは、褒められているのですから、誰も悪い気分にはなりません。ここで示される誘惑は誇りに対する誘惑です。しかし、彼はそのような誇りに対する誘惑に負けませんでした。

「わたしはあなたたちを治めない。息子もあなたたちを治めない」（23節）と。彼らの要求に対して、非常に美しく答えています。「主があなたたちを治められる」と。ギデオンは誇りに対する誘惑に負けなかったのです。神にすべての栄光を帰しました。イスラエルの者たちが自分たちの手で自分たちを救ったと言わせないために、主御自身が兵卒の数を三百人に減らされたのです。主御自身にのみ栄光を帰さなければなりません。

彼は批判に対して勝利を収めますが、恨みにおいては負けいくさです。第３の戦い、誇りの戦いには勝ちます。一つの戦いに勝っても、次の戦いにも勝つとは限らないのです。悪魔は私たちに、一つの誘惑でだめならば、次の誘惑ではどうかとやってくるのです。

（４）貧欲

私たちは第４の戦いに移ります。それは貧欲に対するものです。自分の頭に王冠を期待しなかったギデオンですが、自分に金の耳輪を求めました。イスラエルの兵卒たちのミディアン人たちからの分捕り品である金の耳輪を見て、ああこれがほしい、とギデオンは貧りの罪を犯し、一人が一つの金の耳輪を私にくれと言いました。みんなギデオンを尊敬しておりますから、彼らは喜んで与えました。金の耳輪だけではなく、他の装飾品も提供しました。ギデオンの生涯において、これは非常に悲しい物語になりました。貧欲に対する誘惑に勝利を収めたら、なんとすばらしいことであったでしょう。

たくさんの金を手に入れ、それで非常に高価な祭司の服を作りました。これはすべきことではありませんでした。ギデオンは祭司ではなかったのです。それは、故郷の町オフラに置くことになるのですが、悲惨なことに、それは偶像になってしまうのです。「それはギデオンとその一族にとって罠となった」（27節）と。ギデオンもその家族も罠に陥り、すべてのイスラエルが偶像礼拝に陥ってしまったと書いてあります。このようにギデオンの生活において、罪が罪を生んでいくことになってしまったのです。それはすべてギデオンの貧りの目から始まったのでありました。

この第４の誘惑は現代にもよく起こることではないでしょうか。自分の目に見えるものを、貧欲に自分の所有にしようとするのが、今の時代の風潮です。物質主義、それは私たちの偶像礼拝の一つです。それは、神よりもお金を拝することに通じるのです。そしてこの悲劇は、私たちの町においてなされるということです。主の使いがギデオンに出会った町オフラに、エポデが置かれることになって、偶像礼拝がなされる

ことになりました。そして、この町でギデオンの物語が終わりを告げられています。

　さて今朝、ケズィックは閉じられるのですが、ギデオンの貪欲という否定的な面をもって終わりたくありません。このような警告を耳にすることも大切です。しかし、オフラにもう一度もどりましょう。御使いが、酒ぶねの中にいるギデオンに語りかけるために忍耐強く待っていました。

　このケズィックで、神さまはあなたに励ましの御言葉によって豊かに語りかけたもうたでしょうか。主があなたと共にいるという言葉を、皆さまも私も聞かせていただきました。主が与えられた力をもって出てゆけ、という言葉をもって、ギデオンに与えられたのと同じ平安の言葉をもって装われ、山を降りられることでしょう。そして、ギデオンに起こったと同じように、私たちが家族のところにもどって、家族の中にあって主の御言葉を語り告げ、御言葉に生きることが望まれているでしょう。そして主はその大いなる憐れみのゆえに、私たちに毎日の生活の中で必要な力を与えてくださると約束しておられます。ギデオンを導かれた主は、私たちをも導きたもう。そして主御自身が私たちの生活のあらゆる場面において、すばらしい栄光に満ちたことをなさることを、私たちに見せてくださるでしょう。このような励ましの言葉と同時に、8章で見た警告の言葉も心にとめていただきたいのです。どうか弱きギデオンに力を与えた主が、皆さんにも力を与えてくださいますように。主御自身が私たちを愛してくださいますから、主御自身が私たちを勝利者としてくださいます。主の豊かな恵みと祝福が私たちすべての者に豊かに与えられますように。

アーメン。

（文責・藤村和義）

（1994年『聖手の下に』）

わが霊によって
スティーブン・オルフォード

ゼカリヤ書4章1～14節

　私は今回の集会中に倒れ、その後の御用ができるかどうか分からない状態でした。しかし神さまは、私の祈りに応えてくださったのみならず、皆様方の祈りにも応えてくださり、今晩こうしてこの場に立つことができました。心より主に感謝し、御名を崇めます。

　今晩、特に目を向けていただきたいのは4節の御言葉です。「わたしは言葉をついで、わたしに語りかけた御使いに言った、『主よ、これは何でしょうか』」。ゼカリヤはこの幻を見たとき、「これはいったい何だろうか」と不思議に思いました。その問いかけに対しての御使いの答えはすばらしいものでした。6節からの御使いの答えこそが、ゼカリヤ書4章の中心的なメッセージです。「彼は答えて、わたしに言った。『これがゼルバベルに向けられた主の言葉である。武力によらず、権力によらず、ただわが霊によって、と万軍の主は言われる』」。特に6節の「武力によ

らず、権力によらず、ただわが霊によって」とはすばらしい言葉です。

私はこの数年間、その年のモットーとする聖句を選んでいますが、この聖句は今年与えられた御言葉です。そして私たちの機関誌には、「わが霊によって」と印刷されています。ケズィックのモットーもこの、「わが霊によって」となってほしいものです。「ただわが霊によって」。

このケズィックには一つの流れがあります。昨晩は「罪に対する勝利の秘訣」についてローマ7章、8章から語らせていただき、今朝はブラウン先生がヤコブの生涯から、「砕かれて栄光を受ける者」について語られました。今晩は「聖霊について」であります。

今日、多くの人々はこの「聖霊」について混乱をきたしています。今夜は聖霊についての教理的な解説はしませんが、三位一体のお方であり、ペンテコステから主イエス・キリストが再臨されるまでの間の今は、聖霊が働いておられる時代であると言われています。

まずこの言葉の背景について考えてみましょう。この幻は、紀元前6世紀にゼルバベルに対して与えられたものです。彼はバビロン捕囚の後、エルサレムに帰還し神殿を再建するよう命令を受けました。その際、ここに出てくる燭台も作るように言われたのです。

ところで、神の啓示の中で「光」の占める位置(意味)は非常に重要です。神は光なるお方であり、私たちはその光を映し出す者でなければなりません。創世記1章3節は「光」についての最初の記述です。この地は闇が覆っていました。しかしその渾沌とした中を神の霊が動いており、神が「光あれ」と言われると光があったのです。これは天地創造の一コマです。また主イエス・キリストがこの地上に来られたとき、夜空は光で輝きました。そして主は「わたしは世の光である」と言われ、聖書の最後のページを見ると最終的な創造(新創造)の時について見ることができます。そのときには、すでに太陽にも月にも頼る必要がありません。それは、小羊なるお方が光だからです。神は異邦人の光となるために、多くの民族の中からイスラエルの民を選ばれました。また私たちひとりびとりもその光を掲げて差し出すのです。

ランプについて考えてみましょう。このランプは幕屋や神殿の中に置かれていました。ここに描かれているのはそれとは違っています。ゼルバベルがバビロンから帰還したときに、彼は神殿を再建することとその中に置く燭台を作るように求められていましたが、その働きは圧倒的なものでした。

1　直面する問題

神は世界中に光を輝かせようと願っておられますが、それを止めようとするサタンの働きもあります。あなたがその職場でイエス・キリストの光を輝かせようとするときに同じようなことが起こることでしょう。それはサタンは闇の王国に属し、光を嫌うからです。しかしそのような問題に直面したゼルバベルにも、「武力によらず、権力によらず、ただわが霊によって」と言われるのです。皆さんがこの山を下り、おのおのの職場に学校に家庭に戻るときに、必ずサタンは攻撃してくることでしょう。しかし、御霊によって勝利を得るのです。

ゼルバベルの直面していた3つの困難(問題)は何だったのでしょうか。

①妥協

彼が帰還し神殿を再建しようとするとき近隣の人々は、「わたしたちもあなたがたをお助けしましょう。わたしたちもあなたがたの神を信じましょう」と言ったのですが、それは偽りであり、騙そうとする霊が働いている人々でした。私たちが直面している大きな問題の一つに、この「妥協」があるのではないでしょうか。サタンはさまざまな方法を用いて私たちを妥協させようと働くのです。

②失望

神殿の再建は進み、ある人々は、「ハレルヤ。ハレルヤ、われわれは神殿を建てている」と叫んでいました。ところがかつての栄光に満ちたソロモンの神殿を知っている人々は、「ああ、なんと貧しい、なんと小さなものではないか」と嘆き、その声が喜びの声をかき消してしまいました。

③不信仰

最大の山は不信仰でした。4章10節を見ると、主は「誰が初めのささやかな日をさげすむのか」と言っておられます。サタンはこのようにさげすむ思いを私たちの心に植え付けるのです。私たちが何か新しいことをしようとすると、サタンはささやくのです、「これは昔あったものからするとなんとつまらないものなのか」と。

私の母が書いた小冊子があります。そのタイトルは、「私の僅かなことも、神が共におられるとき、多くなる」というものです。神のなさる業を私たちは軽んじてはなりません。神は7つの目でごらんになっており、大きな問題が私たちにのしかかってくるときには、神は答えも用意しておられるのです。

2 私たちに対する約束

「武力によらず、権力によらず、ただわが霊によって、と万軍の主は言われる」（3・7）。これは警告の言葉であると共に知恵の言葉でもあるのです。

①警告

神の言葉を決して軽んじてはなりません。神が働かれるときに、どんなに小さな者も大きな者となりうるのです。

②知恵

私たちは自分の力に頼ろうとする傾向があります。それに対する神の答えは、「武力によらず、権力によらず」、すなわち、それらに「頼るな」と言われるのです。「政治的な力にも頼まず、神の霊に頼みなさい」と言われます。

私たちがここで学ばなければならないことは、私たちの肉の力は十字架につけられなければならないということです。イエス・キリストは十字架につけられたのみならず、葬られました。肉は何もできません。

パウロのガラテヤ伝道はすばらしい結果を生みだし、教会が誕生しました。しかし、彼が去った後に信徒の人たちは御霊によって生まれ変わったにもかかわらず、肉に依存し始めたのでした。そこでパウロは彼らを叱責するために、非常に厳しい言葉を用いています。「ああ、物分りの悪いガラテヤの人たち、だれがあなたがたを惑わしたのか。目の前に、イエス・キリストが十字架につけられた姿ではっきり示されたではないか」（ガラテヤ3・1）。

ですから神はゼルバベルに対しても、また私たちに対しても、「もしあなたが、肉

に頼らないないで全く神の霊に頼るならば、この大きな山も平地となる。完全に滅ぼされてしまう。すべての障害物を取り除き、あなたがたの前に道を開く」と言われるのです。

私自身の生涯においても、そのことを経験してきました。自分の力や権力などに頼ろうとしたときには、私の前にある山（問題）を崩すことはできませんでした。しかし私がただ神の霊にのみ依り頼んだとき、御言葉を通して、祈りを通して勝利がありました。

3　私たちをできる（可能にする）者にする力

私たちには不可能を可能にする力が与えられます。「武力によらず、権力によらず、ただわが霊によって、と万軍の主は言われる。大いなる山よ、お前は何者か、ゼルバベルの前では平らにされる」（4・6〜7）。

その秘訣は、ここに示された例証によって知ることができます。すなわち、燭台に油が注がれていることによってです。その力は満ちています。その燭台には七本の管がついており、それに油が注がれていました。他に例をみないことでありますが、燭台の上には祝福の泉（容器 ― 皿）がありました。それはあたかも泉のように祝福を与えるものであり、それは父なる神を現していると思われます。2節には「七つの管」があると書かれていますが、「七」は完全を表す言葉です。私たちのすべての必要は、この「七」の管の中に含まれています。それは「御霊に満たされなさい」（エペソ5・18）と言われていることに匹敵します。これは「御霊に満たされ続けなさい」ということで、約束ではなく命令です。神が命令される場合には、必ずできるから命じておられるのです。

また一番上の黄金のともしび皿は、「力の泉」であります。その力の泉はあふれており、この七つの管から油は常に注がれていました。また「力の働き」を見ることができます。それには七つのともしび皿がついています。なぜここに「七つのともしび皿（ランプ）」があるのでしょうか。それは「光を放ちなさい」ということです。あなたの家庭で、あなたの職場で、あなたの学校で……。東京に光を掲げよ。日本中に光を掲げよ。世界中に光を放て。輝くこと、光を放つことがランプの務めです。

マタイによる福音書を見ると、主イエスは「あなたがたは世の光である」と言われました。それは自分自身の光ではなく、イエス・キリストの光を映し出すことです。あなたは世の光です。ともしびは燭台の上に置くのです、多くの人が照らされるために。光を灯しながら、それを器で覆うことはしません。ここで言う「器」とは、私たちの日常生活を指しています。

主イエスはまたもう一つのことを言われました。「光を寝台の下に置く人はいない」と。それは消すわけではありませんが、なぜ光を放っていないのでしょうか。

それには二つの理由があります。

忙しさと怠慢です。それは光でありながら、容器の下に、寝台の下に置かれています。それは忙しさと怠慢です。

「あなたはなぜ証しをしないのですか」。

「オルフォード先生、わたしは忙しいのです。そんな時間はありません。しなければならないことが沢山あります」。

またある人は、

「わたしは怠け者です。横に寝ころんでテレビを見るのが好きです。眠って、眠って、これが良いんです。他のことはどうで

もいいのです」。

　忙しさと怠慢。これが問題です。なぜあなたの友人はあなたがクリスチャンであることを知らないのですか。その答えは忙しさと怠慢です。これは私たちにとって大きなチャレンジです。

　またこの燭台には「力の源泉」がありました。またそこに、「力のみなぎっているもの」がありました。またその「力の働き」を見ました。すべての人が見えるように、光を放ちなさい。

　さらにそこには「力の流れ」があります。燭台のかたわらには二本のオリーブの木がありました。人は何もしないのに、この二本のオリーブの木から油が供給されているのを見て、彼は不思議でなりませんでした。この二本のオリーブの木は、二人の人物を表しています。一人は大祭司ヨシュアであり、もう一人はゼルバベルです。彼は祭司ではありませんでしたが王子でした。これは祭司としての働きと王としての働きを意味しています。これはまた、私たちの主イエス・キリストを表しています。イエス・キリストは私たちにとって大祭司であり、王座に就いておられる王です。

　どのようにしてこのオリーブの木から油が流れるのでしょうか。一つは「執り成しの祈り」の働きがなされているからです。また王としての働き、「献げていく」ことがなされているからです。

　なぜ聖霊の油が続かないのでしょうか。それは祈りと献身（明け渡し）の不徹底によるのです。今日の教会の問題は祈らないということであります。私たちは大祭司の務めを、また王の務めを認めていないのです。だから、献げることにおいて不十分のままなのです。ここに執り成しの働き、また献身の働きがあります。この二つに忠実である場合に、油は常に注がれ続けていくのです。それは大祭司なるお方を知っており、また大祭司にして王なるお方と共にいるからなのです。私たちの生活は祈りの生活であり、献身の生活です。それに対する神の答えは、純粋で聖なる油を注ぎ続けてくださることです。

　私は父の泣く姿をあまり見たことはありません。彼はすばらしい神の働き人であり、すばらしい説教者でもあり、またアフリカの各地に教会を建てました。その父が一度だけ、今まで見たことのないような姿で泣いているのを見ました。それは、あるときアフリカのある酋長に伝道しているときでした。父の語る福音に耳を傾けていた彼は突然、「あなたは私に光を灯してくれました。しかしどうしてこんなに時間がかかったのですか。どうしてもっと早く光を灯してくれなかったのですか。私の人生はまもなく終わりです。この地においてはもう影響力を失ってしまっているんです」、と訴えました。それを聞いた父は彼の手を握りしめ、しゃがみ込んで泣き続けたのです。

　光のない地があります。どうしてでしょうか。それは執り成しの祈りをしておられる神、また王なる神とつながっていないからなのです。そのために多くの人々が福音を知らないままで放っておかれたままなのです。

　私がアメリカに来たばかりのころ、「ユース フォア クライスト」の大集会に出席しました。委員長の合図で、会場の明かりは一斉に消され、スタジアムは真っ暗になりました。しかし、入場者には入口で一箱ずつのマッチが配られていました。委員長は「立ち上がってそれぞれマッチに火をつけてください。もし火が消えたならばもう一本つけてください」と言いました。すると、

一斉に火が灯りました。スタジアムは大きな光に包まれました。翌朝の新聞には、その様子が報じられました。それは一本一本のマッチがつけられた結果でした。

あなたのマッチ、私のマッチに火をつけましょう。小さなマッチです。

ここに燭台があります。この燭台の光は、オリーブの木であられるお方につながっているかどうかによって決まります。つながってさえおれば、ともしび皿には油が注がれ続けます。その結果、このランプから光は世界に向かって光り続けるのです。そして人々は、イエス・キリストこそ世の光であると知るようになるのです。

あなたは今晩、今までになかった祈りの生涯に入る決断をされませんか。主権者であられるお方に対して、「一切をささげて、ただあなたにすべてを明け渡します」と決断なさいませんか。

（文責・錦織 博義）
（2004年『聖なる神に出会う喜び』）

50年通史

日本におけるケズィック・コンベンション50年の歴史を振り返り、その意義を再確認し、新たな歩みへ向かおうとしています。50年の回顧と展望、歴代の講師人物像また通訳者の役割等を収録。

50年を回顧して
荒野から聖なる大路へ ～ ケズィックの意義とその特質 ～

峯野 龍弘（日本ケズィック・コンベンション中央委員長）

序

イザヤ書35章8節には、「そこに大路が敷かれる。その道は聖なる道と呼ばれる」とある。ケズィック・コンベンションは、お互いが主の御心に適う聖められたクリスチャン・ライフを歩むために備えられた、まさに"聖なる大路"である。お互い荒野のような不毛な信仰生活を過ごしてきた者が、このケズィック・コンベンションに身を置くことによって、実に豊かに実を結ぶ祝福されたクリスチャン生涯を歩む者となることができるのである。それゆえケズィック・コンベンションは、霊的不毛の現代社会という"砂漠"の中に敷かれた"聖なる大路"であり、"聖めへの大道"である。ケズィックではこの"聖めへの大道"を、伝統的に「個人的、実際的、聖書的ホーリネス」への道と呼び、尊んできた。お互いはこのケズィックに出席することにより、等しくこの大路を歩み「聖められた尊い器」とされ、いよいよ主の御用に役立つ、良き業のために十全に備えられた主の僕となることができるのである。（「……諸悪から自分を清める人は、貴いことに用いられる器になり、聖なるもの、主人に役立つもの、あらゆる善い業のために備えられたものとなる」テモテⅡ2・21）

ちなみにここであえて、「個人的、実際的、聖書的ホーリネス」と呼ばれているのは何故か。

第1に、それが個人的生涯の中で鮮やかに体験され得るものであるからである。

第2に、それは単に知的、神学的なものではなく、お互いの日常生活の中で生活化され、身につき実践されるものだからである。

第3に、それは特定の教派の神学や教理に立つものではなく、ひたすら聖書自身が約束し、主がお互いに求めておられる聖書的ホーリネスにあずかり、それに根ざし生きるもの以外ではないからである。

これらのトータルのイメージは、古のケズィックの講師の一人であったアンドリュー・マーレー師が言ったように、「キリストに倣い、キリストに似るものとなる」ことなのである。つまり"キリストが考えられたように考え、キリストが生きられたように生きる"ことをひたすら目指すところにケズィックの個人的、実際的、聖書的

ホーリネスの真意がある。何人もこれを否定することができないキリスト者のための普遍的ホーリネスなのである。これを否定するものは聖書を否定し、キリストを否定することに他ならず、そこにはもはや真性のキリスト教信仰は存在し得ない。

それゆえこの真に共有すべき尊い一点においてケズィックでは、「皆、キリスト・イエスにあって一つ」（ガラテヤ3・28）であり、"ここにおいては"もはやいかなる教団・教派の相違性も、また神学的、教理的立場の違い性も脱ぎ捨てられなければならない。そしてただひたすら「キリストの愛の広さ、長さ、高さ、深さ」（エフェソ3・18）を追い求め、「キリストの愛に根ざし」（同3・17、4・15）、「キリストの満ち溢れる豊かさに」（同4・13）に至るまで「成熟（円熟）した人間になる」（同4・13）ことを慕い求めて、生涯の最後の一息まで「聖なる大路」を歩み続け行くことこそ、ケズィック・コンベンションの根本精神なのである。

そこで先ず初めに、このケズィックが標榜する聖潔（ホーリネス）が、いかにキリスト者すべての者に求められている主の聖なる御心であるかについて言及しておこう。

I．聖書はすべてのキリスト者の聖潔（ホーリネス）を要請している

ここで新約聖書の中に明記されている誰もがよく知るキリスト者の聖潔に関する主要な言及について列挙してみよう。

① 主イエスは、弟子たちに、「心の清い人々は、幸いである」（マタイ5・8）と言われた。またファリサイ人に、「まず、杯の内側をきれいにせよ。そうすれば、外側もきれいになる」（マタイ23・26）と外的、行為的、道徳的聖化でなく、内的、本質的、霊的聖化にあずかるべきことを戒められた。

② 使徒パウロは、「聖なる生活を送りなさい」（ローマ6・19、22）と勧め、「実に、神の御心は、あなたがたが聖なる者となることです」（Iテサロニケ4・3）、「神がわたしたちを招かれたのは、汚れた生き方ではなく、聖なる生活をさせるためです」（同7）と断言している。

③ 使徒ペトロは、「召し出してくださった聖なる方に倣って、あなた方自身も生活のすべての面で聖なる者となりなさい。『あなたがたは聖なる者となれ。わたしが聖なる者だからである』と書いてあるからである」（Iペトロ1・15、16）と明言している。

④ ヘブライ書の記者は、「聖なる生活を追い求めなさい。聖なる生活を抜きにして、誰も主を見ることはできない」（ヘブライ12・14）と明記している。

⑤ 使徒ヨハネは、「御子イエスの血によってあらゆる罪から清められます」（Iヨハネ1・7）と宣言している。

⑥ ユダ書の記者は、「あなたがたは最も聖なる信仰をよりどころとして生活しなさい」（ユダ20）と勧告している。

⑦ ヨハネ黙示録の記者は、最後の審判のとき第一に復活するものは「聖なる者」、（黙示20・6）であると預言している。

何と明白なことではないか。このように聖書は、キリスト者であるお互いすべてに対して明白に、"聖なる者"となるように要請している。それゆえお互いは、キリスト者としてこの聖潔なる生涯への主の御要請、つまり招きを退けて、どうして主の御前にその生涯を聖く全うすることができようか！

II. 英国ケズィックの歴史

さて次に、英国におけるキリスト教会の歴史を見ると、18世紀の中葉にジョン・ウェスレーのメソジスト運動によって、主に一般庶民や底辺にあった人々の中に燃え上がった信仰復興運動と敬虔主義的聖化の運動の霊の火は、19世紀を迎えてやや下火になったかに思われた。しかし、「歴史は繰り返す」のたとえの如く、19世紀の初頭を迎え、今度は主として上流および中流階級の人々の中に、その火が再燃し始めた。

その頃の英国の上流、中流階級の人々が属する教会とキリスト者の間では霊的不毛状態、つまり「霊的荒野状態」が広がっていた。産業革命の波に乗って彼らの内には世俗化が進み、教会が貴族趣味的社交クラブ化しつつあった。そうした中から神は荒野に、「聖なる大路」を敷設すべく、神の器を起こし霊的聖化と信仰刷新のための聖なるムーブメントを巻き起こすことを着手し給うたのであった。そこで以下にその大いなる御業のために神に用いられた人物たちと、また諸集会について簡略紹介していこう。

A．ケズィック前史
1．チャールズ・シメオン
内実を伴う真のキリスト者生活の復興。彼は卓越した講解説教と多数のパンフレットを通じて、これに貢献した。

2．トマス・チャルマーズ
敬虔な霊的生活を取り戻すために卓越した説教と組織的訪問運動を展開することによって、霊的覚醒にあたった。

3．マレー・マクシェーン
彼は、詩人にして説教者、牧師でもあり宣教師でもあった。何よりも救霊の熱情に溢れた祈りの器にして、偉大な聖徒であった。その彼もチャルマーズの感化を受け説教と訪問伝道を展開したが、彼はそれ以上に祈祷生活の充実を通して個人的聖化を強調した。

4．C・H・スポルジョン
英国史上最大の説教者の一人。彼はその説教と牧会を通じて女王から庶民に至るまで幅広い人々に多大な霊的感化を及ぼした。

5．ウィリアムズ・ボードマン
その頃大英帝国内各所でリバイバルが起こり、アイルランド、スコットランド、イングランド、ウェールズとその火は燃え広がって行った。それは罪の悔い改めと魂の救いを促進することには大いに力を発揮したが、しかし、それらはさらに深く進んでより高い聖化し成熟したキリスト者生活を確立するには、不十分であった。

この点に着目したボードマンは、「より高いキリスト者生活」という書を世に著し、これが大きな反響を呼ぶこととなり、遂には各所で「より高いキリスト者生活」を求め、それにあずかるための聖会が開催されるようになった。ここにおいて多くのキリスト者が聖霊に満たされ、まさに引き上げられたキリスト者生涯を受け継いだ。

6．ロバート・ピアソル・スミスとその妻ハンナ・スミス
彼らこそケズィック運動の前史における多大な功労者であって、「触媒的役割」を果たした人物であった。彼らは米国人であったが英国に渡りガラス工場の経営者となっていた。彼らは元々はクエーカーの信徒であったが、先ず妻のハンナがメソジストの婦人との出会いを通じて、「驚くばかりの晴れ晴れとした偉大な霊的転機経験」と彼女自身が後に呼んだ聖化の経験に与り、やがて夫のロバートもメソジストのキャンプ集

会で同様の経験を与えられたことにより、当時盛んに燃え広がりつつあったボードマンの「より高いキリスト者生活」の運動に共鳴し、彼らも夫婦して立ち上がり、ロバートは偉大な説教者・講演者となった。ハンナは自ら『真に幸福なキリスト者生涯の秘訣』という書物を著し、これが大いに反響を呼び、後に名著の一つに数えられた。とりわけ彼らは招かれて英国・米国各地で数々の聖会を開いた。

① 1873年のロンドンのカーソン・チャペルの小集会　この集会には、国教会、非国教会の有力な教職ならびに政治家、実業家などが出席していた。わずか16名ほどであったがその中に後のケズィック・コンベンションの立役者となったエバン・ホプキンスとE・W・ムーア牧師がいた。スミスが解き明かす聖書講解を聞いているうちに彼らの心の中に聖霊の炎が燃え上がり、輝かしい新たな力と命がその内に宿り、聖霊の満たしと勝利の喜びにあずかった。それはまさしく荒野に水が湧き上がり、砂漠に大路が敷かれる経験となった。

ホプキンスの妻は変貌した彼を見て、「あたかも乳と蜜の流れる、広くうるわしい地を眺めている人」のようだと評した。またムーア自身は、この時の経験を、「小さな泉から水が湧き上がり、流れ出して大河となった経験」と表現し、回想している。

② 1874年7月中旬のブロードランド聖会　ハンプシャー州のこの地は歴史に名高いウィリアム・テンプル卿の領地で、風光明媚な地であった。親交のあったスミスは、ケンブリッジの大学生たちを中心にしたキャンプ集会を主催すべく候補地を探していた。それを聞いたテンプル卿は、大いに喜び彼の所領地を提供し、自らテントの調達を申し出た。かくして開催されたこの聖会は「聖めとより高いキリスト者生活の促進のために」と銘打たれた。これには学生たちばかりでなく、多くの教職、貴族、文学者、禁酒主義の改革者など多彩な顔ぶれが揃った。その中にはフランスからやってきた有名な賛美歌作者テオドル・モノ牧師もいた。彼はこの集会で大いなる経験をし、かの有名な「全ては汝がもの、わがものは無し」の詩を、この一週間に亘る集会のある夜、聖霊に満たされ深い感動をもってローソクのともし火の下で作詞した。

スミス師は、談話集会を通して聖化の恵みを解き明かし、妻ハンナは卓越したバイブル・リーディングをもって聴衆の魂の深みに迫った。この時の100名余りの参加者が、その恵みを忘れられず、いち早くさらに多くの人々を集めて、同様の集会を持ちたいと発議し、わずか数週間後にオックスフォードでの集会を企画した。

③ 1874年8月下旬のオックスフォード聖会　かくして持たれたこの集会には何と1,200名余りが参加した。もちろんテーマは「より高い聖なるキリスト者生活の促進」であった。しかも講師陣はスミス夫妻を中心に、さらにボードマン、そして先のエバン・ホプキンスなどであった。

この集会に深い飢え渇きをもって出席していた一人に、後のケズィック・コンベンションの創始者となった若き教職ハーフォード・バタースビーがいた。彼はこの集会で主の聖臨在に触れ、聖霊の満たしにあずかり、甘美なる内住のキリスト体験をした。彼はこの偉大な霊的転機経験を携えてケズィックの村に立ち返り、教区民にその報告をなし、すかさずこのオックスフォードの集会で知りあった隣村のクエーカーの信徒ロバート・ウィルソンと共に、ケズィッ

クの村における「より高い聖なるキリスト者生活」をテーマにした聖会を誘致する働きに着手した。もちろん主講師にはスミス夫妻を招くことにし、了承を取り付けた。

④ 1875年5月下旬のブライトンの聖会

ケズィックの集会を目前に控えたこの聖会には、何と約5,000名の人々が集まった。折から米国から来ていたD・L・ムーディとイラ・デービット・サンキーのリバイバル集会で回心した人々もこの集会に集まり、「より高いキリスト者生活」を渇望した。

この集会の終わりには感動的な合同聖餐式が催され、その席上でそこに出席していたバタースビーとウィルソンは抑えがたい思いで、参加者一同に来る6月29日（火）より開催されようとしているケズィックでのスミス夫妻を招いての「実践的な聖めを促進するための連合集会」について広告した。ところが何とこのスミス夫妻の地上におけるかかる恵みの集いが、このブライトン集会をもって彼らの生涯の最後の集会となろうとは誰も知る由もなかった。

B．英国ケズィック・コンベンションの誕生

さて、遂に待望していたケズィック・コンベンションが今まさに開幕されようとしていた。ところがその開催数日前のこと、一通の電報がバタースビーの手元に舞い込んだ。それは突然の病気のためスミス夫妻が帰国することになり、参加不可能とのものであった。驚いたバタースビーは、友人のウィルソンに報告し、中止すべきか延期すべきかを大きな戸惑いを覚えつつ、相談した。そのときウィルソンは、何のためらいも見せずきっぱりと、「この失望は、神への信頼を働かせるための大いなる好機である。続行すべきである」と応えた。意は決せられた。奇しき偉大な神の摂理の御手がそこに伸べられていた。

6月28日（月）の夕刻、夕べの祈祷会をもって歴史的な最初のケズィック集会が始められた。初代議長は、言うまでもなくハーフォード・バタースビーであり、説教者には彼のほか弱冠37歳のハンマー・ウィリアムス・ウェブペプローとヘンリー・フランシス・ボーカーであった。このウェブペプローこそ約半世紀の長きにわたり、初期英国ケズィックのメイン講師を勤めることになった卓越した聖書講解説教者で、彼はロンドンの聖パウロ教会の牧師であり上流階級から庶民に至るまで、広く信任を集めていた高潔にして謙遜な神の聖徒であった。その卓越した霊感溢れる深い聖書講解説教こそ、後のバイブル・リーディングの基調となった。

またボーカーは、ロンドンのクライスト・ホスピタル公立学校の副校長、平信徒ではあったが、これまた卓越した聖書講解説教の賜物に恵まれていた。彼はスミス夫妻の偉大な後継者となった。

かくして始まった第1回ケズィック・コンベンションは、スミス夫妻の主催した諸集会にも勝るとも劣らない集会となった。約300名の人々が集まったが、これは聖霊の働きの濃厚な集会となり、集会後美しい湖畔の木陰には、家に戻らず涙のうちに罪を告白し祈る人々が後を断たず、遂に会期を延長せざるを得ないほどに祝福された。

このうわさは日ならずして英国全土に広がり、第2回以降の集会にはさらに多くの人々が広範囲から参加するようになり、早くも今日の如く全世界に広がり行くようになったケズィック運動の基礎を据えることとなった。

ちなみに初期のケズィック・コンベンショ

ンの立役者で決して忘れることのできない人物は、エバン・ホプキンスであった。彼は第1回には不在であったが、バタースビーを助け半世紀にわたり主講師の一人として活躍し、何よりも彼こそがケズィックのスタンダードを確立し、「ケズィックの神学者」とさえあだ名されるほど、その尊い意義を主唱し、またムーブメントを広めることに多大な貢献をした。彼は「信仰生活」という週刊誌の主筆編集者でもあった。

III. ケズィック・コンベンションのさらなる特質

すでに冒頭でも個人的、実際的、聖書的ホーリネスを主唱し、「皆、キリストにあって一つ」を標榜するムーブメントであることについては述べたが、さらに以下のような特質について述べておこう。

① ケズィックの「バイブル・リーディング」　これは単なる聖書講解説教ではない。神学的、霊的、牧会的、社会的に強力なインパクトをもった、しかも「聴衆に聖なるキリスト者生活」をもたらしてやまない、聖書全巻的調和をもって解き明かされるケズィック固有の卓越した洗練された講解説教である。

② ケズィックの集会の着眼点　先ず第1に、キリスト者の罪（認罪）の指摘、第2に、その罪からの解放と勝利の道の明示（治癒と聖別）、第3に、聖められた者の積極的使命への献身の奨励（献身と派遣）、第4に、聖霊の盈満と成熟したキリスト者生活への保証（満たされ祝福された歩み）に着目し、その集会全体の流れの中でこれらのすべての要素が充足され、かつコンベンションの目的が達成されてゆくよう配慮されている。

しかし、そのために決して集会が形式的、機械的、人為的にならぬよう、常に細心の注意が払われている。

IV. 日本におけるケズィック運動

さて、ここでお互いは日本におけるケズィック運動の歴史について、一瞥してみたい。そもそも日本におけるケズィック・ムーブメントの恩恵と感化の歴史は、かなり古く、かつその裾野は広い。

第1に、ケズィックゆかりの人物たちが、古くから日本を往来していた。その人々にはB・F・バックストン、エミー・カーマイケル、ハドソン・テーラー、チャールズ・インウッド等がいた。この彼らが与え、遺していった恩恵と感化は、甚だ大きかった。

第2に、書物を通してその恩恵と感化を受けてきた。ちなみにこの種の著書について紹介すれば、F・B・マイヤー、ハンドレー・モール、S・D・ゴードン、A・T・ピアソン、アンドリュー・マーレー、グレアム・スクロギー、キャンベル・モーガン等々の書物がそれであった。さらにまた、中田重治や渡辺善太などは、早い頃から英国ケズィックの「ケズィック・ウィーク」（説教集）を入手し、自らの説教の模範もしくは種本としていた。

第3に、明治28年に神戸の有馬で開催されることになった、いわゆる「有馬聖会」は、当時の宣教師たちによって、何と「日本のケズィック」とさえ呼ばれていた。

① 日本ケズィック・コンベンションの誕生

かくして遂に1959年から1961年にかけて展開された一連のワールド・ビジョン

主催による大阪・東京におけるクリスチャン・クルセードと、それに付随して持たれた教職者ゼミの終了後、この大いなる祝福を何とかして日本に残したいとの願いから、1961年8月箱根小涌園を会場に大阪・東京の指導的教職者27名が会合した。その席上日本のキリスト教界に末永く貢献できる最良の祝福の道は、かの英国のケズィック・コンベンションを日本に誘致する以外に良策はないとの合意に達した。

そこでいち早く準備委員会が設置され、英国ケズィック本部からの公式の了承を取り付けることは至難の業であることを十分了解した上で、あえて1962年3月箱根湯本の「三昧荘」（現在の富士屋ホテル）を会場に、「日本キリスト者修養会」（仮称・日本ケズィック・コンベンション）なる名の下で集会を開催した。これが実質上の第1回日本ケズィック・コンベンションとなったのである。

その初代の講師は、ワールド・ビジョン総裁のボブ・ピアス博士、副総裁のポーロ・リース博士、そしてアフガニスタンの宣教師クリスティー・ウィルソン師であった。講壇上には日本の東西を代表するキリスト教界の重鎮たちが居並んでいた。当初、300名ほどの参加者を予測していたが、何と600名以上の人々が湯本に集結した。まさに最初の英国のケズィック・コンベンションの発祥もかくあらんと思われるほどの聖霊の臨在の濃厚な集会となり、まさにリバイバルの様相を呈した。そのとき献身した者も少なくなかった。ちなみにこのとき献身した者の一人が、筆者自身でもあった。今思い起こしても、感謝と感動が尽きない。

このケズィック開催にあたり一切の準備費用ならびに諸経費、そして遠隔地の教職参加者のための費用免除などの財政負担を、一切ワールド・ビジョンが負ってくれた。この支援は日本サイドの自立するまでの数年間続き、その結果ワールド・ビジョンでは、スタッフたちのボーナスの支払いができなくなるほどまでに財政危機に直面させられたとの記録が残っている。しかし、そのことは一言も日本側には知らされず、ひたすら日本の教会の祝福のため支援が続けられたのであった。

② 英国ケズィック本部への特使派遣

かかる大いなる祝福を拝したことを受けて、直ちに英国本部に同年7月14日から21日にかけて、折から開催されていた第81回英国ケズィック・コンベンションに、金井為一郎師を団長とする車田秋次、小原十三司、藤田昌直の四師を特使として派遣した。派遣団からの「日本ケズィック・コンベンション」なる名称の使用許可願いを受けたA・T・ホートン議長は、最初は強い難色を示したが、日本側の真摯な要請を考慮して"Japan Convention on Keswick"（ケズィックの線に沿った日本聖会）ではどうかとの歩み寄りを示した。しかし、これではどうも歯切れが悪く、なおも執拗に訴えた結果、遂に「Japan "Keswick" Convention」とインバーテット・コンマ付きではどうかとの提案をしてくれた。

一行はホートン議長たちの誠意を汲み取って、これでほぼ目的は達成されたと理解し、感謝のうちに帰国した。のみならず正式に毎年英国ケズィックから特別講師を派遣する確約まで取り付けることができた。

③ 箱根・小涌園での第2回日本ケズィック・コンベンション開催

かくして翌年1963年2月下旬、より広

い収容力を持つ箱根小涌園に会場を移し、第2回日本ケズィック・コンベンションが開催された。主講師には先の英国での約束の通り、英国ケズィックの大御所ジョージ・ダンカン博士が派遣されてきた。これにボブ・ピアス、ポーロ・リースが加わり、まさに絢爛豪華な聖言の饗宴が展開されることとなった。

聴衆は全国各地より飢え渇きと期待を持って参集し、何と1,200名を超えた。これには各派の在日宣教師たちも多数招かれて出席し、その恵みにあずかった。このときから正式に「日本ケズィック・コンベンション」なる名称を使用することとなった。

爾来、今日に至るまで日本ケズィック・コンベンションは終始一貫してこの小涌園が会場となり、この箱根のコンベンションが日本におけるケズィック運動の源流的位置づけを持つようになった。

ちなみに第3回目には英国より今一人の英国ケズィックの重鎮アラン・レッドパス博士が特別派遣講師として来日され、先のダンカン、リース両師と共に日本のケズィック・コンベンションの霊的三大巨匠として長く奉仕された。彼らの存在は、日本ケズィックの霊的格調を高め、諸教会の圧倒的信頼を深め、ケズィックの存在意義を不動のものとして確立するために、多大な貢献となった。その結果、箱根での集会規模は最大時には1,400名にも達した。

④ 全国各地でのコンベンションの誘致とその発展

さて、かくして祝福された日本ケズィックは全国各地への波及と共に、その更なる参加の便宜を考慮してブランチ・コンベンションの誘致へと発展していった。

ⅰ）北海道コンベンション

1965年には、先ず北海道で最初のブランチ・コンベンションがスタートした。これは今は亡き定家都志男師の強力なリーダーシップの下で誘致・開催されるに至ったものである。その最初のコンベンションでは、ボブ・ピアス、ポーロ・リース、ハーバード・クラッグ、西村次郎の諸師が主講師として奉仕し、定山渓グランド・ホテルを会場に開催された。

ⅱ）大阪コンベンション

その2番手は大阪で、翌年の1966年に中路嶋雄師等を中心とした人々の尽力により、実現した。会場は有馬温泉・池ノ坊満月城で、ボブ・ピアス、ポーロ・リース、レイモンド・オートランドの諸師を主講師として迎え開催した。

ちなみに、大阪では会期中の特に聖日を活用して神戸（1980年より）、京都（1996年より）、奈良（2007年より）の3地区で、恒例の"地区大会"を開催するようになった。

ⅲ）九州コンベンション

そしてさらに1991年には、横田武幸師の指導の下にすでに長い歴史を持つ"九州聖会"の委員たちが核となり、九州コンベンションが誕生した。その第1回コンベンションの主講師には、英国ケズィックの大御所ジョージ・ダンカン博士、日本の生んだ大伝道者本田弘慈師、それに不肖の小僕峯野龍弘が招かれた。しかもその会場には、箱根も優るとも劣らない風光明媚な大分県城島高原・後楽園ホテルが選ばれた。

ⅳ）沖縄コンベンション

さらにこの九州コンベンションの誕生に

2年遅れる1993年には、日本最南端の沖縄県那覇市で、国吉 守、折田政博、高橋秀夫、齋藤清次の各師を中核とした沖縄福音連盟の有志たちの働きにより、待望の沖縄コンベンションが開催された。その最初の主講師は、キース・ウェストン師と小僕であった。会場には、委員長高橋秀夫師の牧会する那覇ホーリネス教会が選ばれた。

ⅴ）東北コンベンション

そして最後にもう一カ所、2007年には仙台において東北コンベンションが誕生した。秋田の小助川次雄師、仙台の行川孝夫、大友幸一、島 隆三、平島 望の諸師、さらに山形の岡 摂也師などの尽力により、実に長い間待望されてきたこの地のコンベンションが、実現したのであった。その最初の主講師には、世界的な卓越した聖書講解説教者スティーブン・オルフォード博士とそのご夫人、そして村上宣道師と小僕とが招かれた。会場は、宮城県婦人会館であった。

以上が箱根に始まった日本ケズィック・コンベンションの祝福が、さらに波及して誘致されるようになった毎年恒例のブランチ・コンベンションであった。なお前述の大阪同様に、全国の中軸的なコンベンションである箱根コンベンションの傘下には、"**東京大会**"と呼ばれる地区大会が毎年、淀橋教会を会場として持たれている。

かくして今日全国に波及した日本ケズィック・コンベンションは、毎年全国で約90教派の教職信徒が、これらのいずれかのコンベンションに参加し、またその参加登録者総数は、全国で平均約3,000名以上に及んでいる。それらの各地におけるコンベンションや大会の祝福された様子については、さらに本記念誌の他の文章を参照していただきたい。

これまた昨今、日本列島の中で最後に残されたもう一つの必要地区、つまり四国地区においてもこのコンベンションの開催誘致が叫ばれ始めていることは、何と喜ばしいことであろう。

Ⅴ．日本ケズィック・コンベンションの果たした意義と役割

このように過去50年に亘り継続的に開催され、大きな祝福のうちに全国各地に波及して来た日本ケズィック・コンベンションの果たしてきた意義と役割は、決して小さなものではなかった。今その幾つかを記述するならば以下の通りである。

1．日本の福音的諸教会の健全成長に貢献した。

ケズィックは、そこに参加した信徒たちの霊的資質を深化し、真に聖書的なキリスト者生活を確立させ、その所属教会に送り返すことにより、各教会の健全成長に役立った。

2．日本の宣教拡大と福音化に貢献した。

毎年ケズィックでは多くの献身者が起こされ、その中から多くの牧師、宣教師が生み出されてきた。また真に献身的な信徒が育成され、良き福音の宣証者となって教会と地域社会に仕える者となった。これはどんなにか日本の宣教の拡大と福音化に役立つこととなったか知れない。

3．説教者の説教の向上に貢献した。

ケズィックにおける卓越した講師たちによって取り次がれるバイブル・リーディングは、説教者たちの説教のまさに良き模範であって、毎年ここに参加する教職にとっては、説教者としての自らの霊性向上と共に、何よりも説教の質の向上を余儀なくさ

せられた。

4. 世界的視野とビジョンの拡大に貢献した。

ケズィックでは、世界各地からの卓越した講師たちの説教を通して、彼らの内にある豊かな世界的視野とビジョンに触れることができる。そのことによりお互いの視野とビジョンの拡大が促進された。

5. 真の聖書的エキュメニカル運動に貢献した。

ケズィックでは、「皆、キリストにあって一つ」をモットーに、教団、教派、教会の中垣を超えて、個人的、実際的、聖書的ホーリネスを求めて、ひたすら主の聖旨に聴従しようとする共同の営みの中で、自ずと福音的、聖書的、霊的一致と聖書的エキュメニカル・ムーブメントを促進させられた。

6. 世俗主義から教会とキリスト者を守ることに貢献した。

今日、二つの世俗化の波が教会と個人を脅かしつつある。一つは政治的、社会的イデオロギーとその運動の波である。これは知的な左傾化の波である。いま一つは極端なカリスマティックな新興宗教まがいの運動の波で、これはしるしやエモーショナルな感情主義を煽り立てる感覚的、情緒的な右傾化の波である。ケズィックでの深い霊的聖書的経験は、真の霊的な真理にお互いを導き、この両極的ないずれの世俗主義からも教会と信徒を守ることに貢献した。

7. 死せる正統主義と活動的異端から教会とキリスト者を守ることに貢献した。

ケズィックは、愛と聖きと生命に満ち溢れたより高く深いキリスト者生活にお互いを招き入れてくれる。そこには真に霊的活力に満ち溢れた聖霊の盈満の生涯が約束されている。それゆえ死せる正統主義に陥ることなく、一見活力あるかに思える不健全な異端的ムーブメントに幻惑される余地もない。

かくしてケズィック運動は、教会とキリスト者各個人を、またさらには社会までをも神の御心に従った「聖なる大路」に立ち返らしめ、より高い聖なる生涯に上り行かせてくれる。この「聖なる大路」は、万人に開かれている天的一筋の道である。この道に歩む者は、神の御心を喜ばせ、この地上にあっては美しき人間性を受け継ぎ、また麗しい人間関係を結ぶことができる。彼らはこの地上でいかなる荒野や砂漠を経験しようとも、遂にはそこを泉あるところとなし、荒野を花咲く地に変え、砂漠を大河の流れるところとなす。これがケズィックである。

「そこに大路が敷かれる。その道は聖なる道と呼ばれる」（イザヤ書35・8）。

それゆえお互いは、自らこの道を行こう。のみならずこの道にすべて主にある兄弟姉妹を招こう。教団、教派、諸団体を超えて、そしてあらゆる神学的立場の相違を超えて、共にこの聖なる大路を歩もうではないか！
ハレルヤ！

（2006年『聖なる道―キリストに生きる』北海道ケズィック40周年記念講演に加筆・訂正）

主なる歴代講師・通訳者の肖像画

峯野 龍弘（日本ケズィック・コンベンション中央委員長）

　50年を数える日本ケズィック・コンベンションの恩寵の歴史は、神の御言葉の卓越した解き明かしの歴史でもあった。英国ケズィックに端を発したいわゆる「バイブル・リーディング」と呼ばれる伝統的かつ卓越した霊的聖書講解説教、これこそケズィックにおける神の恩寵との邂逅をお互いに齎してくれる最たる大路である。お互いが過去50年間を振り返ってみる時、そこに実に多くの卓越した神の聖徒たちが、この「バイブル・リーディング」を取り次ぐために、年毎に配剤されていたことに気付かされる。

　その神の聖徒たちとは、いずれも卓越した神の御言葉の説き明かし手、つまり「バイブル・リーディング」を取り次ぐ、実に珠玉のような霊的聖書講解説教をなす神の器たちであったのである。

　またこの歴代のケズィックの説教者たちの中には、いわゆる「バイブル・リーディング」ではなく、卓越した聖会説教者と言うべき人々もいたが、彼らもまたその聖別メッセージを通じて神の恩寵を持ち運んで来てくれた。そこでこの限られた紙面にそれらのすべての神の器たちを紹介することはできないが、それらの多くの器の中から特に思い出深い幾人かを抽出して、その肖像画を紹介しておこう。

◇**ボブ・ピアス博士**（米国）

　何と言っても先ず初めに紹介しなければならない人物は、ボブ・ピアス博士であろう。この人なくしては日本のケズィックは始まらなかった。なぜなら彼はワールド・ビジョンの創始者であり、当時日本の教会がまだ小さく貧しくあった時、日本の宣教と救霊のために莫大な費用と時間と労力、さらには多くの有益な人材とプログラムとをもって支援してくれた人物であったからである。

　彼は先ず大阪と東京で「クリスチャン・クルセード」という大規模な伝道大会を主催し、日本の教会と教職、信徒の霊的充実のために経済的支援をも含むセミナーを開催してくれた。その結果、遂に誕生したのが日本ケズィック・コンベンションであった。そして彼は自ら説教すると共に、何よりも卓越した説教者を、英国をはじめ海外から誘致するために尽力してくれた。のみならず、最初の数年間は莫大な資金を投じて日本のケズィックが軌道に乗るまでサポートしてくれた。

　ちなみに彼は、霊的聖書講解説教者と言うよりは、偉大なエバンジェリスト（大衆伝道者）であって、彼が獅子吼して語る時、聴衆はそこに圧倒的神の迫りを感じた。彼が最後に来日した際の遺言的説教を忘れることができない。

　それは1975年の第14回コンベンションの折であった。彼は日本の滅びゆく霊魂の救いを願い、また日本の教会とキリスト者の祝福を願い、これが自分の日本での最後の説教となるかもしれないと前置きしながら、力の限り2時間余り、熱情溢れる説教をした。その通りにこの説教こそ、彼の告別説教となった。お互いは後日それと

知ったのであったが、その時既に彼は白血病の末期を迎えており、帰国して数年もしない内に天に召されて行った。

◇ポーロ・リース博士（米国）

次に紹介したい人物は、ボブ・ピアス博士に優るとも劣らず「日本ケズィックの父」とも呼ばれるほど尊敬もされ、かつ多大な貢献をされたポーロ・リース博士である。博士は、第1回コンベンション以来、時として間を空けたこともあったが、その最後のご奉仕がなされた1989年まで、通算20回も来日され、尊い御用を果たされた。

彼の如き妙なる声の響きを持った、あたかもその場に主御自身を彷彿とさせる麗しい人格と聖なる主のメッセージとをもって、会衆の前に立った説教者が他にあったであろうか。彼の最愛の妻をして、「私の夫は完全な人でした」と目を細めて言わしめたほど、彼は聖なる神の人であった。しかも何よりも彼の説き明かす「バイブル・リーディング」には、主の聖なる臨在の前にお互い一人一人を引き出し、その場にひれ伏させて止まない聖なる圧倒的なインパクトがあった。

それは神学的にも、霊的にも、そして実践的にも、全く非の打ちどころがなかった。ちなみに、博士はワールド・ビジョン・インターナショナルの副総裁として、長い間ボブ・ピアス博士を補佐すると共に、貧しい国々の人々に仕える全スタッフたちの霊的指導に当たって来られた人物であった。

◇ジョージ・ダンカン博士（英国）

第3に紹介したい人物は、ジョージ・ダンカン博士である。このお方こそ、いにしえのチャールズ・インウッドやF. B. マイヤーたちと共に、まさに英国ケズィックを最もよく象徴する偉大なケズィック・スピーカーであった。私たちは彼のことを"Mr. ケズィック"と呼んだ。博士の説教には、英国女王までがひれ伏す思いで耳傾けたと言われる。

彼の説教スタイルの中には、これこそがまさに「バイブル・リーディング」だと言わしめずにはおかない、そのモデルが宿っていた。彼の代表的な著書『不可能事を欲する』、『活けるキリスト者生活』、『嵐の中の主権者』などは、「バイブル・リーディング」の真骨頂を彷彿とさせてくれる。博士の全英ラジオ放送は、英国の民衆の霊性を日々高めることに大いに貢献した。その大柄な体躯の中に、常にキリストの慈愛に満ちた温かい愛が満ち溢れ、彼に触れるすべての人々に慰めと癒しをもたらした。博士は、偉大な説教者であると共に、グラスゴーにおける偉大な牧会者でもあった。

◇アラン・レッドパス博士（英国）

さらに次に紹介したい人物は、アラン・レッドパス博士である。先のパウロ・リース博士、ジョージ・ダンカン博士に加え、このレッドパス博士の三人こそ、日本ケズィックの聖なる魅力を決定的に日本のキリスト教界に印象付け、かつその不動の位置づけをした三大巨匠であった。彼らはいずれも神の御言葉の主権とその威力の前に聴衆を引き出し、かつひれ伏さざるを得なくさせる偉大な説

教者たちであった。

　レッドパス博士は、実業界から転身して伝道者となり、長い間青少年伝道や海外未伝地宣教にも重荷をもって活躍された世界的に著名な伝道者でもあり、国内・海外の大集会の講師としても広く活躍されていた。エディンバラの有名なシャーロット・バプテスト・チャペルの牧師としても長く奉仕し、その説教はいずこにおいても大会衆を魅了してやまなかった。人々の心の内にあった罪を焼き尽くし、霊魂を聖めに導く火のように燃える彼の説教のゆえに、いつしか人々は彼を神の御言葉の「火焔放射器」とあだ名するようになった。

　彼は若き日に大学のフットボールの選手でもあったほどのスポーツマンで、その精悍な顔立ちと長身の体躯より語り出す力ある彼の「バイブル・リーディング」には、罪とサタンを追いやり、勝利させる迫力が宿っていた。ちなみに彼の著書の内の代表作には、『勝利の祈祷』、『勝利の生活』、『勝利の奉仕』などの"勝利シリーズ"の説教集がある。

◇韓景職博士（韓国）

　歴代の講師方の中には欧米の人々ばかりではなく、カナダ、オーストラリア、アフリカ、インド、香港、韓国などの講師もいた。特に隣国韓国からは韓景職博士、金俊坤博士、朴朝駿博士などがあった。その内の韓景職博士について紹介しておこう。

　このお方は韓国キリスト教歴史の中に燦然と輝く永楽教会の創設者であり、牧師であった。同教会は、当時韓国最大の教会であり、多くの有為な人材を生み育て、韓国社会のあらゆる分野に指導的立場の人物を送り出していた。一般社会においても多大な影響力を持った存在で、その名を知らない韓国民はほとんどいないであろうとさえ言われていた。物静かで、温和かつ高貴な仁徳を持った人物で、その説教には"山上の垂訓"を語り給うた時の主イエス・キリストも、かくの如くではなかったろうかと思わせる聖にして慈愛に満ちたインパクトがあった。静かな語り口調で説教が始まるが、徐々に透き通るような声の説教調に変わり、遂には愛と謙遜の限りを尽くして、あたかも訴え、歎願するかのごとく主の御心に全く従い、献身的に世に仕え、キリストを証しすることを迫る博士ならではの御言葉の説き明かしは、聴衆に限りなく感動を与えてやまなかった。

　ちなみに、アジアからの講師で香港から来られたフィリップ・テン博士がおられたが、このお方も香港はもとよりのこと海外でもよく知られた信望の熱い人物で、その信仰と人格、説教などにおいて、どこか韓景職博士に近似していた。このお方の思い出にも、忘れ難いものがある。

◇サムエル・T・カマレーソン博士（インド）

　次に、このお方を紹介したい。この人物も先のポーロ・リース博士が天に凱旋された後に、ワールド・ビジョン・インターナショナルの副総裁に就任した偉大な霊的指導者の一人であった。

　博士は、インドに生まれのインド育ち、献身して米国アズベリー神学校に学び、卒業後再びインドに戻り、長い間メソジスト派の教会の牧師として牧会、伝道に従事していた。しかし、彼の卓越した霊感溢れる説教とその聖き品性は、常に聴衆に深い感動を与え、その良き聞こえは年毎に海を越えて世界各地に広まって行った。そして彼

主なる歴代講師・通訳者の肖像画　67

のことを知ったボブ・ピアス博士が、彼を副総裁として迎えたことを契機に、一気に彼は人種・言語・風俗習慣を越えて国際的伝道者として、世界各地の聖会や大会で用いられることとなった。

のみならず博士は、深みのある豊かな声量に恵まれた抜群のソリストで、しばしばその賛美を通しても神と会衆に奉仕した。実に彼が最初に来日して奉仕したのも、日本ケズィックの誕生前年の東京クリスチャン・クルセードにおいてで、かの一万人以上の会衆を前にして講壇上より、霊感溢れる賛美を捧げるためであった。この彼が遂に、後にはケズィックでの主講師の一人となったわけである。何という奇しき神の御摂理であったことよ！

ちなみに、歴代の講師の一人に同じくインドから来たスボード・サフー師もいた。彼は日頃は、昨年未曾有の大迫害が起こったインドのオリッサ地方で、毎日6マイルから9マイルの泥道を巡回し、5つの言語を駆使して説教していたキリストの聖徒であった。

◇レイモンド・ブラウン博士（英国）

さらに紹介したい人物がいる。それがレイモンド・ブラウン博士である。初代のポーロ・リース、ジョージ・ダンカン、アラン・レッドパスという神の御言葉の三大巨匠を天に送った後、神が日本ケズィックのために遣わし給うた第二代三巨匠がいたとするなら、それはこのレイモンド・ブラウン博士とロバート・エイメス博士、そしてスティーブン・オルフォード博士の三人ではなかったろうか。

そこでこのレイモンド・ブラウン博士とは、如何なるお方であったろうか。実に親しみ深い、そして温和な人物である。長年にわたり三つの教会を牧会され、何よりもロンドンにある著名な"スポルジョン・カレッジ"の校長を務められた敬虔な学者でもあった。教会史の専門家でもあり、同時に偉大な聖書講解者でもあった。その彼の説き明かす「バイブル・リーディング」は、霊的にも、知的にも、そして実践的にも、深く豊かなものが満ち溢れていた。それゆえ英国はもとよりのこと、北アイルランド、オーストラリア、アメリカ、韓国、香港、その他世界各地のケズィックから彼への招聘の声が後を絶たず、それゆえ各地を巡って奉仕して来られた。

著書も多く代表作には、『ネヘミヤ記』、『申命記』、『ヘブライ書』、『民数記』などの註解書がある。近年、アウグスティヌス、ルター、ジョン・バンヤン、ウェスレーの霊的生活を取り扱った著作、「霊的四大巨匠」(Four Spiritual Giants)が出版された。博士は、大の温泉好きで、日本に来る度ごとに説教の合間に、九州でも箱根でも大いに温泉を楽しんでおられた。その姿が、今でも目に浮かぶ。

◇スティーブン・オルフォード博士（米国）

このお方こそ、先のポーロ・リース博士と共に、日本ケズィックを深く愛された二大恩人の一人である。その日本ケズィックのために注がれた熱情と労苦は、並大抵のものではなかった。彼らは、使徒パウロのように日本

ケズィックを彼らの「誉れ」、「喜び」、そして「誇るべき冠」のように熱愛していた。リース博士も、オルフォード博士も晩年、奇しくもいずれも同様に、「私は日本ケズィックと熱い恋に陥ってしまった」と、その胸の内を明かしてくださったことを、決して忘れることができない。

博士は、長年ニューヨークの歴史と伝統のある有名なカルバリー・チャペルの牧師であった。彼は偉大な説教者として、また宣教者として国際的に活躍していた。彼の感化を受けて偉大な働き人になった人々が、世界の各地にいた。ビリー・グラハムもその一人であった。のみならず博士は、現代における世界各地にリバイバルの火を燃え上がらせた人物としてもよく知られている。

米国テネシー州では、彼を上院議会のチャプレンや州知事スタッフたちのアドバイザーとして迎え、彼からその霊的指導にあずかった。彼の霊的洞察力と鋭いメッセージはまさに現代のエリヤの如く、民と指導者を導いた。彼の卓越した「バイブル・リーディング」は、常に霊的聖書講解説教者たちの理想的模範であった。それゆえ博士は晩年、テネシー州に「オルフォード講解説教学院」を開設し、自ら世界各地からの説教者を集め、霊的聖書講解説教者の育成に尽力された。近年、日本からも多くの牧師たちがここに招かれ、その薫陶にあずかった。博士の鋭く的を射た、かつ白熱した説教ぶりのゆえに、人々はいつしか彼を「火焔放射器」とか「機関銃」と呼んだ。

◇**ロバート・エイメス博士**（英国）

ここで第二代の三巨匠のもう一人を紹介しておかなければならない。それがロバート・エイメス博士である。かつて小僕はしばしば博士を、パウロ・リース博士とレイモンド・ブラウン博士とを「足して二で割ったようなお方」と紹介したことがあったが、今でも誰かから「エイメス博士は、どのようなお方か」と問われれば、やはり同じようにお答えすることを躊躇しないであろう。

博士には、そのご人格・品性において、またその説教スタイルにおいて先の両博士を彷彿とさせるものがある。その豊かな学識と牧会経験、常に温和で謙遜なお姿から放たれる深くて明解な聖書講解は、まさに両博士に近似している。

しかし実践的で、かつユーモラスな親しみやすい語り口調においては、これぞエイメス博士ならではの他を凌ぐものがあり、今日なおいずこにおいても居並ぶ聴衆一同の心に深い感動と喜びに満ちた充足感を齎してやまないものがある。

博士は長らく英国福音同盟の重鎮の一人であり、かのスポルジョン・カレッジの学長、理事長を務めておられた。その豊かな包容力と受肉した霊的品性のゆえに信望が厚く、触れるすべての人々によき感化を及ぼし、説得力を持っている。また先のブラウン博士同様に、世界各地のケズィックに招かれ、奉仕して来られた。この度の50年記念のコンベンションにおいても博士を迎え、その卓越したメッセージにあずかることのできる幸いを深く感謝している。

◇**その他の講師たち**

以上に掲げた講師方のほか、過去50年間には多くの優れた講師方が日本ケズィックの講壇の御用を務めて来られた。そのお一人一人にお互いは深い忘れ難い思い出を

抱かされてきたが、残念ながらそれらの一人一人を紹介する紙面を持ち合わせていない。それらの人々の名前やご奉仕の時期等については、ぜひ、本誌に同じく掲載してある講師一覧表を見ていただきたい。

しかし、ここでなお紹介しておきたい幾人かの人物たちがいる。それは歴代の通訳者たちである。これまたそのすべてを紹介する紙面を持ち合わせていないが、その中から忘れ難い思い出ある主だった方々のみを紹介させていただこう。

◇木田愛信博士

日本ケズィック・コンベンションの歴史の中で歴代通訳者陣の内、何と言っても忘れ難き人物は、木田愛信博士であろう。彼を日本ケズィックにおける通訳者陣の中にあって、あえて旧約の族長アブラハムにあやかって「通訳者の父」と称したい。博士はよく、「通訳者の中の通訳者」とも呼ばれていた。それほどまでに専門家の間ですら高い評価を得ておられた名通訳者であった。

博士の通訳は、実によくこなされた麗しい日本語となって聴衆に訳出された。のみならず彼が、時として逆に日本語を英語に通訳する場合も、その余りにも美しい英語訳に日本語通の外国人が舌を巻いたと伝えられている。博士の語学力は超人的で、その趣味は暇さえあれば新しい英語の辞書を見ることであった。辞書の中にまだ知らない新しい単語を見つけると、大新発見した者のように歓喜したというエピソードまで残されている。

彼は、第1回コンベンションにおいては主講師のボブ・ピアス博士の通訳を務めら

れ、爾来、通訳者陣の長として、常に主講師の通訳に当たられた。とりわけピアス博士に関してはその都度、博士ご自身が通訳に当られた。博士の箱根での最後の説教通訳は、前述したピアス博士の最後の来日となった、かの2時間以上に亘る長時間説教の時であった。それは1975年の第14回コンベンションの際の出来事であった。余りにも熱弁をふるうピアス博士の長時間の説教に、これまた全精力を注ぎ出して通訳された木田師は、その直後遂に病に倒れ、数年に亘り病床の身となってしまわれた。

しかし、数年後病より復帰された博士は、高齢のため再び通訳をすることこそされなかったが、常にケズィックのため祈り、良きご指導を賜わることができた。ちなみに満99歳までご存命で、天に凱旋された。

◇安村三郎博士

次に紹介したいお方は、安村三郎博士である。この方は日本バプテスト連盟の教職であり、学者でもあった。博士は、かの著名なスターンレー・ジョーンズ博士の名通訳者であって、ジョーンズ博士が来日し、日本各地で講演する度に同師に随行し、その通訳の御用に当たられていた。鼻下にチョビ髭を付け、蝶ネクタイを施したお洒落な老紳士であったが、その通訳にはやはり名通訳者の定評を得ていた。それゆえ彼は、ボブ・ピアス博士の東京クリスチャン・クルセードの際にも、通訳者陣の一人として活躍した。

博士は、こうした関わりから箱根湯本の三昧荘における日本キリスト者修養

会、つまり第1回の歴史的コンベンションとなった最初の大会で、アフガニスタンより招かれた主講師の一人、クリスティー・ウィルソン博士の通訳に当たられた。その独特の雰囲気を持った味わいのある口調の博士の通訳は、生命の危機に日々曝されながら宣教活動を続けて来られたアフガニスタンからの宣教師ウィルソン博士の講演を、より味わい深いものとして聴衆一人一人の心に、深く焼き付けてくれたのであった。

◇土屋一臣師

次に紹介したい人物は、土屋一臣師である。この方も第1回コンベンションで奉仕された通訳者の一人で、先の二人の通訳者と異なってかなり若年の通訳者であった。しかし、この若い通訳者こそ、先の木田愛信博士と共に極めて大切な初期の十数年間を、言わば「看板通訳者」として活躍していただくこととなった重要なお一人であったと言ってよい。

若いとはいえ、その声の華麗な響きと明解な歯切れのよい口調とは、説教者のポーロ・リース博士の実に魅了のある声の音質と格調ある話術と相まって、まさに絶妙な聖なる霊的雰囲気を醸し出してくれた。この奇しくも主の御摂理の内に組み合わされた黄金の名コンビは、ケズィックにおける「バイブル・リーディング」の何たるかを世に知らしめ、またその醍醐味と真骨頂を世に現すための貢献度において、誠に大なるものがあった。

この二人が見事に呼吸を合わせて説教する内に、まさに二人は一人となり、やがてその一人までが聴衆の視界から消え去っ

て、ただ主御自身のみが講壇上から聴衆に向かって語っておられるかの如き大いなる錯覚を、聴衆が覚えさせられたものであった。つまりそれほどまでに濃厚に主の聖臨在感を漂わせてくれたのであった。忘れ難いケズィック創始期における一場面であった。土屋師は、その後日本を離れ米国で牧会するようになり、日本ケズィックを離れられたが、その貢献には甚大なものがあった。

◇古山洋右師

さらに紹介したい人物は、古山洋右師である。古山師は、ほぼ先の土屋一臣師と同世代の人であったが、東京に移り住むようになり吉祥寺にある東京武蔵野福音自由教会を開拓し、牧会伝道を開始するとほぼ同時に、予てよりケズィックとの親交も熱くあったことと、何よりも既に通訳者としてもよく知られた器でもあったことから、ケズィックの通訳者陣の一人としての強力な要請を受け、一早くその一人となられた。折しも木田師を欠き、続いて土屋師も離れ、通訳者の高齢化も進む中で、まさに時宜を得た助け手であった。のみならずその卓越したシャープな切れ味のよい通訳ぶりと声量の豊かさは、遠来の講師諸師や会衆を大いに喜ばせた。

特にケズィックにおける「バイブル・リーディング」と共に重要な位置づけにある、いわゆる「聖会」と呼ばれる集会場面では、その持ち味を存分発揮して、力強い重量感のある重厚な通訳をもって会衆の霊魂に肉迫した。その上講師方にとっては、誠に大助かりの渉外並びに接待役も担ってくださり、常に良きエスコートぶりを発揮してく

だ さっていた。ところが思いもよらない悪性の癌に侵され、急遽現代医学の粋を集めた治療が施されたが、残念ながら末期状態を迎え、年若くして召天された。まことに惜しまれてやまない尊い人物であられた。

◇増田誉雄師

最後にいま一人の人物を紹介したい。それはこの記念すべき創立50年を迎える直前に召天された増田誉雄師である。

増田師は、現代の日本ケズィックの二大通訳者の一人であった。もう一人は関西の三ツ橋昌信師で、この両師こそが、現代の日本ケズィックの東西の横綱的通訳者であるばかりではなく、日本全体のケズィック通訳者たちを育成する師範的存在である。まさに先の木田博士の如く「通訳者の中の通訳者」である。

事実、増田師は、NHKの同時通訳者の養成のためにも指導に当たられたほどの卓越した通訳者であった。このご両人ほど、日本ケズィックにおける通訳者の重要性とその後継者養成の必要性について、常に心砕いておられた方々は他にない。ケズィックの生命は、常に「バイブル・リーディング」によって代表される説教にある。その説教が外国語でなされるとすれば、その生命はまさに「通訳」にあると言っても過言ではない。その通訳者の重い責任は、所詮社会一般の通訳者の比ではない。まさにそれは、"言葉を紡ぐ労作"で、増田師は通訳の重要性と至難さを知っておられたがゆえに、常に後輩たちの育成に心掛けておられたのである。のみならず、これと同様に「ケズィックの本質とその精神」についても、常に高調してやまなかった。

通訳者であると共に中央委員会の英文書記を終始務められ、なおかつ渉外担当責任者でもあったことから、歴代海外主講師たちとの親交が篤く、彼らから慕われていた。その温厚にして誠実な人柄と共に、神の御言葉に対する敬虔にして純粋なまでに真っ直ぐな信仰姿勢を持った同師の通訳は、常に聴衆をして襟を正させ、かつ聖なる畏敬の念を持って主の御言葉の前にひれ伏さざるを得なくさせた。

しかし、かかるすばらしい存在であられた増田師も、遂に肺がんの病を得て昨夏（2010年）、多くの人々に惜しまれながら天に凱旋して行かれた。

最後に、ケズィックの集会のために祈り、労された多くの委員の諸師、また会場係りなど、裏方で黙々と「水をくんだ僕」に徹して奉仕された諸師、諸兄姉のあったことを覚え、この項を終えたい。

栄光は主に！

ケズィック大会の通訳に求められるもの
増田 誉雄（前日本ケズィック・コンベンション中央委員）

I. 故ポール・リース博士の通訳者への親切な評価

ケズィック・コンベンション創立30周年記念大会に送ってこられたポール・リース博士（日本におけるケズィック・コンベンションの生みの親として尊敬され、親しまれた）のご挨拶の中に次のようなくだりがあります。

「講師たちのつたない英語を、美しく、力ある日本語に上手に訳す……卓越した諸先生方のことも懐かしく思い出しています。天国に行きましたら、天使ガブリエルに、もしも通訳者が必要なことがあったら、この先生方が最高ですよ、と言うつもりです！」 昨年（2004年）、主のみもとに凱旋された故S・F・オルフォード博士も、「もしもポール・リース博士が説教でとちったり、一言たりともしくじったりするならば、宇宙が崩壊する！」と、これもアメリカのかつての説教者の雄といわれたA・W・トーザー博士の言葉をもって、称えているほどのリース博士が、このように日本の通訳者たちの評価をしていることは驚くべきことではないかと思います。そこには同労者としての通訳者に対する深い信頼、またねぎらいの謙虚なスピリットを感じます。（これはまさにケズィック・スピリットです。）また、講師たちはよく、「通訳者は私たちより2倍3倍の働きですよね」と言ってくださいます。こうしたスピリットの中で、講師と通訳者によってなされていくのがケズィック・メッセージであることを覚える時、大変厳粛な思いをいたします。同時にこのような講師のスピリットにあたかも覆われるようにして、通訳するのがケズィックなのだと感銘を深くしています。このような特権にもう30年以上もあずからせていただいているのも、ケズィック委員の先生方はじめ、多くの方々の祈りの支えがあったればこそと感謝いたしております。

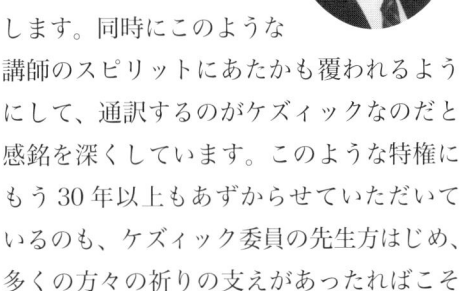

さて今回私は、これからの通訳の先生方に参考になればと思う事柄を述べさせていただくということで、お話させていただくことになっています。いわゆるリソースパースン（参考資料提供者）です。何かの参考になれば幸いです。神の御言葉の講解説教を通訳するという厳粛かつ重大な役割を考えていたとき、聖書の中の通訳者マルコが思い浮かびました。

II. 通訳者の模範としてのマルコ

マルコの福音書の著者について伝承の証しは次のように言っています。「また長老ヨハネは次の話をした。すなわちマルコはペテロの通訳者として、記憶していたことをみな正確に書きとめた。……マルコは思い出すままに様々な事柄を書くにあたって誤ることはなかった。マルコは自分が聞いたことを何一つ書き漏らさないように、また自分が聞いたことの中に誤った陳述を一つも織り込まないように心がけた」。これは、使徒ヨハネを知っていたに違いないとされるパピアス（115年）からエウセビオス（375年）が引用した伝承ですが、マル

コの福音書の著者性の証言であると同時に、誤ることなく通訳をしたマルコの姿を彷彿とさせています（メリル・テニィ『新約聖書概観』聖書図書刊行会、1962年、204～205頁）。時代、文化、場所を超えて同じ通訳をする者の心意気を感じ、同時に親しみさえ感じることを禁じ得ません。

当時の大都会ローマで活躍した宣教者ペテロと通訳者マルコの躍動感はマルコの福音書中に「すぐ」、「すぐに」という表現が30回も出てくることから伺えます。せわしいローマの都会生活の中でのペテロの説教はかくもありなんと思われますが、それを通訳したマルコは、パピアスの伝えるヨハネの証言によるなら、「正確」で「誤ることのない」緻密なものであったに違いありません。後代にこのような通訳者像を残しているマルコに深甚なる敬意と尊敬の念を抱かせられます。同時に、この伝統を受け継ぐ者でありたく願うものです。

III. ケズィック大会の通訳の役割

A. 位置付け

まず、ケズィック講師の通訳であることの認識が前提とされることは明らかです。そこで、ケズィック講師とはそもそもどのような人々なのかということを知る必要があります。この点について大変示唆に富むことをデレック・ウイリアムが、『ケズィック・スピリット』という小冊子で言っています。

「神の御霊は変わることなき福音のテーマに新鮮な変奏曲とでも言うべきものをご自身の民のために常に書いておられる。真のホーリネスとは、偉大なる作曲家であられる方の音符に喜んで従い、沢山の音符の流れを宇宙大の交響曲にこの方のみがおできになると信頼して進むことである」（デレック・ウイリアムズ『ケズィック・スピリット』ニューライフ出版社、1989年、72頁）。

このような神の導きの中で、説教を用意し語るのがケズィック講師であるということであるなら、それをわきまえて通訳者は通訳すべきであるということになり、大変重い責任であります。

さらに、1975年の英国ケズィック100年祭の折、ビリー・グラハム博士が言われたことが引用され、ケズィックの講壇は、「その第2世紀目に踏み出すにあたって、まさに自己の歴史最大の霊的チャレンジに向って決心を新たにしなければなりません」（同著、73頁）という課題をいただいているわけです。これが疎かにされるとき、グラハム博士も警告しているようにケズィックは、歴史の中で過去に存在した単なる墓碑と化してしまうことになります。それゆえ、このケズィック・スピリットの継承の営みが各講師によってなされてきました。

かつて、故ジョージ・ダンカン師も事ある毎に「ケズィックはケズィック・メッセージです。ケズィック・メッセージが語られないなら、ケズィックと呼んではなりません」とこの点を強調しておられました。

講師と同じように通訳者は、「偉大な作曲家」の作り出す音符の流れを共有し、そのスピリットに共感して講壇に立ってこそ、その使命と役割を果たせるのだと思います。まさに大きなチャレンジです。

B. 通訳者に求められるもの

位置付けが明白にされることによって、まず講師との霊的、人格的、知的共鳴、共有、共感経験が求められてきます。いわゆる一致・一体感ということです。「まるで講師が日本語で話していたようでした」とい

ったコメントをいただいたことがあります が、ここで扱うのはそういうことです。

1. 聖書と神学の知識

深く、豊かな講解説教は講師の豊富な聖書知識また神学の理解から出てきますが、決してアカデミックなものでなく、分かりやすく表現されます。そのためには通訳者も分かり易い用語を常に備えることが大切です。

2. 謙虚な柔軟性

自分を講師の人格に投入することです。自分の主張ではなく、主が講師を通して語られようとすることに白紙になって入っていくわけです。そこでは通訳者はまさに黒衣のようになります。そこに一体感が生まれます。

3. リズム

講師が語り通訳がされることの中で、一体感を通してリズムが生み出されてきます。一度、このリズムができ上がると講師も自由さをもって語ることができます。ここで大切なことは、通訳の表現の長さです。冗漫な表現はリズムを壊します。短くてパンチのある表現、さらには余韻を残す構成が求められます。

4. 打ち合わせ

自由で、気持良く講師も語り、聴衆もそのように聞くことのできる通訳をするためには、打ち合わせを事前にすることが大切です。用いられる聖書の箇所を把握するためであることは勿論ですが、用語や例話を十分に理解するために必須のことです。用語の理解には字引をこまめに引く必要がありますが、コンテキストによって字引にない訳語を用いなければなりません。特に、イディオム（慣用句）がその良い例です。さらに時代と共に変わる意味もありますし、場所によって違ってくる言葉もあります。

故アラン・レッドパス博士はこのことに大変意を用いた方でした。日本からの帰り道、アメリカに寄って御用の後、スコットランドに帰るときがありました。当時は羽田国際空港の時代で、空港に着きますと「英語」と「米語」のリストを取り出して見せてくれました。アメリカでメッセージをする前に「米語」のリストを見て「英語」を用いないようにするというのです。アメリカの人々が違和感を持たないために。それからスコットランドに向う機中では「英語」のリストに切り替えます。「私の国の人々は私が米語を使ったら許しませんからね」と言われました。言葉に生きる説教者の大切な面に触れた思いがしました。こうして、言葉は紡ぎ出されていくものであることに気づかされたことです。

表現の中には、日本ではどうやっても通じないもの（文化・習慣・生活様式の違い）がありますので、それを用いないようにお奨めもします。そして、通じるものに変えていただくこともあります。

例話も大切な要素ですが、やはり通じないものもあります。説明を加えれば通じるものもあります。そして時間をかけて理解できるようにする必要があります。

聴衆を笑わせて、緊張感を和らげて説教を始める手法が用いられます。よく打ち合わせてやりませんと笑いが出てこないことがあります。講師は自分の言っていることが通じないとすぐに分かります。途端に語る自由を失います。これは良く見られることで、超一流の説教者も表現力を失ってし

まいます。いわゆる「失速現象」を起こして精彩を欠いたものになり、一体感は失せてしまいます。

5. 説教者―通訳

自明のこととはいえ、ケズィックの通訳者は自分自身説教者であることが求められます。御言葉に対する説教者としての姿勢が大切です。説教者が同じ説教者の通訳をすることにおいて、共有、共鳴、共感を持って一体感を生み出すわけです。

講師たちはよく頭韻をもってアウトラインを作ります。これは優れた技法であり、語彙と表現力の豊かさを示すものとして用いられますが、通訳力と技が試されます。

あるとき、故パウロ・リース博士と打ち合わせをするために部屋を訪れました。すると、なんと、同義語辞典を開いておられました。80歳を過ぎた「説教者のプリンス」がまだ語彙を豊かにしようとしている。言葉に生きる説教者の真摯な姿に心打たれました。そのことを申しましたら、博士が感慨深げに言われました。「かつて、あるメソジスト教団の監督が若い牧師たちに説教者は辞書を読まなければなりませんと勧めました。常に神の御言葉を豊かな表現力をもって語るのです」と。忘れることのできない経験となりました。

より豊かな表現を紡ぎ出す営みを続ける講師たちの通訳をする者も、常にそれに応える努力をして、言葉を紡ぎ出す学びをしていかなければならないと思います。そこに字引に生き、かつ字引を越えた翻訳・通訳が生まれ、育っていくわけです。

6. 人格関係

世界的尊敬の的であるようなケズィックの講師の通訳をすることは、本当に謙虚な特権感をもたらします。学び、いただくものが余りにも多く、圧倒されます。とりわけ、人格関係の豊かさ、温かさにはただただ感謝する以外ありません。自分の人格形成への影響も決して少なくありません。あるイギリスの信徒がそのことを「人格の刷り込み」（It rubs off on to me. 私に刷り込まれます）と表現しておりました（実のところケズィック講師の先生方は私が理想にも描くことができなかったほどの神の器としての霊性・人格・良識・聖書理解・洗練されたライフスタイルなどをもっておられました。しかし、そこにはお高いエリート意識はありませんでした）。

ケズィックの講師との関係は、一度や数回ではなく、何年も、いや10年20年以上にもわたる、他に余り類を見ない関係です。講師方も言われるように、豊かで美しい家族ぐるみの交わりともなります。そこから紡ぎ出されてくる用語、表現、例話は、この人格関係あればこそ、適切に通訳され得るわけです。さらには、趣味・交友関係も入って、個人的、実践的ホーリネスの馥郁（ふくいく）とした香りが御言葉の釈義と講解というプロセスを経たメッセージを包み込みます。

こうして、通訳されるメッセージは、講師と通訳の協力の実であると謙虚な思いをもって言わせていただきます。それは「真理の御霊」が結ばせる主の不思議と私は受け止めております。

7. 英語圏の文化経験

通訳者はただ英語ができるだけでは務まりません。どうしても英語圏の文化経験がないと、正確に訳せないものがあります。講師たちのアメリカ、イギリス、スコットランド、オーストラリア等それぞれの文化

があるわけで、全てを経験することは不可能ですが、その中の一、二は何らかの経験があるのとないのとでは随分と違ってきます。各文化圏独特の教養、習慣、礼儀、マナー、ボディーランゲージ等、ある程度の知識がないと、全く誤解して通訳してしまいます。

以上の諸点に留意することによって、祈りに包まれたケズィック大会の通訳が実現していき、主の御業を大会において拝させていただきたく思います。

さて、最後にこれからの通訳者の養成について少しくお答えいたしたく思います。

Ⅳ. 通訳者の養成

20歳前後の神学生時代から、戦後の歴史の歩みと共にこれまで通訳の働きを神の摂理のうちにやらせていただいてきました（留学の9年間を除いて）。そして私自身は、神がかくなさしめた神の御業であって、自分がやったという誇るべきものがないことを覚えています。まさに神の恵みの賜物です。従って、可能な限り、主が許される限り、主への忠誠としてすべきものと理解しております。そのような者として、これからのために気づかされていることに少々触れたいと思います。

①まず、通訳者のために祈っていただきたいと思います。祈りがあり、祈りに支えられ、励まされてするのとそうでないのとでは大変な違いを感じます。かつて、ある大集会のために講師がおいでになって、通訳者のために名前を挙げて祈りたかったので教えてくれるよう事務局にお願いしたけれども、答えてもらえなかったと言って嘆いていました。やはり、講師にとっても、通訳者のための祈りが積まれていることは大切なのです。祈った通訳者と共に労する信頼関係が生まれます。

②できるだけ通訳する機会を設ける。最近、通訳する機会が余りないのは通訳者養成には、大変マイナスになっていると思います。

③講師方は広い教養、知識から語られますから、その面での努力が必要とされます。雑学の勧めです。

④言葉を紡ぎ出すための感性を養う学びに励むことが大切かと思います。一つの用語の適切な訳語を求め、数年かかって満足いくものを見出した時の喜びは、まさに宝を掘り当てた思いでした。(Fulfilling—生きがい；Identification—存在証明)

Ⅴ. 結び

補足されなければならない点もまだまだありますが、主がマルコを通してなされた御業を励みとしたいと思います。マルコの「正確」で緻密な通訳スピリットの故にマルコの福音書の正典中での存在に、主よりの召命と使命に生きることのチャレンジを知ります。

また、ケズィック・スピリットを継承する講師諸師の通訳としての厳粛な働きに忠実でありたいと思います。

そして、聖書的、個人的、実践的ホーリネスの宣証に摂理的使命を全うしていくために、より相応しい通訳者が今後も起こされ、主の栄光の御業を拝していくことができますよう祈ってやみません。

（『ニューズ・レター』NO.39, 2006.1 発行）

ケズィック・コンベンションと通訳

三ツ橋 信昌 (大阪ケズィック・コンベンション委員)

　初めに、ガラテヤ人への手紙１章１節の御言葉をお読みいたします。「使徒となったパウロ――私が使徒となったのは、人間からでたことでなく、また人間の手を通したことでもなく、イエス・キリストと、キリストを死者の中からよみがえらせた父なる神によったのです。」　このお言葉は、パウロがキリストの使徒であることの弁明と宣言です。彼がキリストの使徒とされたのは、人間（口語訳では"人々"となっていますが）、ある組織体によるものではないし、また彼を導いてくれたアナニヤや、彼をエルサレムの指導者たちや、アンテオケの教会に紹介してくれたバルナバでもありません。彼は、キリストをよみがえらせた父なる神により使徒とされていると宣言しているのです。

　もう何年にもわたって、私は通訳者を養成するセミナーをもってくれないかと、私が所属する日本バプテスト教会連合と、大阪ケズィック・コンベンション委員会から要請されてきました。また故S.オルフォード先生にお会いするたびに、先生からも、ケズィックの通訳養成はしているか？　と質問されたのを思い出します。こうして今回このセミナーが計画され、ご用をさせていただく主の摂理的なお恵みを感謝いたします。

　このセミナーでのご用を依頼されてから、何を語るべきかずっと祈っていましたところ、初めの御言葉が心に浮かびました。この御言葉により、私が今日まで通訳のご用をさせていただいてきたのは、人間から出たことでなく、また人間の手を通したことでもなく、ただ主の憐れみと聖霊の賜物によるものであると示されて感謝しております。　「先生は、どうして英語ができるようになったのですか。その秘訣はなんですか。アメリカに留学したことがあるのですか」と、時々聞かれることがあります。去る９月にカナダへ行ったときにも、ある集会のあとで、英語習得の秘訣について話してくださいと言われました。そこで、私がどのように英語を習得してきたかについて、次のような証しをさせていただきました。

　第二次大戦中、私は茨城県に疎開していました。そして県立下妻中学に入学しました。ここを受験する前に、この学校では毎日英語の授業があると分かっていたら受験しなかったでしょう。しかし下妻中学は水戸中学とともに、茨城県では一番良い学校だということを聞かされて受験し無事合格しましたが、その喜びと感激はつかの間でした。というのはこの中学には、毎日英語の授業があったからです。当時、英語は敵の言葉ということで、多くの大学、高校、中学では英語授業がなくなっていました。ところが下妻中学では、英語の文法から読み書きにいたるまで、非常に厳しい授業が毎日あったのです。しかも新しい教科書はありませんから、先輩の教科書を借りてノートに書き写し、自分の教科書を作らなければなりませんでした。英語の授業があまり大変なので、「どうして敵の言葉を勉強しなければならないのか……」と、親に泣き言を言ったのを、いまだに忘れられません。

　戦争が終わり、東京に帰ってきて、都立

石神井中学に転校すると、英語の授業はあまりにも程度が低くて、全く面白くありませんでした。ラジオからは英会話講座が毎日放送され、街には英語が溢れていました。私はラジオの英会話講座をできるだけ毎日聞き、街で出会うアメリカ兵には片言の英語で話しかけたりして、生きた英語を学ぼうと自分なりの努力をしました。

そんなある日、家の前をアメリカの少年が通りかかったのです。彼に声をかけて少し話すと、「日曜日にうちにきなさい」と誘われました。アメリカ人と友だちになれば、英語を勉強できると喜び勇んで、日曜日に教えられた彼の家に行きました。彼の家は、東京の雑司が谷にあった大きな門構えの豪邸でした。門の脇に英語と日本語で、「極東福音クルーセード」という看板が掲げられていましたので、このアメリカ人の親は音楽の先生かも知れないと思いました。それは福音を「ふくいん」と読むとは知らず、「ふくおん」と読み違えたからです。

玄関から畳敷きの大きな部屋に入るとそこはもう満員で、みな何か歌っていました。そして、ようやくこれはキリスト教の集会だとわりました。賛美が終わると、宣教師が通訳を通して説教を始めました。この教会では、月曜以外は毎日集会がありましたので、初めは生きた英語を学ぶ目的だけで、すべての集会に出席しました。そして、1948年2月にイエス・キリストを信じる信仰に導かれたのです。それからは、英語の勉強のためではなく、主を礼拝し教会に奉仕するために、すべての集会に参加させていただきました。

私が高校2年になったある日、私を導いてくださった宣教師が、「いままで通訳をしてきた二人の先生が辞められたから、これからは君が通訳をしなさい」と、突然言われました。高校生に通訳を託した宣教師の大胆な信仰には今も感服していますが、今にして思うと、これは人から出たことではなく、主のお導きであったのです。実はこのとき、教会に通訳ができる先生がいなかったわけではありません。戦争中は米軍の情報部で勤務された、バイリンガルの二世宣教師がおられたのです。この先生も、「君がやりなさい」と励ましてくださり、私が通訳のご用を終えた後には、いつも適切な助言をしてくださいました。こうして、主の憐れみと宣教師たちの大胆な信仰と忍耐深い訓練により、通訳者として育てられてきたのです。

当時私が通訳させていただいたときはいつも、説教者と事前の打ち合わせはほとんどなくてぶっつけ本番でしたから、ケズィックの通訳のご用をさせていただくようになったとき、事前に講師の先生と打ち合わせの時があることを知り、驚き感謝したものです。そして講師の先生と打ち合わせするときには、いまなおその恵みの特権を感謝して、「先生から個人教授を頂くこの恵みを感謝します」と、必ずお礼を申し上げます。だいぶ前置きが長くなってしまいましたので、本論に入らせていただきます。

通訳とは何でしょうか。ビリー・グラハム伝道協会作製による通訳の手引きを参考にしてまとめた、通訳の基本と実際についてまず述べさせていただきます。通訳とは、「語られるメッセージの言語とは別の言語をもって、一つのコンセプトやメッセージを、語り言葉によって再生していくプロセス」です。それを文書にする作業を翻訳と言います。通訳と翻訳とは違う作業ですから、良い通訳者が良い翻訳家になるとは限りませんし、その反対のことも言えるわけです。　次に通訳の基本、および通訳者に

ついて説明いたします。まず、

① 語られることを、すぐに的確に別の言語に再生するプロセスが通訳で、それに携わる人が通訳者です。これは文化的な適応に配慮しつつ、元のメッセージに忠実であり、個人的な意見をさしはさまないで、明瞭でわかりやすくなされなければなりません。

② 少なくとも二か国語に熟知して、双方の言語について、話し言葉と文章で表す言葉の両方をよく知り、取り扱えなければなりません。

③ 理想的な通訳者は、両方の言語の国で生活したことがあるか、それとも両方の文化と言語の国の人々について、体験的に精通している人です。そうでないと、慣用句や比喩的表現などの通訳が難しいからです。

次に通訳の実際についてですが、

① よくとおる聞きやすい声で語ることです。バイタリティと気力と明快さは、持続的な通訳を成し遂げるために重要な要素です。

② わかりやすく、すべての言葉をはっきりと完全に発音することが大切です。すべての文は簡潔であって、意味の通じるものでなければなりません。

③ 機敏にすばやく考えることができなければなりません。

④ 説教者は一区切りの前にポイントをいくつか挙げる事もありますから、記憶力を必要とします。

⑤ 説教者に聞き返す時間はないかもしれないので、聞き取る能力も必要です。

⑥ 説教者のメッセージを、できる限りもとの形態で伝えることが大切です。説教者が語ったことに何かを付け加えたり、省いたりしてはなりません。

⑦ 元の意味を変えることなしに、聴衆の文化的コンテキストに適応させていくことが求められます。

⑧ 間違えたときにもパニックにならないで、通訳を続ける能力を必要とします。

⑨ 説教者の話し方、話す速さ、使う言葉、例話、引用等を事前によく調べておくことが大切です。

⑩ 堅実さ、コミットメント、忍耐、協力的姿勢が大切です。これはケズィック大会の通訳においては特にそうです。というのは、ケズィックの働きは継続的であり、世界のケズィックと連携されているからです。

通訳の基本と実際は以上述べた通りですが、ケズィック大会における通訳については、特に留意すべき大切な点がいくつかあります。これは去る7月の聖書的講解説教セミナーで特に示されたことなのですが、

① 通訳者が奉仕する説教者は、聖霊の油注ぎを受けているメッセージを語られることを覚えなければなりません。講解説教セミナーについてのご報告で述べましたように、ケズィックの説教者先生方のメッセージは、聖霊の導きを祈りに祈りつつ、御霊の油注ぎを受けてなされるケズィックの聖書的講解説教なのです。

② そのようなメッセージの通訳を、ケズィックの通訳者は説教者から委託されていることを覚えなければなりません。ということは、説教者が聖霊に導かれて語るそのメッセージを、通訳者も聖霊の油注ぎを受けて通訳するのです。通訳者は伝えられるメッセージを、ただ機械的に翻訳するのではなくて、説教者と一体となって語るものなのです。言い換えると、講解説教セミナーでS.オルフォード先生が強調されたように、通訳は受肉的でなければならないのです。

③ ケズィックの通訳者は、委託されてい

るメッセージを、忠実、誠実、的確に通訳する責任があります。その務めを果たしていくとき、肉体的、精神的、知的、霊的な弱さを覚えさせられることがあります。そして、「うまくできなかった」と弁解したくなることがあります。しかし人間的な弱さを言い訳にしてはならないと思います。なぜならば「私が、弱いときにこそ、私は強いからです」と御言葉に約束されているからです。ケズィック大会の通訳にとって大切な点は、上手、下手の問題ではありません。どれだけ自分が十字架につけられているか、どれだけ主なる神に明け渡して、どれだけ御霊の油注ぎを受けているかにあるのではないでしょうか。今回は、どのようにしたら通訳の訓練を受けられるかということなどについて、話す時間はありませんでした。もしみこころならば、またそのような機会がまた与えられますならば、そうしたこともお分かちしたいと思います。このような機会を与えられたことを感謝し、ご静聴有難うございます。

（『ニューズ・レター』NO.39,2006.1 発行）

しかし今や
小出 忍（日本ケズィック・コンベンション元委員長）

　この「ケズィック」誌も本号で第11号となった。考えて見れば時のたつのは早いものである。

　第1号は昭和37年5月の発行で、天に召された金井為一郎先生の「聖霊の火」という一文を巻頭に掲げ、その年の講師、アフガニスタンより来られたウィルソン師、それにボブ・ピアス、パウロ・リース両博士の説教、聖書講演などが載せられてある。ケズィック聖会も回を重ねて三回となり、年々大いなる祝福を蒙っている。年額600円を収められる一般会員も800名を越えた。1,500名の参加者が年々、天来のメッセージに触れ、聖霊のお取り扱いを受け、さらに年4回とどけられる本誌によって恵みを新たにされ続けていくということは決して小さなことではない。

　そこで今一度、心を新らしくし日本のキリスト教界に対するケズィックの意味を考えて見たい。

　きわめて大まかな考えではあるが、明治このかた、わが国のキリスト教宣教活動は、主としてキリスト論を中心として展開されて来たと言えると思う。もちろん、それ以前にある時期においては神論が可成り重視された。多神教国であるわが国に福音を持ち込むためには、啓蒙的な予備的活動が必要であったのは当然である。わが教界の活動の主流がいかにキリスト論を中心としたものであったかということは数多く出版された信仰書、神学書の類を見ても分る。これはもちろん、当然であった。キリストこそは唯一の仲保者、救主、血をもって罪人なるわれらを罪と死より贖い出し給うた唯一のお方であるからである。しかしてこの宣教を通して霊魂が救いに導かれるように働き給うお方は聖霊である。福音の宣教と聖霊の御働き、その何れを欠いても救いのわざは行われない。

　このように見て来るとキリスト論に関する著作物や、講壇におけるメッセージに比して「聖霊」に対する理解を得よう、理解

を与えようという働きがいささか乏しかったのではないかという感じがする。したがって聖霊経験というようなことは閑却され、一種特殊な世界のように取り扱われて来はしなかったか。少なくとも、わが国教界の主流に関する限りこのように感じざるを得ない。それではこの方面に関わる活動が全然なかったかというとそうではない。いわゆる聖潔派と呼ばれるもの、純福音と自ら称するもの、聖霊派と称える人々の熱烈な活動があった事は事実である。そこでは聖霊について多く説かれ、聖霊経験を得るように激しく求められ、また迫られた。

それであるなら、何故これらの聖霊論を強調する運動が教界の主流に強烈な影響を与え、これを制する迄に至らなかったのであるか。それにはいろいろ理由もあるであろうが、二、三の点について反省したく思う者である。

（1）神学的に聖霊の御人格、位置、御働きが明瞭にされなかった。（筆者はこれについてフォーサイスの「キリストの人格と位置」の一書を思い起している。）

（2）いわゆる聖霊経験が、主観的感情的要素に重点をおいて取り上げられ、客観的、具体的方面が比較的に乏しく、かえって聖霊経験の真価を疑わしめる結果となった。（「御霊の実は、愛、喜び、平和、寛容、慈愛、善意、忠実、柔和、自制」……ガラテヤ人への手紙5章22節。これらが聖霊経験の客観的面、具体的面である。聖潔派と呼ばれ純福音と呼ばれる流れの活動がいかに不毛であったかが思い知らされる。）

（3）カリスマ（聖霊の賜物）の問題がある。聖霊によって個人の品性のうちに結ばれるホーリネスの実を、聖霊が教会の建設のために（教会の徳を高める、と訳されている）信者に与えられる霊能とを混同して考えた傾きがなかったか。「すなわち、ある人には御霊によって知恵の言葉が与えられほかの人には、同じ御霊によって知識の言、またほかの人には、同じ御霊によって信仰、またほかの人には、一つの御霊によっていやしの賜物、またほかの人には力あるわざ、またほかの人には預言、またほかの人には霊を見わける力、またほかの人には種々の異言、またほかの人には異言を解く力が、与えられている。」コリント人への第一の手紙12章8～10、特に「またほかの人には」とある点に注意したい。異言を語るのでなければ聖霊を受けたことにはならないとなす一派。いやしのわざの行われるところにのみ真実な生きた信仰を認めようとする一派。しかもこれらの賜物にあずかっている人々が個人生活において「聖霊の実」を結ぶことにおいて不毛であった場合、その否定的効果は思い半ばにすぎるものがある。

（4）人物崇拝。特殊な聖霊の賜物を与えられた人物が、普通人以上に崇められ、貴ばれ、やがて教祖的地位につき、我はパウロに、我はアポロに、我はケパに、というように教会をセクト化する結果をあとに残した。

しかし今や、それらすべてを乗り越えて、聖霊の鮮かな御活動を期待する待望が全教界にみなぎり始めている。日本の救霊はわれわれが、聖霊に満たされ、聖霊の実を結び、聖霊の賜物を与えられ、聖霊によって動き出すのでなければどうにもならない所に到達している。神がケズィックの運動を日本にもたらされた事の深い大御心を思い、いよいよこの活動が盛んにせられることを祈って止まない次第である。

（ケズィック第11号）

英国ケズィック訪問記
—ケズィック・コンベンション百年祭に参加して—
瀬尾 要造（日本ケズィック・コンベンション元委員長）

　ベツレヘムは小さい村ではあったが、救い主の御降誕の場所として不朽のものとなった。「ケズィック」という小さな町の名も、そこで、1875年以来毎年開かれてきた聖会のゆえに、世界的に有名なものになっている。

　イングランドの北西部にあるカンバーランド地方は、山美しく緑映え、ダーヴェントウォーター湖を中心にいくつかの湖水が散在している湖水地帯であり、ワーズワースやコールリッジにゆかりの地である。このダーヴェントウォーター湖の北端、スキダウ山の影の落ちるあたりにケズィックという閑静な町がある。北海道よりも北で、カムチャッカ半島と同緯度であるから、聖会が開かれる7月は、夏の半ばとはいえ、大変涼しく、聖会には最適である。

　筆者は1975年に、このケズィック・コンベンションの百年祭に出席し、その報告を「クリスチャン新聞」に連載した。それをここに引用する。

　本年は百年記念の式典があるので、ケズィック・カウンスルからインビテーションがあったので、われら36名の一行は、イングランドやスコットランドにある教会史や英文学史上名高い史蹟の調査をかねケズィック百年祭に出席のため、老いも若きも勇躍、ルフトハンザに搭乗して羽田を発ち、アラスカのアンカレッジから北極を横断し、ハンブルグからロンドン空港に着いた。

　ロンドンにおける数日は貴重なものであった。その間、7月8日（火）午後7時から、ウェストミンスター寺院の前にあるセントラルホールで開かれたケズィック・コンベンション百年記念感謝会に出席した。このセントラルホールというのは、故W・E・サングスターが毎週満堂の会衆に獅子吼したところである。当夜も満場立錐の余地なく、約3,000の会衆が雷鳴のように轟くパイプオルガンに合わせて数々の聖歌をうたうその威力はすさまじい！それは美しく、力づよく、また霊感に満ち、日本のいかなる大集会でも聞くことのできない見事なものである。また英国でも著名な「ロンドン・エマヌエル合唱団」が敬虔そのものの婦人指揮者の下にすばらしい合唱をした。これらの会衆聖歌や合唱団のダイナミックな聖歌を聞くうち、われらは圧倒され、砕かれ、涙も及ばぬ感動に心は震えた。

　ショート・メッセージがストットとダンカンによって語られた。ストットは真摯な態度でマタイ4章の「荒野の誘惑」から、勝利の秘訣として、神の言葉に従うことと、父なる神の愛に対する信頼を語り、ケズィックのメッセージである聖書的・実際的ホーリネスを力説した。

　続いてダンカンは使徒行伝2章37～42節からペンテコステの特異点として、神の真理が宣べ伝えられるところから生起する罪のコンビクション（確認）と悔改め、従順への決断と実際的行動を挙げ、ケズィックの特異点もそれと同様であると語り、カンファレンス（協議会）はディスカッションが目的であるが、コンベンションはデシ

ジョン（決断）が目的である、とのスクロギーの言葉を引用した。その間ダンカンはストットと違い英国人特有のユーモアを入れ、会衆を笑わせた。

司会者のホートンは特に日本人一行を会衆に紹介し、会衆は万雷の拍手でわれらを歓迎してくれた。

われら一行がケズィックに着いたのは7月12日の夜であった。数名のものは会場に近いクロウ・パーク・ホテルに宿泊したがほとんどのものは、会場からバスで40分ほどかかるブレイスウェイト・ハウスで宿泊することになった。当夜は数名のものを除き、開会礼拝に出席できなかったので宿泊所で夕拝をもち、翌朝から、バイブル・リーディングに出席した。

百年の年輪のゆえもあろう大テント5,000の会衆の歌う聖歌の美しさ、その霊感の高さは言葉に尽くせない。これにくらべると、われらの教会の会衆聖歌はなんと貧弱なものであろう。

コンベンションの第一部は7月12日から18日まであり、その間、早天祈祷から夜の聖会までギッシリとプログラムがつまっている。子ども大会あり、青年大会あり、宣教師および海外からの来会者のためのレセプションもあった。またクロー・パークで大野外伝道会があり、ビリー・グラハムが説教した。

私はダンカンやリースの説教にも謹聴したが、特に初めて聴くエリック・アレグザンダーとスティーブン・オルフォードのメッセージには全身を耳にして傾聴した。この二人は、今後、日本ケズィックにおいても講師として予定されている黄金の器（うつわ）であるからである。

アレグザンダーは14日の午前11時50分から50分間の聖会で、Ⅲヨハネの手紙9〜10節をテキストとして力づよく説教した。彼はデオテレペスという人物の性格を解剖し、「彼は、卓越せるイエス・キリストの位置に自己を置こうとした自己顕示欲の強い人物であった。彼のような礫殺されていない自我は、多様な道において自己をいっさいの中心に置こうとする。この聖められていない自我は、時には犠牲献身の生活のうちにも、それによって自己を顕示しようとする。デオテレペスは、ヨハネの権威を認めず、彼をそしったが、われらのうちにも、他人から教えられようとしない高ぶりがないか。またわれらの舌は聖くない言葉を語ることはないか。さらにデオテレペスは兄弟たちを歓迎する抱擁性がなく、周囲に悪い影響を及ぼしていた。彼のように強い個性の人は特別な注意が必要である。そうでないとその人は他人をキリストでなく、誤った方向に導く恐れがある。……」こうしてアレグザンダーは、最後に、ペテロを回復されたキリストの恵みを語ったが、私は聖霊の油注ぎ（アンクション）のある説教の実物を見、また聴く思いがした。殊に説教中、会衆は心さぐられ、粛然たる有様を見て、いたく感動した。

オルフォードは16日の午前11時50分からの聖会で、ヨハネ14・15をテキストとして「愛の論理（Logic of Love）」という題で説教した。まず、ケズィックの恵みが「従順に導かなければむなしい」「不完全な従順は不従順に外ならない」と警告を発し、愛をその実体（substance）と、その標準（standard）と、その秘訣（secret）に分けて、「キリストへの愛がその実体であり、その標準は『全霊・全心・全力の愛』である。」（この「標準」をさらに現実性（reality）と応答性（responsiveness）、合理性（re-asonableness）と資源性（resourcefulness）とに分類した）。

　そして、最後の「愛の秘訣」は「真理の御霊に満たされるにある。この御霊は助け主であり、われらに愛の従順の生活を送らしめる（enabling）御霊であり、また、日ごとにわれらに光を与え、より進んだ従順の生活に至らしめる照明の（enlightening）御霊である。われらの従順は静止したものではなく、漸進性があらねばならない。……」。こうしてオルフォードは、ハバーガル女史の有名な献身の歌「主よわがいのち」を引用してその説教を終えた。「主よ、わが意志、わが愛情、わたし自身を受けとりたまえ……」。
これはハバーガルと共に会衆一同の祈りとなった。

　このコンベンションの多彩なプログラムのうち、特筆すべきものの一つは、15日の午後4時から開かれた、宣教師たちや外国からきたゲストたちのためのレセプションである。

　エスキン通りにある小天幕いっぱいの人々のなごやかな主にある交歓風景はすばらしい。天国はこういうものか！司会者が国名を読み上げると、その国からのゲストが起立する。「チャイナ（中国）」からのゲストは無かったが、「チェコスロバキァ」と読み上げられたとき、一人の人が起立した。共産政権下の国から来たこの人に対して万雷の拍手が起こった。日本からの出席者は36名で、私たちが起立したとき、人々の表情には、グラッド・サープライズ（うれしい驚き）があり、急霰(きゅうさん)の拍手が起った。

　この百年祭の特別のスピーカーとしてビリー・グラハムが招かれた。彼は16日に近くのメソジスト教会で教役者たちに説教し、同日午後2時半からの百周年記念感謝会ではケズィック・コンベンションの偉大な貢献十ヵ条（①勝利の生活②聖霊の満たし③キリスト教的謙そん④聖書的一致（ガラテヤ3・28）⑤祈祷の奉仕⑥実際的な聖書の教え⑦文書活動⑧外国宣教（エミ・カーマイケルその他）⑨行動的な社会的関心（F.B.マイアーがその例）⑩多くの霊的運動の源泉）を挙げ、今や新しい第二の世紀に入るこの運動が、引き続き世界のキリスト教界のリーダーシップをとるように、と流れるような雄弁で語り、万場を沸かせた。またグラハムは17日の午後、近くのクロー・パークで一万数千の人々に説教した。

　私は「なんでも見てやろう」で、12日の午後3時から（大天幕ではキベンジアー主教の説教があったが）小天幕で開かれる子ども大会を見学した。マイケル・ボーアンが司会し、さかんに歌わせる。ちっともじっとしていない、「動いて止まぬ」子どもたちが、夢中になって歌う―歌う―歌う！実に堂に入った司会ぶりには感心した。それから説教はリチャード・ビューズ。彼は、フランネル・グラフで「天国行きの汽車」にのるよう子ども向きの伝道説教をした。

　このコンベンションの中心は、なんと言っても、ストットによるバイブル・リーディングであろう。彼は4回（月～木）、毎朝10時から1時間、エペソ人への手紙を講解した。

　タイトルは「神の新しい社会」というので、全体を、Ⅰ．新しい生命（1・1～2・10）、Ⅱ．新しい社会（Ⅱ2・11～3・21）、Ⅲ．新しい標準（4・1～5・21）、Ⅳ．新しい関係（5・22～6・24）に分解し、実に充実した講解をした。

　ことに、「選び（1・4～6）の教えは、人間の思弁ではなく神の啓示である。罪の

弁解や自ら誇るためではなく、聖潔と謙そんへの刺激である。……教会と宇宙とはキリストの主権の下に帰一せしめられる（1・10、ローマ8・21）。まことキリストは宇宙と歴史の中心である。……唯物論者が言うような経済的疎外が諸悪の根元ではなく、神と人ひいては人と人との疎外が最も恐るべきものである。しかしキリストはへだての中垣をこぼち、教会という新しい社会を作られた。パウロは、みなキリスト・イエスにあって一つであることを信じ、またその完全な実現を祈ったが、これは必ず具現される時がくる」といった意味のメッセージは深く印象に残っている。

最後に、コンベンション第一部の最終日（金）の午後8時から開かれた大聖餐式のことに触れずにこの項を終わることはできない。

開会3時間前から人々は並び初め、開会直前には数か所に長蛇の列ができ、あちらこちらから時ならぬ賛美の合唱が流れる。

メッセージの後、世界70数か国から集まった8,000名の主にある兄姉が、パンの小片をいただき、ぶどう液をすすり合うおごそかにも涙ぐまれる数10分間は何にたとえよう。そして、これは「みなキリスト・イエスにあって一つ」（ガラテヤ3・28）という聖句の、なんと力づよいデモンストレーションであろう！

聖餐式の終わりの聖歌は再臨待望の歌であった。歓喜と希望に躍動する軽快なメロディー、まこと聖餐の意味は、主の死の記念（commemoration）であり、主のいのちにあずかること（participation）であると共に、「主がこられる時」（Ⅰコリント11・26）への待望（anticipation）でもある。

オルガンの伴奏で大天幕の外に出ると、そこには、ケズィックの町の警察官の男女がユニフォームで直立不動の姿勢でいる。大会衆を見送るためである。

「一生（いっしょう）に一度は」との念願がかない、ケズィック・コンベンションのいわば「聖地」に、私たち日本からも参加することができ、その模様をじかに、この目で見、耳で聞き、また親しく手でさわることができたことは得がたい収穫であった。

（藤田昌直、瀬尾要造共著「ケズィック」—その歴史と特質—より抜萃、1980.12 発刊）

これがケズィックである

藤田 昌直 （日本ケズィック・コンベンション元常置委員会書記）

　ケズィック・コンベンションは、古物研究家の好みからもたれているものではない。

　過去にどのような輝やかしい歴史があるとしても、それを再現したからといって、それは必ずしも真の信仰復興ではない。悪魔でさえも、宗教的興奮の外的な形をつくり出すことはできる。事実サタンはしばしば、自己欺まん的熱狂運動を通して、教会の中に大破壊をもたらした。

　ケズィック・コンベンションは上記のような何ものでもなく、聖霊の働きによる生命更新の機会である。それ故にケズィック・コンベンションにあっては古きものの繰り返しが行なわれるのでなく、常に上よりの質的新しさにあずかるのである。従って、信仰の本質が常にさぐられるのである。そしてその結果として、無関心と死によってつくり出された諸問題から信者一人一人を、そして教会を救い出すのである。

　ケズィック・コンベンションは、キリストとの意識的交わりを強調する。注がれる聖霊の烈しい力のもとで、神の聖臨在について、一人一人の自覚が起る。キリストについての知識を一意専心もとめるようになる。そしてキリストの愛の確かさの中にあっての喜び。こういったものが著しい高さにまで引き上げられる。これがケズィックである。キリスト信仰が、どこまでも本格的であるといってよいであろう。このような信仰事実の中から、この世に在る諸問題との対決をするというのがケズィック的在り方である。

　今の日本に必要なものは以上のことではないか。信仰の本質が明らかにされず、また信仰の本質をしっかりもっていないままで、この世にうかうかととび出ることが余りに多いのではないかと憂えるものである。聖霊の働きよりも人間の働きが強いところに、神の業は行なわれない。聖霊の果実が結ばれないままで、葉ばかり繁っていることはないだろうかと、深く反省したいものである。

　今年わが国においては、箱根の日本ケズィック・コンベンションについで、北海道と阪神でもケズィックがもたれる。願わくはそのいずれの場所においても、ケズィック・コンベンションの生きた精神と現実が存在するように、われわれは祈るものである。

　そしてそれが、日本に在るキリストの教会全体にすばらしい恵みとなるように祈るものである。

（ケズィック第16号）

各地区の歩み

日本ケズィック・コンベンション50年に感謝して

岡田 信常（大阪ケズィック・コンベンション委員長）

　日本ケズィック・コンベンションが50年を迎えることになり、心より主の御名を賛美申し上げます。これまで主にあって支えてきてくださった方々のお顔が、次々と思い浮かびます。どんなにか大きな献身と祈りが捧げられてきたことでしょう。心より50年をお喜び申し上げます。

　さて、2010年、大阪ケズィック・コンベンションは、第45回の大会を迎えることになりました。有馬池坊満月城で開催されてから今日まで、豊かな恵みの中に守られ、心より主の栄光を賛美いたします。

　特に神の器の方々が素晴らしいメッセージを語ってくださったことを感謝したいと思います。特にパウロ・リース先生が、その講壇上から、どんなにか素晴らしいキリストの姿を見させてくださったことでしょうか、その恵みは今でも語り継がれています。

　そして、日本で最後のメッセージは大阪の地でしてくださったのですが、途中で病に伏し、淀川キリスト病院で療養された祈りにも、キリストの麗しい香りが病院中を包んだことは、今も記憶に鮮やかに残っています。

　スティーブン・オルフォード先生の力強く、情熱溢れるメッセージも私たちの霊を熱く燃え立たせてくれました。個人的にも会場や宿泊されたホテルで、幾たびか親しいお交わりの時を与えられましたが、暖かな満面の笑みと、何事にも興味を示す希望に満ちた目差しを忘れることができません。

　講師の方々は、メッセージと共に、その人となりにおいても、豊かなキリストの姿と聖化の恵みを見せてくださいました。多くの神の器が用いられている事実が、ケズィック・コンベンションの大きな恵みではないでしょうか。

　大阪ケズィック・コンベンションの特色は、祈りと賛美にも表されています。毎月、私たちは梅田（大阪駅付近）で総務会を開きますが、その後に、聖パウロ教会で牧師と信徒の方々と一緒に祈り会を持っています。この所で講壇から語られる先生方のメッセージに深く心を打たれ、心を一つにして祈ります。この祈りが私たちを支えています。

　また賛美の恵みにいつも溢れています。この祈祷会に音楽委員会の有志の方々が、毎回賛美の御奉仕をしてくださるのです。

　そして、このような地道な御奉仕から、大阪ケズィック・コンベンションの大会で、

毎回の麗しい賛美の奉仕が生み出されているのです。海外から来られた講師の方々も、これらの賛美をことのほか喜んでくださいます。

関西の神学校が合同して歌う賛美にも、私たちは輝かしい未来を見せて戴き、御名を崇めます。大会中御奉仕される信徒の方々の献身は、聖霊の満たしがあってこその働きであるのです。

このような恵みが溢れる故に、大阪ケズィック・コンベンションは、神戸、京都、そして奈良にも大きな大会を開くことができる祝福に預かって参りました。関西の霊的な祝福は、ケズィック・コンベンションを通して満ち溢れるように、ということが私たちの祈りです。教会の成長のため、そしてリバイバルの源泉になる、このような恵みに少しでも貢献することができるならば、望外の喜びです。2009年現在で、関西の大きな伝道大会にも多くの大阪ケズィック・コンベンションの方々が中心的に働いているのも、その証の一つと言えるかも知れません。心より神に感謝しています。

（日本ホーリネス教団 大阪教会牧師）

大阪ケズィック・コンベンションのこれまでの歩みと、これからの展望

岡田 信常（大阪ケズィック・コンベンション委員長）

　大阪ケズィック・コンベンションの歴史の記述については様々な記録があるが、特に大阪ケズィック・コンベンション25周年の記念誌「恵みに充ちて」に中島彰牧師が一文を寄稿されている。それらによると、1966年（昭和41年）2月2〜5日に、第一回大阪ケズィック・コンベンションが有馬池之坊満月城で開催されている。講師はボブ・ピアス師、ポール・リース師、レイモンド・オートランド師で、会場には1,000名を超える方々が集い、廊下にも人がはみ出るという実に恵み溢れる大聖会となった、とのことであった。

　大阪ケズィック・コンベンションの始まりに関しては、1962年に箱根湯本の三昧荘で開催された第1回日本ケズィック・コンベンションが契機となって、関西でも開催された。一説には、米国ワールド・ビジョン宣教団の協力の下、総裁のボブ・ピアス博士、副総裁ポール・リース博士の三週間に及ぶ大阪における大集会（中之島中央公会堂）が起源であるなどとの諸説もあるが、これは当時の関係者による見解と思われる。あるいは本家を競うようなものが介在したのであろうか。しかし神様が、御心の中に、恵みの日本ケズィックを、そして日本ケズィック・コンベンションをも開催するよう導かれたのである。我々は神の御愛と尊い御名を賛美するのみである。

　この第1回から25年の間は、中路嶋雄師、中島 彰師、新谷健一師、船本坂男師、堀内 顕師が委員長、あるいは大会会長、運営委員長として指導された。この間すばらしい恵みの聖会が開催された。会場には満月城の火災などのため和歌山県の白浜温泉「むさし」、再び有馬に帰って月光苑、さら

に満月城、有馬御苑などが使用されている。ある時は経済的に困窮し、当時の委員の方々による献身的な捧げ物で支えられた時期もあったとのことであった。しかし、残念なことであるがこれらの集いに徐々に退潮の波が押し寄せ、また日本人の講師の選定にも問題点を指摘されることもあり、第11回の後には、もはやこれまでと解散まで検討されたようである。しかし、「大阪ケズィック・コンベンションは日本ケズィックと平行するものではなく、そのブランチの一つである」との理解のもと、第12回は大阪市の中之島に会場を移して、祝福の道を再び歩むこととなる。バイブルリーディングと祈りに集中して、大いなる神の恵みを受けたのである。様々な恵みの証しが機関紙や記念集などにも記載され、限りない神の恵みに浴した感謝の言葉に溢れている。

　第26回以降は、堀内 顕師、武田二郎師、そして小さな者が委員長の重責を担わされて、来年の2009年で第44回大阪ケズィック・コンベンションを迎えることになった。いくつかの幸いな恵みを思い起こすと、日本において大いなる祝福をもたらしてくださったポール・リース師は、大阪が日本での最後の御用となっている。淀川キリスト病院に入院中の、先生の麗しいキリスト者の姿はキリストの姿を彷彿とさせ、恩寵溢れるメッセージと共にどれだけ私たちを励まし、支えてくれたことであろう。スティーブン・オルフォード師のメッセージも火を吐くがごとくに私たちの霊と魂を揺さぶり、聖霊の満たしと喜びと宣教の思いに溢れさせてくださった。その結果オルフォード・インスティテュートの学びも開始されている。さらにレイモンド・ブラウン師のメッセージもキリスト者の豊かな恵みを見させてくれた。イギリス表敬訪問の際には、委員たちが先生ご夫妻の自宅に伺うことがゆるされて、幸いな交わりのひとときを持つことができたのも幸いな想い出の一つである。各聖会では祈りでしめくくられ、導きに従って恵みの座が持たれ、そして宣教のための献身、あるいは直接献身も募られて、多くの方々が会場の前列に進み出られる光景は、本当に感動である。

　会場は中之島（5年間）や有馬での集会の後に、1986年より都心にある森ノ宮ピロティ・ホールが用いられてきた。1年だけ会場の都合で新大阪にあるメルパルクを用いたこともある。2005年の40周年には喜びの記念誌も発行することができて幸いであった。人数も毎年延べ五千人の方々が集われて、3日間で教職者セミナーと信徒セミナーも含めて合計10回ほどの聖会が開かれている。大阪ケズィック・コンベンションが始まる直前の講師の方々の歓迎会や、期間中に持たれる信徒の方々も集う愛餐会（約100名ほど）も実に楽しく、挨拶や恵みの証しで主の恵みを感謝している。また各聖会ごとに賛美の特別ゲストがたてられて主を賛美し、2日目には関西にある神学校の合同聖歌隊の賛美、このときは献身者の姿に会場も熱く燃え上がる。このほか関西エヴァンジェリカル・ハーモニーの賛美なども感謝である。

　毎月諸準備のために梅田で総務会を持ち、その後に聖公会の聖パウロ教会で祈り会を持っている。4月は総会。経済も苦しい時もあるが、いつも支えられて感謝である。さらにこのケズィックの恵みは拡大し、14年後、**神戸大会**が開催されるよう導か

れ、31年後に**京都大会**が導かれ開催されるように至り、2年前には**奈良大会**が開催されるに至り、それぞれの大会の各委員長より一文をいただいている。神戸では第30回大会が、京都では第14回大会、2年前には奈良大会が開催され、現在第3回大会が準備されている。

これからの展望としては、ケズィックのメッセージがより一層祝福されるのが最大の課題ではなかろうか。特にきよめの宣証が重要である。聖潔の恵みを力強く証しした い。（※エマオ聖書学校での恵み）。カリスマ派（聖霊派）の教会との交わりも緊急の課題となってきているように見える。大阪ではW・プロバスコ師や韓国からの講師についていささかの混乱も見られたことがある。特に聖霊の満たしを、しるしと不思議、あるいは力ある御業（使徒30、ヘブル2・4）とみなす教会や牧師の方々に、これらの神の祝福を感謝しつつ、一層聖潔の恵みを説教する特権を自覚したく願っている。そして相互の協力に関しては聖書的、実践的、個人的聖潔がたわわな実を結ぶことが望ましい。キリストにあって一つ（ガラテヤ3・28）は、一つの宣言やかけ声ではなくて、聖会や宣教の場で香り高く証しされなければならない。この場合お互いはキリストにあって責任が重くなると、次第に権威主義に走る誘惑が生じてくるのではないだろうか。このときに私たちケズィックは、聖霊の実を豊かに結びたく思わせられる。柔和と謙遜、取るに足りない者である、という真の謙遜が私たちに問われている（マタイ11・28〜30、マタイ18・1〜5）。キリストにあって一つとなり、ケズィックは日本、そして世界宣教の原動力とならなければならない（※関西フランクリン・グラハム国際フェスティバルの証し）。

ケズィックのメッセージには霊的な順番がある。第一が「キリスト者の心と生活にある罪」、次に「イエス・キリストとその成就された救いの十全性」、続いて「その救いを自己のものとされるための明け渡しと信仰」、最後が「聖霊の満たしと宣教への派遣」である。私たちはこの基本的な恵みを再確認し、大切にしよう。そして現在の、日本の、霊的、実践的な現状を踏まえて、必要であれば新しいスタイル、あるいはあり方を模索し、次代の若手の方々が喜んで協力できるように、祈りつゝ聖書のメッセージを語り出したい。一見異なるように見える中に、同じ聖霊の恵みを見いだしたならば勇気を持って対処したい。私たちは新しいものと、古いものとを同時に倉から自由に引き出せる祝福が与えられているので（マタイ13・52）、新しいぶどう酒を新しい皮袋をもって語り出したいと思うのである（マタイ9・17）。これらの主張はいささか抽象的であるが、いずれ具体的な対応が必要となってくる予感がしてる。良きものを引き継ぎつゝ、新しい形態、あるいはより良い形態をまとうことには勇気がいる。この点で、日本の現状を知り、若者が集いやすい集会を持てるように祈りをささげていきたい。賛美や楽器をもっと用いたいという声もよく聞く。また本場でもある英国の現在の姿や信仰を、もっと知り、研究する必要があるかも知れない。

全国的な協力をもっと推進し、50年では会場を集いやすい所に設定し、全国大会などが開催されれば幸いである。このことが契機で英国のケズィックのごとく、日本にも新しい聖地が与えられればなんと幸い

なことであろうか。また新しいケズィックメッセンジャーも養成しなければなるまい。

2008年11月18日
（日本ホーリネス教団 大阪教会牧師）

神の恵みの深さを知るケズィック
武田 二郎（元・大阪ケズィック・コンベンション委員長）

日本ケズィック・コンベンション50年記念を迎えるにあたり、多くの神の恵みを覚え感謝する者です。

ケズィックとは、英国スコットランド北西部の5,000人程の町に集まったコンベンションであり、私は2度参加し、それまで体験できなかった集会の恵みにあずかり感謝して居ります。

日本ケズィックが始まった1960年からパウロ・リース先生は、19回来日され、各地の奉仕にあたられ、大阪でのある年には、霊的献身の招きに、多くの兄姉が応答され、私も立ち上ったことを思い出しています。

私は59年のワールド・ビジョンの信徒大会で、先生のメッセージに感動し、61年に箱根に行き、1,000人を越える会衆の中で祝されました。

67年関西地区の有馬での第1回の集会に参加しましたが、その後第13回大阪ケズィックが大阪中央公会堂で初めに開かれた時に出席し、オルフォード師の司会を担当したのです。その後毎月の祈り会に出席するようになりました。

何回か来日されたオルフォード師のメッセージに恵まれていたのですが、32回大阪ケズィック（1997年）の2か月程前より心臓手術のため来日できなくなり、ウィリアム・プロバスコ師のチラシが作られました。何回か来日されていたレイモンド・ブラウン師が沖縄のケズィックが終わってから多量の下血のため入院され、来阪出来なくなったのです。

その年の日本人講師として、東京の副委員長であられた峯野龍弘師が来阪され、プログラムの変更に負担をかけることになり、その前夜、数名の委員の先生や通訳者の先生方と祈る時をもったのです。

しかし、私の心の中に不安の思いが続きましたが、開会2日目より出席数も献金も予想外に伸び、驚き、感謝に変わりました。その後お二人とも翌年に大阪の奉仕にあたられ、私にとってみ言葉とともに先生の愛に感動したことで忘れがたい思い出となっています。

私の牧会の責任は年齢のため離れていますが、聖書学院に入る前に頂いた、「ローマ人への手紙12章1節」のみ言葉は老齢化した今日も変わりなく与えられています。近年になってケズィックの「ガラテヤ人への手紙3章28節のみ言葉は、年を重ねるごとに聖霊は"キリスト・イエスにあって一つ"と示されています。

私は2000年の記念大会に、英国ケズィックに出席し、数日後、聖日礼拝に聖公会の教会の礼拝に出席したのですが、翌日のコンベンション講師の服装は全く異なり、讃美の曲もほとんど聞くことはなく、しかし歌いやすい50曲程の小冊子でした。

また屋外の湖畔での1回の集会では、

1980年に大阪の扇町プールを会場として伝道メッセージをした方が講師でした。その他に早天や海外宣教の集いなどがあるようです。日本の教会はこんななごやかな集会をもっているだろうか、私の心に一つの重荷となって残っているように思います。

これからの日本の教会の展望として成長しないでいる教会から伸びる教会を目指さねばなりません。日本は戦中、戦後、それ以上に鎖国時代より、枯れた教会が鉢植えの教会のように成長しない体質になっています。

今日、中国でも10％のクリスチャン人口となっていると聞くのですが、私は少年時代の「神の国」「神風特攻隊」「玉砕」などの言葉と毎朝の東方遥拝、忠魂碑遥拝などの朝礼のプログラムを忘れることができません。敗戦2年前からアッツ島玉砕から、各地で敗戦がありながら疑問を問いかける国民ではありませんでした。

私は若い時より「使徒の働き」からのパウロの働きを説教することがありませんでした。英国ケズィック・コンベンションでは、英国宮廷に出入りする有名な講師の説教を現地で聞いたのです。その方は42年前の日本福音同盟総立大会の講師として京都で知った方でした。私は何の能力もない者ですが、戦中の歴史を知っている者として、1パーセント以上に伸びない日本を覚え祈って行き、ケズィックが祝福されるよう願っています。

（日本メノナイト・ブレザレン教団
武庫川教会協力牧師）

有馬ケズィックの思い出
坊向 輝國（大阪ケズィック・コンベンション委員、「ケズィック神戸大会」責任者）

日本ケズィック50年、おめでとうございます。

50年といえばわたしが神学校を卒業した頃で、最初のケズィックに両親が箱根に出席したのを思い出します。

半世紀の間神が日本に与えた恵みを覚えて感謝いたします。

「ケズィック神戸大会」も今年で30回の記念の大会を迎えることになりました。

中島彰先生から「協力をしてくれないか」と話をもちかけてくださり、わたしたち（活水の群）の山手教会を会場として奉仕させていただくことになりました。

このため市内の教会から多くの教職、信徒の方々を迎えることになり、教会として大きな霊的恵みをいただいて参りました。

また講師の先生方も英米各国から選ばれた有名な先生方が送られ、その恵みは枚挙にいとまはありません。

「神戸大会」は一集会だけですが、多いときは330名を数えることもありました。

その後、神戸中央教会の仁科博雄先生から「ケズィックの恵みを分けていただけませんか」との申し出があり、2つの教会で1年ごと交代で会場の奉仕をさせていただくことになりました。

ここで「有馬ケズィック」の思い出について少し書かせていただきたいと思います。今から40年ほど前になりますが、わたしが長野市の教会から神戸の教会に遣わされたころです。神戸市の有馬温泉のホテ

ル「月光園」を会場にして開かれておりました。

そこで、わたしもケズィックの恵みを受けたいと出席をしました。ところが受付のところで、一人の懇意な先生と出会い、一緒に会場に向かっていました。すると狭い廊下の向こうからひとりの信徒の方が歩いてこられました。

わたしはその先生とその信徒の関係を知っていましたので、「これは困ったことになるぞ」と思いました。

実は、わたしと一緒にいた先生はその地方の教会に遣わされていたのですが、その今出会った信徒の方との折り合いが悪く、その方に追い出されたような形で教会を去ったのです。それでも先生はその信徒の方のために16年間も祈り続けたのです。

あるとき、その方に年賀状を書いていた先生に、奥様が「お父さん、その人だけは出すのをやめたらどうですか。一度だって返事が来たことはありません」と言ったとき、先生は「いや、そんな人だから出さなければならないのだ」と16年間も年賀状を出しつづけ、祈りつづけられたのです。

その相手の人と狭い廊下で出会ったとき、信徒の人の足が一瞬止まってしまいました。

今更、後ろに逃げることも出来ずにいると、その先生が走り寄り、「兄弟、よく来ましたね」と言って両手を握ったのです。するとその人は顔を上げることもできず「先生、申し訳けありません」と言って大粒の涙をポトポトと流しました。

そして16年間の和解が出来たのです。その後、その先生の教会で聖会が開かれたとき、その人が真先に来て奉仕し、「わたしは先生に大変ご迷惑をかけた者です。でも、先生は愛をもって私のような者を赦して受け入れてくださいました」と証しをしました。

一同はわけもわからず拍手をしていましたが、先生とその信徒の関係を知っていた私は大きな感動を覚えたものです。
ケズィックの会場にはそのような和解と赦しの雰囲気がありました。これが「有馬ケズィック」の思い出の一頁です。

（日本基督教団（活水の群）山手教会牧師）

50年記念によせて
談議 孝義（大阪ケズィック・コンベンション 京都大会、元委員長）

日本ケズィック・コンベンション50年を記念し、心より主の御名を賛美申し上げます。

大阪ケズィック・コンベンション京都大会の実行委員会を代表してお祝いを申し上げます。

大阪ケズィック・コンベンションが毎年水曜日から金曜日まで開催され、次の箱根での日本ケズィック・コンベンションが火曜日からの開催とのことで、関西では日曜日に神戸大会が持たれていました。

京都の牧師会でも京都大会開催についての話し合いがなされ、日曜日午後、1回だけではありますが、大阪でのケズィック・コンベンションに参加できない信徒のために開催しようとの気運が高まり、日本イエス・キリスト教団京都聖徒教会の船田武雄

師を実行委員長に委員会が結成され、約20数教会が必要のためにも協力を申し出てくださり、1996年に第1回の京都大会が持たれました。

2009年第14回を終えることができました。

さらに多くの教会と信徒の方々が参加してくださる大会としていただきたいと願っています。

個人的なことになりますが、私は献身して間もなくのころ、有馬温泉池ノ坊満月城や月光園での大阪ケズィック・コンベンションに何度か出席したことを思い出します。

ケズィック・コンベンションの紹介には、「ケズィック・コンベンションは聖書の説き明かしによって、クリスチャンが霊的に強められ、新しくされ、神の御旨に生きる者となるために開かれるものです。

その中心はバイブル・リーディングと呼ばれる聖書からの説教にあります。」と記されています。

私個人としても、2009年6月に兵庫県篠山市のVIPアルパインローズ・ビレッジを会場に3泊4日の日程で開催された「第2回オルフォード講解説教セミナー」に期限ぎりぎりに参加申し込みをして出席させていただきました。1回1回の講義を通して、教えられ、改めて説教にたいする自らの姿勢の至らなさを強く感じました。

それとともにケズィックの講師の先生方のバイブル・リーディングに対する準備の姿勢を少しかいま見ることが出来たような気がしました。

「聖書そのものが語られる聖会」としてのケズィック・コンベンションは、今後ますます重要な集いとして日本各地においてその存在を増していくことでしょう。

（一麦の群 京都キリスト教会牧師）

みことばの恵み
長内 和頼（大阪ケズィック・コンベンション 奈良大会委員長）

日本においてケズィックの聖会がもたれるようになってから50年を経たことは大きな感謝であり、喜びであります。ホーリネス教会（100年以上の歴史を経てきた私どもの流れの旧名称）の創立者である中田重治師も100年前後のむかし英国のケズィックの聖会を訪れたと伝えられています。

私は箱根で始められたケズィック・コンベンションに出かけるには遠い所で奉仕しておりましたので、初期のころは出席できませんでした。

やがて関西の奈良に転任してきた翌年の1972年に有馬でもたれていたケズィック聖会に出席させて頂いたのが初めてのことでした。

そこでは同じ教団の先輩牧師が泊まり込みで出席しているのを見て、主の恵みをひたすら慕い求めるその姿勢に心打たれ教えられました。

その後、関東の方の同労者たちが多く集う箱根の集会の方へも、度々、出席するようになり恵みに与りました。

有馬または箱根などで静まり聖言と聖霊のお取扱いに与ることは大きな恵みでありましたが、会場が森ノ宮になってからはさらに便利になり広い範囲の会衆が集まりやすくなり誠に幸いでありました。

今後も集まりやすい会場で継続されることが大切だと思います。

大阪ケズィック聖会のあと、講師のひとりづつを招いて京都と神戸でも集会がもたれているのをみて、うらやましくも思われたものでしたが、ついに奈良においても開催したいとの願いが起こされてきて信仰をもって求めました。

その結果願いは叶えられて、奈良大会が開催される様になり、すでに4回目を持つことができまして感謝しております。

主に在るお互いがともに主のみまえに静まり主の聖言に照らされ、探られ、聖別の恵みに与る事は、キリスト者にとってますます大切なことです。願わくは私どもお互いのうちに、神の恵みの聖言を慕う熱い思いと渇きが増し加えられて、さらに多くの人々が各集会に導かれます様に、また、このケズィック・コンベンションが霊のもろもろの祝福のうちに継続されていく事をお祈りいたします。

(基督兄弟団大和教会牧師)

御言葉に聴く恵み
井之上 薫（大阪ケズィック・コンベンション元事務局長）

日本でのケズィック・コンベンション開催を実現してくださった主に感謝と賛美をささげます。

また、この50年間、最初のコンベンションから今日までケズィック・コンベンション開催のためご尽力くださった諸先生の信仰とご労を思い、心より感謝するものです。

ケズィック・コンベンションを通して受けてきた数々の恵みを思い返しながら、私にとって最も大きなものは、聴くという恵みではなかったかと思います。

バイブル・リーディングにおいて説き明かされる聖書のメッセージは、聴衆に聴くという態度がなければその目的を果たすことはできません。キリストは、聞く耳のある者は聞きなさいと言われましたが、今日も、「主よ。お語りください。しもべは聞きます。」というへりくだった心をもって御前に出る人に主はお語りになります。

主のことばに聞き入っていたマリヤを例にして、御言葉に聞くことは、私たちにとってどうしても必要な一つのことであることを、キリストご自身が明言なさいました（ルカ10・42）。

現代は、この大切な御言葉に聞くということが何よりも求められている時代ではないかと思います。

牧師である私たちは、説教することには慣れていますが、人が語る説教に耳を傾ける機会はそう多くはありません。

いつも語ることだけを考え、そのために長い時間をさいて準備し説教します。

一つの説教を終えるとすぐに次の説教の準備にとりかかります。いつしか説教を聴くという時間や機会をおろそかにし、失うことに慣れてしまいます。そして、説教の御用があれば出かけるが、人が語る説教を聴くためだけには出かけなくなります。

それは、人に教えることはあるが、人が語る説教から教えられることや受ける恵みはもう私には何もない、と言っているのに等しいのです。

そして、自分自身が点検されることを怠ってしまいます。これは私たち牧師の弱さ、また危さであり、謙遜の問題でもあります。ケズィック・コンベンションは、このような弱さと危険から私を守ってくれるものであったと実感しています。

　バイブル・リーディングを通して語りいだされる主は、私のすべての業と立場を脇に置いて、貧しい者としてひとり御前に出て、主に聴くという受身に徹することをお求めになりました。

　そのように御言葉に傾聴する受身に徹したとき、度々主は私の内を照らし、悔い改めと明け渡し、満たしと霊的いのちへと導いてくださいました。

　ケズィックは、私の霊的病気を早期発見する定期健診のようであり、定期車検工場のようでもありました。そのおかげで長年の牧会生活が守られてきたと思っています。

　また生涯忘れられないこととして、ケズィックは私の奉仕の方向を大きく転換する機会ともなりました。

　2008年2月の大阪ケズィック・コンベンションでのバイブル・リーディングで語られた創世紀22章2節を通して、アブラハムが愛するひとり子イサクを捧げたように、教会の始まりから30年奉仕してきた愛する教会を主に委ね、新しい地に出て行くように、強い主の迫りを受けたのです。

　その日、約500人ほどの聴衆の一人であった私に、主は個人的に語られ、私を呼ばれたのでした。そのことによって、今、福岡市での開拓伝道従事者として遣わされています。

　半世紀の歴史を重ねた日本ケズィック・コンベンションが、ケズィックの精神とその味を失うことなく、さらに諸教団、諸教会に広がり、日本の教会の成熟と福音宣教に寄与するために用いられますように切に祈るものです。

（日本福音キリスト教会連合　福岡聖書教会牧師）

第30回（1995年）大阪ケズィック・コンベンション（森之宮ピロティホールにて）

御言葉に聴く恵み

第16回（1981年）大阪ケズィック・コンベンション（大阪中ノ島中央公会堂前にて）

第37回（2002年）大阪ケズィック・コンベンション（森之宮ピロティホールにて）

大阪ケズィック・コンベンション年表：講師＆委員長等

回	開催年	講　　　師	委員長	会　　場
1	1966	B. ピアス、R. オートランド、P. リース	中路嶋雄	有馬温泉池ノ坊満月城
2	1967	A.T. ホートン、B. ピアス、R. オートランド、韓 景職	中路嶋雄	有馬温泉池ノ坊満月城
3	1968	B. ピアス、J. グーテン、C. ウィルソン、P. リース、福井 二郎、伊藤 栄一	中路嶋雄	白浜温泉むさし
4	1969	P. リース、S. サフー、J. グーテン、河辺 蜜甕、島村 亀鶴	中路嶋雄	有馬温泉月光園
5	1970	P. リース、J. グーテン、渡辺 善太、松岡 安立	中路嶋雄	有馬温泉月光園
6	1971	S. ムニハム、J. グーテン、藤田 昌直、榊原 康夫	中路嶋雄	有馬温泉月光園
7	1972	P. リース、車田 秋次、中島 彰、古山 洋右	中路嶋雄	有馬温泉池ノ坊満月城
8	1973	P. リース、H.M. アロースミス、伊藤 栄一、平岡 とみ（早天）	中路嶋雄	有馬温泉池ノ坊満月城
9	1974	P. リース、R. サムエル、H.M. アロースミス	中路嶋雄	有馬温泉池ノ坊満月城
10	1975	A. レッドパス、B. ピアス、瀬尾 要造	中路嶋雄	有馬御苑
11	1976	G. ダンカン、定家 都志男、P. リース	中島　彰	有馬温泉月光園
12	1977	P. リース、W. フィルビー	中島　彰	大阪中ノ島中央公会堂
13	1978	S. オルフォード、G. ダンカン	中島　彰	大阪中ノ島中央公会堂
14	1979	P. リース、A. レッドパス、韓 景職	中島　彰	大阪中ノ島中央公会堂
15	1980	G. ダンカン、A. スミス、朴 朝駿	中島　彰	大阪中ノ島中央公会堂
16	1981	P. リース、S. オルフォード、K. ウェストン	中島　彰	大阪中ノ島中央公会堂
17	1982	P. リース、金 俊坤、A. レッドパス	中島　彰	大阪中ノ島中央公会堂
18	1983	P. リース、A. ウォーカー、A. ニーチ	中島　彰	大阪中ノ島中央公会堂
19	1984	P. リース、G. ダンカン、李 相根	船本坂男	大阪中ノ島中央公会堂
20	1985	P. リース、D. ルーカス、李 相根	船本坂男	大阪中ノ島中央公会堂
21	1986	P. リース、D. キンロー、F. ハッキング	船本坂男	森之宮ピロティホール
22	1987	P. リース、G. ダンカン、S. オルフォード	船本坂男	森之宮ピロティホール
23	1988	G. ダンカン、E. クライトン、李 相根	堀内　顕	森之宮ピロティホール
24	1989	P. リース、A. ニーチ、李 相根	堀内　顕	森之宮ピロティホール
25	1990	P. リース、R. ブラウン、S. オルフォード	堀内　顕	森之宮ピロティホール
26	1991	G. ダンカン、E. クライトン、S. カマレーソン	堀内　顕	森之宮ピロティホール
27	1992	D. キンロー、K. ウェストン、李 相根	堀内　顕	メルパルク・ホール
28	1993	K. ウェストン、李 相根	堀内　顕	メルパルク・ホール
29	1994	R. ブラウン、E. クライトン、李 相根	堀内　顕	森之宮ピロティホール
30	1995	K. ウェストン、S. ブリスコー、本田 弘慈、中島 彰、堀内 顕	堀内　顕	森之宮ピロティホール
31	1996	F. ハッキング、S. カマレーソン、杉本 勉、堀内 顕	堀内　顕	森之宮ピロティホール
32	1997	W. プロバスコ、峯野 龍弘、金 元冶、三ツ橋 信昌	武田二郎	森之宮ピロティホール
33	1998	S. オルフォード、E. クライトン、R. エイメス、小山 恒夫	武田二郎	森之宮ピロティホール
34	1999	R. ブラウン、J. オリバー、岩井 清	武田二郎	森之宮ピロティホール
35	2000	S. オルフォード、R. ブラウン、横田 武幸	武田二郎	森之宮ピロティホール
36	2001	S. オルフォード、D、ビンガム、峯野 龍弘	武田二郎	森之宮ピロティホール
37	2002	R. ブラウン、D. オルフォード、黒木 安信	武田二郎	森之宮ピロティホール
38	2003	R. エイメス、T. レンドル、村上 宣道	岡田信常	森之宮ピロティホール
39	2004	S. オルフォード、R. ブラウン、中島 秀一	岡田信常	森之宮ピロティホール
40	2005	T. レンドル、J. ラム、峯野 龍弘、岡田 信常	岡田信常	森之宮ピロティホール
41	2006	R. エイメス、D. オルフォード、小林 和夫、H. オルフォード	岡田信常	森之宮ピロティホール
42	2007	S. ブラディー、C. プライス、堀内 顕	岡田信常	森之宮ピロティホール
43	2008	T. レンドル、R. ウィルモア、国吉 守	岡田信常	森之宮ピロティホール
44	2009	R. エイメス、I. コフィ、村上 宣道	岡田信常	大阪中ノ島中央公会堂
45	2010	T. レンドル、S. ブレディ、小助川 次雄	岡田信常	大阪リバーサイドホテル

各地区の歩み

北海道ケズィック・コンベンションの始まりと推移

石井 栄治（北海道ケズィック・コンベンション委員長）

　北海道ケズィックは、そもそもは、日本キリスト教団北海教区の年頭修養会に、世界的な指導者を迎えて意見を聞き、北海道伝道を盛んにしようと考え、祈り待ち望む中から生まれ出たものである。

　定家 都志男先生が教団の会議で上京した折、たまたま三崎町教会の山北多 喜彦先生と一緒になった事が発端になった。そこで、ケズィック・コンベンションなるものがあることを知らされ、そこには世界的な一流の説教者がおられることがわかった。その後、大阪の西村 次郎氏などの協力もあり、日本ケズィック・コンベンション事務局との連絡を経て、北海道でもケズィック・コンベンションが開かれる可能性が見えてきた。

　ボップ・ピアス師、パウロ・リース師が北海道にも来ていただける見通しがついた。

　これは単に日本キリスト教団北海教区の年頭修養会としてやるのではなく、広く北海道全体の教会に呼びかけて、超教派でやるべきであるとの結論に達し、全道の教会に呼びかけて実現した。そして大成功裡に終えることができた。

　ちょうどその時、朝日新聞一千万円懸賞小説に、三浦 綾子さんの「氷点」が当選するなどの話題性もあったので、多くの人が詰めかけた。三浦 綾子さんは旭川六条教会の忠実な会員で、このような賞を得た上での証しは、北海道の諸教会にとって大きな誇りと自信になった。その後も三浦 綾子さんは次々と小説を書き、一人のクリスチャンとして信仰の純粋性を守り通し、ついに三浦 綾子先生と呼ばれるようになってからも、信仰生活と教会生活を決して崩さなかったことは何よりの勝利であった。

　北海道ケズィック第１回大会には、大阪女学院長西村 次郎氏の『土下座の信仰』という証しもあった。大阪女学院復興をめぐる血の出るような体験は、その日の参加者の信仰に大きなチャレンジとなった。北海道ケズィックの始まりに関して、西村氏の役割がどんなに大きかったか、それは北海道ケズィックが続く限り、語り伝えられることである。

　さらに、函館千歳教会員で、函館地方裁判所判事の中平 健吉兄が、委ねられている務めの厳粛さを思いながら、信仰者故に神を恐れつつ裁判に当たっていることを証しされ、この証しも会衆一同に厳粛なインパクトを与えた。このようなクリスチャンがいることは、参加者一同に大きな励ましと

なった。

ワールドビジョンの総裁ボップ・ピアス師の熱烈な説教は、聴衆に深い感銘を与えた。

東京クリスチャン・クルセード以来、ワールドビジョンは多大の援助を与えてくださり、北海道ケズィックもそれによって可能となったわけであるが、その後、日本キリスト教団との路線の違いなどもあり、日本キリスト教団はケズィックに対して、だんだん距離を置くようになっていった。その分、福音派の教会が大きく前進し、多くの参加者を送り込み、今日に至っている。

パウロ・リース師の北海道初デビューは、多くの教職、信徒に強烈な印象を残した。

これぞ願い求めた世界的な第一級の説教者なるか。皆の心は聖書の講解の深さに目を見張るばかりであった。ワールドビジョンの副総裁として、世界の各地を廻り、牧師の牧師として、その品性と人格を通して、神御自身を見せてくださったのであった。

物事の最初がいかに大切であるか、北海道ケズィックがこのような良き師を得て、第一歩を踏み出せたことは何よりの祝福である。神さまの北海道に対する御思いの深さを思い、心から感謝して、聖名を崇める次第である。

その導きのプロセスは、次の二つの資料に明らかである。

資料 I
「聖霊のわざ」
（北海道ケズィック第25回記念誌）
定家 都志男

日本キリスト教団北海教区は、年頭修養会に、戦後の新しい時代と取り組むために、世界的指導者を迎えて意見を聞き、伝道を強力に推進する方法はないものかと祈り考えた。

何しろ、当時の我々の教会はそんな経済力はなく、知人もなく、漠然とした希望を持っていたに過ぎなかった。

『求めよ、そうすれば与えられるであろう』。その頃、教団の全国集会が箱根で開かれ、私も教区を代表して参加した。その帰途、たまたま東京の三崎町教会の山北多喜彦牧師と車内で一緒になり、四方山話の中で、私は北海道の事情を語り、「我々は何とかして世界的指導者を迎えたいと思うが、どうしょうもない」と言った。これが聖霊の導きとなったと思う。「君、その方法はあるよ。ケズィック・コンベンションというものがあるから、それと連絡をとってみたまえ。道が開けるかもしれないよ」。これを天来の声と受け取り、帰宅後、北光教会の西田 進牧師と相談し、早速、北海道ケズィック・コンベンションなるものを計画した。

しかし、これはそんなにホイホイと開けるものではなく、大変な苦労があったが、それについてはあまり語りたくない。並大抵のことではなかったが、とにかく遮二無二、忍耐と謙遜をもって開くに到ったことが、北海道ケズィック・コンベンション25年の歴史の始まりとなった。

もう一つ大事なことは、これが北海道における最初の超教派の運動となったことである。

しかも面白いことは、先ず超教派の組織があり、その委員会が計画立案したのではなく、その逆であったことである。信仰的営みというものは歴史的に見ても先ずムーブメントがあり、これに応じてオーガニゼーションができるものではないだろうか。

私はこの運動を提唱したために、その器ではないのに委員長ということになり、委

員長となったために長い間続けねばならなかった。

　最初の頃、大変な努力をしてくださったのは大阪の西村 次郎氏、西田 進牧師、上田 一郎主教など多くの人々であった。教団の北海教区がケズィック導入のための努力の一端を担うことができたことは、感謝すべきことであったと思う。最初の頃は文字通り超教派であったが、これはどこまでも守らなければならないであろう。

　超教派運動にはもちろん大事な原則がある。それに謙遜に従わなければ、目的を達成するわけにはいかない。

資料Ⅱ
「北海道ケズィック・コンベンション開かる」

（北海教区通信第17号、1965年4月16日）

　1965年2月25日〜27日、定山渓グランドホテルにおいて、第一回北海道ケズィック・コンベンションが開かれた。北は稚内、流氷のオホーツク沿岸、根室、網走から、日高のアイヌ部落から、道南は函館渡島地区から、文字通り、全道20余の教派の教会から総数438名に及ぶ参加者が一つに集まり、豊かな霊の養いを受けたのであった。未曾有の大雪に埋もれた定山渓の二泊三日は、北海道キリスト教史にとっても、重大な一コマであったろう。

　この集会は、例年定山渓で行われていた北海教区年頭修養会に替わるものとして計画された。昨年春より教区常置委員会は、委員を挙げて年頭修養会の議を進めていたが、8月31日の常置委員会に答申されたケズィック・コンベンション方式の年頭修養会の是非につき論議の結果、採決と決まり、その準備が進められた。しかし、当時はケズィック・コンベンションとしての見通しは、ほとんどなかったといってよい。ことに「案」の国際的な第一級の講師については、ほとんど見通しがなかった。しかし、一応打診の意味で、日本のケズィック・コンベンションの事務局に問い合わせたところ、2月に箱根で行われる日本のケズィック・コンベンションの講師、クラッグ師、およびパウロ・リース博士来援の可能性がわかり、超教派でこの準備に入ることとなった。11月13日には、札幌キリスト教連合会の賛成を得、同連合会、定家 都志男会長および北海道キリスト教連合会、西田 進会長が発起人となって、同27日に準備委員会を開き、定家師を会長とする実行委員会を結成し、事務局長に中島正昭伝道幹事が当たることになり、本格的な準備に入った。

　出足が遅かったため、周知徹底に不安があったが、2月1日より毎週、札幌市内の教会で、このために熱心な祈祷会を持たれたほか、予想以上の出席者が与えられた。

　第一日は、大阪女学院長西村 次郎氏の講演と証し「土下座の信仰」。大阪女学院復興をめぐる血の出るような体験は、初日から参加者の信仰に霊的な挑戦が与えられるに充分なものであった。

　第二日は、先ず朝日新聞一千万円懸賞小説「氷点」の作者三浦 綾子姉が、何とかして多くの人々にキリストを知らせたいという祈りと信仰が御主人の励ましに支えられて、この小説を生み出したという証しをし、参加者は祈りをもって、この小説を支えることを強く訴えられた。

　さらに、函館千歳教会員で、函館地方裁判所判事の中平 健吉兄が、神を恐れつつ委ねられている務めの厳粛さを信仰のために果たしていることを話した。

　その後、ワールドビジョン総裁のボブ・

ピアス博士が病身を押して、熱烈な説教を行った。

午後には、グラッグ博士の二回にわたるローマ人への手紙七章、八章の講解、夜と第三日目は、パウロ・リース博士のクリスチャン生活における聖化と宣教の使命について、特にステパノの殉教をめぐっての感銘深い講演がなされた。

閉会礼拝の時と、会場入り口の献金箱に献げられた献金は 88,973 円。最初から自力でこれを実現しようという願いは、約 10 万円に上る黒字を残して、豊かに報いられたのである。

〈第1期〉

このようにスタートした北海道ケズィックは、第1回と第2回は順調に滑り出したが、次の二年間は引き続き開催できなかった。それは委員長定家先生のアメリカ留学のためだった。1967年、1968年、2年間のブランクが生じた。委員長不在ということで、ここで立ち消えになってしまうところ、定家師が帰国後、よくぞ再開できたものと思う。定家師は自ら責任を感じてか、ご自分の月寒教会を開放して、第3回から第6回まで、4年間続けられた。定家師はアズベリー神学校で聖霊について学び、聖霊と祈りについて目が開かれ、ケズィックに対する思いはますます深まっていった。この時点で定家師がその気にならなかったら、その後の北海道ケズィックが40年も続けられたかどうか。神様は北海道に恵みの家を絶やさないように、この危機を乗り越えさせてくださった。定家師はよく言っておられた。「ケズィックは相場が決まっているから安心だ。当たりはずれがない」と。これはケズィックに対する絶大な信頼である。

〈第2期〉

その後、会場は北海道青少年会館というすばらしい場所が与えられ、参加者も大きく前進した。第7回から第19回まで、1973年から1985年まで続いた。

この会場は、1972年の札幌冬期オリンピックのプレスセンターとして用いられた施設で、600人収容のホール、プール、宿泊施設などを備えた総合施設で、オリンピック後は、青少年の健全育成を目指したものとなった。この時期の参加者は500人を越すこともあり、大変恵まれた時期であった。北海道ケズィックの揺籃期といっていいだろう。

〈第3期〉

次の会場は、札幌市内の中心部にある北海道厚生年金会館が選ばれた。

北海道ケズィックは、通いの参加者が圧倒的に多く、缶詰方式は無理であった。

そこで、通いやすく、交通の便利な、宿泊施設のある所ということで、ここが選ばれたのである。

英国のケズィックのように、都会から離れて、宿泊施設も整った所で、祈りと黙想に集中できれば、それが最高の理想であるが、現実には無理だった。それで、このような市内中心部の適当な所でやることになった。この時期に、委員長は大友 正幸師（日本聖公会）に代わった。

大友師は英国ケズィックにも参加したことがあり、その経験から、英国ケズィックの講師を御自宅に招いては、よい接待をしてくださった。講師方がどんなに喜ばれたことか。

日本の家庭を知ってもらう為にも、これは大変良い奉仕だった。

〈第4期〉

次の会場は、同じ市内中心部の北海道教育会館に移った。この時点で、委員長は久保木 勁師（日本ナザレン教団）に代わった。ここの建物は少し古く、会場もそんなに広くはなかったので、集会には多少の不便や苦労があった。しかし、恵みの泉は枯れず、ここでも大いに恵まれた。

〈第5期〉

次の会場は、これも市内中心部のプリンスホテルパミール館。ここは新しい建物で、気持ちのよい場所である。その上、格安の料金で借りられている。これからも長く借りられるとすれば、ここが北海道ケズィックの聖地、聖なる至聖所、きよき霊の流れ出す源泉地となるであろう。

北海道ケズィック・コンベンションの評価と展望

ケズィックは超教派運動である。北海道ケズィックは、第1回、第2回とも、日本キリスト教団北海教区の年頭修養会とドッキングして、北海道内の諸教会に呼びかけて、超教派でスタートした。ところが、その後、信仰の路線問題などで日本キリスト教団の教会はケズィックから離れていった。それでも、定家師がまだ委員長の時は、月寒教会を動員して、かなりの人が参加したが、定家師が召されてからは、それほど多くの参加者は無くなった。今、全体の参加者が、いわゆる福音派の教会に片寄りつつあることは、自然の流れなのか、それともこれでは良くないのか、吟味検討する必要がある。「みなキリストにあって一つ」というモットーが生かされるために。

ケズィックは霊的、生命的運動体である。聖書的、個人的、実際的なホーリネスの徹底がケズィックの生命線である。北海道内の諸教会が恵まれ、そこに属するキリスト者の一人一人が、一層の霊的深化をとげることができたら、どんなにすばらしいことであろう。

このための方法論として、ケズィックにはバイブル・リーディングという聖書講解の方法がある。神の言葉としての聖書が、聖霊の導きによって神の言葉として説教され、会衆はそれを人の言葉としてではなく、神の言葉として聞き、それに服従、献身をする。

このようなケズィック・スピリットが全集会にみなぎっていることが望ましい。

そのためには、聖霊による祈りが会場全体を覆い包むように祈らなければならない。

バイブルリーディングに卓越した説教者を求めることは大切である。ケズィックは説教者によって大きく左右される。北海道ケズィックのそもそもの動機は、「何とかして世界的な説教者を迎えたい」という定家師のビジョンの中にあった。

その思いがケズィック・コンベンションにつながり、北海道にも、リース、ダンカン、ブラウンという神の器が届けられ、まことに良い説教をしてくださった。この三人が北海道にケズィックの名をとどろかせ、信用を与え、「これなら安心、大丈夫」という信仰の共通理解をもたらした。

それ故、北海道では、英国ケズィックの説教者にこだわり、それを強く求めてきた。この間に、日本人説教者の成長も目ざましい。ケズィックの霊的祝福にあづかって30年、40年、ケズィックの初代指導者の二代目の説教者が、今やすばらしい神の器になっている。

北海道では、二人とも外人講師では、聞

くのが大変であるということで、一人は必ず日本人講師に入ってもらい、日本語で説教が聞けるようにしてきた。これは今後も続けていきたい。

若者への浸透と次世代への継承についても希望がある。

幸いなことに、札幌にはOMF系の北海道聖書学院があり、そこの神学生の参加が青年たちへの良い刺激になっている。彼らの特別賛美と証しは、若者へのアピールに大きな役割を果している。これが神学生という選ばれた者だけでなく、各教会の青年男女がこぞって参加したら、英国のケンブリッジやオックスフォードの学生がケズィックで恵まれて、海外宣教に召されていったようになるのも夢ではないだろう。

バイブル・リーディングによるケズィックメッセージは、現代の若者にも立派に通用すると確信する。

ケズィックには絶対に犯されてはならない特質がある。それはケズィック・メッセージの純粋性であり、聖書的霊性である。130年以上の歴史を持つ英国ケズィックの流れから発するこの特性が、もし失われるようなことがあれば、それはもはやケズィック・コンベンションではなくなり、他の聖会、修養会と同じようなものになってしまうであろう。

北海道ケズィック・コンベンションが、箱根に次いで全国で二番目に始まったことは、北海道に対する神さまの大きな恵みであり、摂理であったことを思い、深く深く感謝している。

（日本ホーリネス教団 札幌教会牧師）

第13回（1979年）北海道ケズィック・コンベンション
講師のポール・リース、瀬尾 要造と共に（青少年会館にて）

第44回（2010年）北海道ケズィック（プリンスパミールにて）

第34回（2000年）北海道ケズィック講師＆委員（プリンスホテルにて）

第44回（2010年）北海道ケズィック講師＆委員（プリンスパミールにて）

北海道ケズィック・コンベンション年表：講師＆委員長等

回	開催年	講　　　師	委員長	会　　場
1	1965	西村 次郎、C. クラッグ、P. リース、B. ピアス	定家 都志男	定山渓グランドホテル
2	1966	R. オーランド、B. ビアス、P. リース	定家 都志男	定山渓鹿の湯
	1967	開催できず		
	1968	開催できず		
3	1969	河辺 満甕、S. ウッド	定家 都志男	月寒教会
4	1970	榎本 保郎、G. ダンカン	定家 都志男	月寒教会
5	1971	福井 次郎、D. ルーカス	定家 都志男	月寒教会
6	1972	安藤 仲市、チャンドゥ・レイ	定家 都志男	月寒教会
7	1973	A. レッドパス、アロー・スミス	定家 都志男	青少年会館
8	1974	L. サムエル、D. モルケン	定家 都志男	青少年会館
9	1975	榎本 保郎、フィリップ・テン	定家 都志男	青少年会館
10	1976	小出 忍、G. ダンカン	定家 都志男	青少年会館
11	1977	原 登、W. フィルピー	定家 都志男	青少年会館
12	1978	中島 彰、G. ダンカン	定家 都志男	青少年会館
13	1979	瀬尾 要造、P. リース	定家 都志男	青少年会館
14	1980	伊藤 栄一、アロー・スミス	定家 都志男	青少年会館
15	1981	P. リース、K. ウェストン	定家 都志男	青少年会館
16	1982	P. リース、キム・ジュゴン	定家 都志男	青少年会館
17	1983	峯野 龍弘、A. ニーチ	定家 都志男	青少年会館
18	1984	堀内 顕、D. ダンカン	定家 都志男	青少年会館
19	1985	小宮山 林也、D. ルーカス	定家 都志男	青少年会館
20	1986	P. ハッキング、D. キンロー	定家 都志男	厚生年金会館
21	1987	古山 洋右、G. ダンカン	大友 正幸	厚生年金会館
22	1988	G. ダンカン、A. ミッチェル	大友 正幸	厚生年金会館
23	1989	増田 誉雄、A. ニーチ	大友 正幸	厚生年金会館
24	1990	有賀 喜一、R. ブラウン	大友 正幸	厚生年金会館
25	1991	本間 義信、G. ダンカン	大友 正幸	厚生年金会館
26	1992	岸田 馨、K. ウェストン	大友 正幸	厚生年金会館
27	1993	岩井 清、P. ハッキング	大友 正幸	北海道教育会館
28	1994	杉本 勉、R. ブラウン	大友 正幸	北海道教育会館
29	1995	尾花 晃、K. ウェストン	大友 正幸	北海道教育会館
30	1996	黒木 安信、P. ハッキング	大友 正幸	北海道教育会館
31	1997	張田 望、R. ブラウン	久保木 勁	北海道教育会館
32	1998	黒木 安信、R. エイメス	久保木 勁	北海道教育会館
33	1999	岩井 清、R. ブラウン	久保木 勁	北海道教育会館
34	2000	岸田 馨、R. ブラウン	久保木 勁	プリンスホテル
35	2001	峯野 龍弘、D. ビンガム	久保木 勁	プリンスホテル
36	2002	村上 宣道、S. オルフォード	久保木 勁	プリンスパミール館
37	2003	横田 武幸、R. エイメス	久保木 勁	プリンスパミール館
38	2004	磯崎 国和、R. ブラウン	久保木 勁	プリンスパミール館
39	2005	小林 和夫、T. レンドル	久保木 勁	プリンスパミール館
40	2006	峯野 龍弘、R. エイメス	久保木 勁	プリンスパミール館
41	2007	岩本 助成、C. プライス	久保木 勁	プリンスパミール館
42	2008	横田 武幸、J. ラム	久保木 勁	プリンスパミール館
43	2009	村上 宣道、R. エイメス	石井 栄治	プリンスパミール館
44	2010	黒木 安信、T. レンドル	石井 栄治	プリンスパミール館

各地区の歩み

ただキリストを誇る恵み

山崎 忍（九州ケズィック・コンベンション委員長）

　ケズィック・コンベンションでは、どこの会場でも、ガラテヤの信徒への手紙3章28節の御言葉が掲げられます。「そこではもはや、ユダヤ人もギリシア人もなく、奴隷も自由な身分の者もなく、男も女もありません。あなたがたは皆、キリスト・イエスにおいて一つだからです。」実際に掲げられるのは後半の「あなたがたは皆、キリスト・イエスにおいて一つだからです」。の部分ですが。会場でその御言葉を目にするごとに、「今年もケズィックにやってきたなあ」と思わされます。また同時にこの御言葉は、ケズィックがすべての参加者にとって霊的クリニックの場であることを思い起させてくれます。

　日本ケズィック・コンベンションが50年記念を迎える前年、九州ケズィック・コンベンションでは第20回大会が祝福の内に持たれました。これも一重に日本ケズィック・コンベンション委員長の峯野龍弘師、九州ケズィック開始より20回大会まで委員長として立たれた横田武幸師を始め、多くの教職、信徒の方々の祈りと支えによるものです。そして何よりも、ケズィックならではの霊的神の器を通して主御自身が働かれ、参加者を養い続けた証しであります。

　そのような意味で、長年日本ケズィック・コンベンションでもお馴染みで、九州にも以前来られたサムエル・カマレーソン師を第20回大会の主講師としてお迎えし、尊い御言葉を聞き、新たな時代へと踏み出すことができたことは大いなる恵みでした。カマレーソン師は冒頭でこのガラテヤ3章28節の御言葉に触れられ、「わたしたちは、どうすれば、皆、キリスト・イエスにおいて一つとなることができるのでしょうか？ それは、ただキリストを誇ることです」と語られました。もし、特定の神学的な立場を誇ったり、熱心さを誇ったり、道徳的な正しさを誇ったりする時、必ずそこに分裂が起こるからです。

　ケズィック・コンベンションでは、「あなたはクリスチャンですか？」ではなく「あなたはどういうクリスチャンですか？」という問いかけを聞きます。今回それは、「あなたは、ただキリストのみを誇るクリスチャンですか？」という問いかけに聞こえ、私自身もう一度新たな思いで主の御前にひれ伏しました。ただキリストを誇る者が集まる時、皆キリスト・イエスにおいて一つとなることができるのです。こんな素晴ら

しい恵みの中に招いてくれるのがケズィック・コンベンションです。

　さて、九州ケズィック・コンベンションは、今大きな転機を迎えました。これまで霊的リーダーとして九州ケズィック・コンベンション委員長として導いて来られた横田武幸師、副委員長の高野秀男師が、この第20回大会をもって辞任されることになりました。今大会の最後には、委員会として両師の主にあっての愛の労苦に感謝する時を持たせていただきました。後任の委員長には、福岡エルシオン教会牧師である私、山崎忍が、そして副委員長には、熊本ナザレン教会牧師の中出牧夫師が就任しました。

　横田・高野両師には、これからも霊的な支えとしてご指導いただかなければなりませんが、まずはこれまでの愛のご労苦に心から感謝したいと思います。両師は、とにかく祈りの人であられます。勿論、これまで九州ケズィック・コンベンション（以下九州ケズィック）に集われた多くの教職・信徒の方々も祈りによって支えてくださいました。これからも祈りが絶えない時、九州ケズィックの働きも祝福し続けると確信しています。ただキリストを誇る者は、ただひたすら主に祈り求める者でもあります。

　新委員長は、真に欠けの多い者であります。委員の先生を始め多くの方々の祈りと助けに支えられつつ、さらに主の前にひれ伏し、この畏れおおい聖務を全うできるように祈っております。私が今確信をもって申し上げられることは、委員長が変わっても、九州ケズィックが変わるわけではありません。「イエス・キリストは、きのうも今日も、また永遠に変わることのない方です。」第21回大会からの九州ケズィックもこれまでと変わることなく主の豊かな恵みが注がれることを信じ備えていきます。ただキリストを誇る者として共に歩み続けたいと願っています。

九州ケズィック・コンベンション20回の恵み
横田 武幸（九州ケズィック・コンベンション前委員長）

　2010年2月10日（水）～12日（金）、第20回九州ケズィック・コンベンションがセントレジャー城島高原ホテルで開催されました。

　神の恵みと多くの人々の熱いお祈りとご協力をいただいての開催でした。

　講師は、カマレーソン博士、村上宣道師でした。その内容は、九州ケズィック・コンベンション20回記念にふさわしい恵みの集会、神の御言葉の饗宴でした。

　この九州ケズィック・コンベンションのスタートは、1990年九州宣教協力会によって開催された九州伝道会議直後、伝道会議会場の在日大韓キリスト教福岡教会で、九州各県から出席されていた牧師先生方にお集まりいただき、日本ケズィック・コンベンションの30周年記念にケズィック・コンベンションの集会を九州でも開催したい旨を峯野龍弘師からお聞きしました。

　特にケズィック・コンベンションにおけるバイブル・リーディングは高く評価されていたので、多くの賛成と賛同を得まして、1991年2月からスタートすることになりました。第1回九州ケズィック・コンベンションの特別講師はジョージ・ダンカン師、峯

野龍弘師が予定されていました。

会場は色々当たっていました。さらに祈り続けるとき恵み深い主の、不思議な導きをいただき、城島後楽園ホテル社長のご好意もあって、城島・後楽園ホテルの会場として使用することに決定しました。

私の祈りであり心からの願いは、ケズィック・コンベンションを通して九州のキリスト教会、多くの主にある兄弟姉妹が神からの恵みと力を受けて、献身を新たにし、生き生きとした信仰生活と活発な伝道活動を推進することであります。

九州ケズィック・コンベンションの開催に際し、

1、超教派的な協力のもとに委員会が組織できたこと。

2、泊り込みの集会ができる風光明媚な地にある高級リゾートホテルが備えられたこと。

3、ケズィック・コンベンションが、宿泊滞在の上、早天聖会、午前、午後、夜のすべて集会のため借りきりでホテルが使用できることでした。

したがってケズィック・コンベンション期間中、チャペルが早朝から祈りのために開放されていること、最終の集会では聖餐式が行えることは、感動的な主の恵みであります。

4、経済的には、第1回の中央委員会からの支援を感謝し、第2回からは必要が満たされ、経済的に自立を得たことも感謝でした。

5、また九州の諸教会に神の霊的祝福を願って、第1回から宣教師、牧師伝道者、およびご夫人の出席のため一人10,000円のスカラーシップをお出しすることができたことも感謝です。これは九州ケズィック・コンベンションの恵みの特徴の一つです。このためサポートしてくださったケズィック・コンベンションの出席者の皆様の愛のこもった献金を感謝します。

第20回九州ケズィック・コンベンションを開催できたのは、神の恵みと豊かな憐れみのほかの何ものでもありません。主御自身の導き、真実、恵みと助けを覚え、主を賛美します。

「すると彼はわたしに言った、『ゼルバベルに、主がお告げになる言葉はこれです。万軍の主は仰せられる、これは権勢によらず、能力によらず、わたしの霊によるのである』」(ゼカリヤ書4・6口語訳)。

これからもさらに九州ケズィック・コンベンションが、九州の諸教会およびその地で忠実にご奉仕されている牧師、伝道者、宣教師、信徒の兄弟姉妹に恵みの管(くだ)として、さらに主に用いられることをお祈りいたします。

(日本イエス・キリスト教団福岡教会牧師)

私の伝道者としての土台を形作ってくれたケズィックの恵み
横田 法路 (九州ケズィック・コンベンション委員、通訳者)

私の伝道者としての歩みは、ケズィックを通していただいた恵みによって、大きく形作られて来ました。私の父は牧師であり、幼い時から心のどこかで神様のお役に立ちたいという願いを持っていました。17歳の時、私は初めて明確に自分の生涯を神様に献げる決心へと導かれました。しかし、それから後

の約10年間は日々自分の弱さとの葛藤の連続でした。あのパウロがローマ書7章で言っているように、自分でしたいと思うことはできず、自分がしたくないことはやってしまう自分の弱さ、不甲斐なさを徹底的に知らされた10年間でした。神様に仕えたいと思う気持ちはありましたが、果して一生涯全うすることができるのだろうかという大きな不安を抱えていました。自分の決心ほど当てにならないものはないということを、自分がよく知っていました。そのような時に超教派九州聖会に出席しました。午後の集会の終りに献身への招きがなされましたが、私は前に進み出るのをためらいました。なぜなら、いつもと違って、その時の私の心には特別な感動があったわけではなかったからです。ですからここで前に進み出ても時間が経てば冷めてしまい、また元の生活に逆戻りするのではないかというような不安が私の心を支配していました。

　また、献身の願いを持っていながら具体的な一歩を踏み出せないでいる、そのような自分を周囲はどのように見ているのだろうと他人の眼が気になり、恥ずかしさのゆえに招きに応じるのを拒んだのでした。しかしその時に、イエス様が私にこのように語っておられるように思いました。「わたしは十字架にかかってまでもあなたを愛しているのですよ。そのわたしの招きをあなたは拒むことができるのですか」。自分のために十字架にまでかかってくださったお方の招きを、私はやっぱり拒むことはできないと思いました。「ここで立ち上がったとしても、またしばらくしたら元の生活に戻るかもしれない。でもイエス様、この瞬間だけでもあなたに従わせてください」、そう願って私は前に進み出ました。そして自分で変えようとしても変える事ができない、その自分をそのまま神様に差し出し、神様のふところに飛び込むようにして神学校に行くことを決断しました。今振り返ると、私にとってはこの時が本当の意味で主にすべてを明け渡した瞬間でありました。不思議なことに、その時から私とイエス様との関係が変わり、聖書の言葉が今までとは違う生きた神様の言葉として語りかけて来るようになったのです。

　神学校に入る決心はできたものの、将来に対して不安が全く無くなったというわけではありませんでした。そのような中で、私は初めて九州ケズィック・コンベンションに出席しました。その時の講師は英国人のレイモンド・ブラウン先生でした。二晩目の集会で献身の招きに応えて進み出た私を、先生は集会後個人的に導いてくださいました。「聖霊によらなければ、だれも『イエスは主である』と言うことができない」（Ⅰコリント12・3）。当時のクリスチャンたちがこのように告白するということは、迫害を受ける事を覚悟することでした。ですから、そのような信仰の告白はただ聖霊によってのみ可能だったということを、ブラウン先生は語ってくださいました。私の伝道者としての生涯を導いてくださったのも聖霊様であり、それだからこそ、これからの生涯もこのお方に依り頼んでいくことの大切さを先生は教えてくださいました。

　それから6年経った時、私は英国に留学する道が開かれました。ロンドンの空港に降り立った時、迎えに来てくださっていたのがブラウン先生でした。私たち夫婦を家族のように温かく迎え入れてくださり、先生のご自宅で数日間生活を共にすることができました。そこで見たのは、神様から与えられた家族を心から大切にしている神の人の愛の姿でした。ある日、少し離れた所

にいる息子さんから電話がかかって来ました。息子さんは何かのことで悩んでおられたようですが、先生は息子さんの話によく耳を傾けながら、「わが愛する息子よ（my lovely son）、心配しないで！大丈夫だよ！」と何度も励ましておられた姿を忘れる事はできません。

その後、神様の不思議な摂理によって私は九州ケズィックの通訳をするようになりましたが、最初に担当したのがブラウン先生の通訳でした。初めてということでとても緊張していた私を安心させようと、事前に入念な打ち合わせをしてくださり、「私は原稿から離れないから大丈夫だよ」と励ましてくださいました。牧会者として家庭人として、いつも相手の立場や気持ちを思いやってくださる先生の姿に、神様のこまやかな配慮に満ちた愛を見ることができました。

このようにケズィックを通して、私は自分の献身が確かなものとされ、御霊によって歩むという伝道者の生活の土台が据えられました。さらに神様の愛を体現している講師の先生方との出会いを通して、伝道者・牧会者の良きモデルを見出すことができたことは、わたしにとって本当に大きな恵みでありました。すべてを与えてくださった主に感謝いたします。

（日本イエス・キリスト教団福岡教会牧師、関西聖書神学校講師）

九州ケズィック・コンベンションの歴史
第1回（1991年）〜第15回（2005年）

岡田 順一（元・九州ケズィック・コンベンション事務局長）

①九州ケズィック・コンベンションの始まり

1990年1月、当時の日本ケズィック・コンベンションの委員長であった瀬尾 要造先生が、飯塚ナザレン教会の新年聖会の講師を務められました。その折に瀬尾先生は、翌年1991年が日本ケズィック・コンベンションの30周年であること、その記念として九州にもケズィック・コンベンションが開催されることを願い、祈っておられるとのビジョンを話されました。それを聞いた谷 志朗先生（当時飯塚ナザレン教会）、日下部 繁先生（当時鳥栖ナザレン教会）はそれを受け止め、その年の箱根における日本ケズィック・コンベンションに参加され、幻が実現へと動き始めました。今は亡き瀬尾 要造先生の祈りと、そのビジョンを信仰によって受け止められた、お二人の先生に感謝いたします。

1990年8月、当時の日本ケズィック・コンベンション副委員長であった峯野 龍弘先生が、九州ケズィック・コンベンション開催について、具体的な説明のために九州へお出でになりました。飯塚ナザレン教会を会場として説明会が行われ、数名ではありましたが九州の指導的先生方が出席されました。私はこの前年に、淀橋教会による福岡の開拓伝道に遣わされた駆出しの伝道者に過ぎませんでしたが、主任牧師が峯野 龍弘先生でしたのでカバン持ちとして、この会議に参加させていただきました。箱根では毎年恵みにあずかり、福岡派遣後もまさか九州にケズィック・コンベンションが始まるとは夢にも思っておりませんでしたので、この会議に参加させていただいた時

の感動は今でも忘れることが出来ません。
　1990年9月、九州伝道会議が開催され、その直後に実行委員会が組織されました。委員長として横田 武幸先生（油山シャローム教会）、副委員長として磯崎 国和先生（当時熊本ナザレン教会）と柴田 勝正先生（中津扇城教会）、事務局長として谷 志朗先生が選ばれ、九州全県から委員及び協力委員が選ばれました。九州伝道会議後、九州宣教協力会が組織され、横田 武幸先生はその会長にも選出されました。横田先生は、その後20年に渡って委員長として信仰によるリーダーシップによって奉仕されました。真に神様によって良き指導者が与えられたことを心から感謝いたします。
　遂に、1991年1月23日〜25日に第1回九州ケズィック・コンベンションが開催されました。会場は後に事務局長になられた広田 勝正先生（現チャペル・ノア）の御紹介で大分県城島高原にある城島・後楽園ホテルが備えられました。当時のホテルの社長は明治学院大学の御出身でキリスト教に理解があり、大変便宜を計ってくださいました。この会場は今日まで変わらずに用いられています。第1回の講師は、ジョージ・ダンカン先生、本田 弘慈先生、峯野龍弘先生というそうそうたる顔触れでした。特にジョージ・ダンカン先生は、城島・後楽園ホテルを世界一のケズィックの会場だと言われ、喜んでくださいました。第1回の登録参加者は258名、その内教職者が75名参加されました。

②九州ケズィック・コンベンションの恵み
a．講師陣による恵み
　ケズィック・コンベンションの恵みは講師方のメッセージの素晴らしさにあると言って過言ではありません。お一人お一人を取り上げるなら切りがありませんが、特にレイモンド・ブラウン先生は、第2回、第4回、第9回、第10回、第12回、と5回も九州にお出でくださいました。その聖書の理解の深さ、霊的お取り扱いの豊かさ、適切な例話を通してすべての会衆に恵みを届けてくださいました。第2回大会にご奉仕いただいた時、そのメッセージを通して二人の青年が直接伝道献身の決心をしました。その一人は今日、通訳者としてご奉仕くださっている横田 法路先生（油山シャローム教会）です。もう一人は私が牧会していた教会の出身で現在和歌山県で牧師をしている杉本 直子先生です。私は翌年、箱根でレイモンド・ブラウン先生にお会いした時、「あの二人の青年はどうしているでしょうか。私はこの一年、毎日彼らのために祈っていました」と言われました。私は本当に驚き、感動しました。何とこの二人は幸せだろうかと思いました。ケズィックの講師陣は、海外、国内を問わず素晴らしい説教者であり、愛の人であり、祈りの人です。

b．教派を超える恵み
　「皆、キリスト・イエスにおいて一つ」（ガラテヤ3・28）がケズィック全体の標語ですが、九州においても九州の全教会に大会の案内を発送しています。全県に委員、協力委員がおられ、祈り、ご奉仕くださっています。全県から恵みを慕い求めて教派を超えて参加者がおられます。その恵みは献げものにも現されています。最初は何の資金もありませんでしたので、日本ケズィック・コンベンション委員会から30万円の援助金をいただきました。大会において150万円の予約献金、60万円の席上献金のアピールがされました。満たされるかどうか

祈らされました。しかし結果は、予約献金約235万円、席上献金約67万円が献げられたのです。ケズィックの恵みは教派を超えて献げる恵みにも現されました。翌年、すでに援助を受ける必要がありませんでしたが、親心で第4回大会まで10万円の援助金をいただきましたが、それ以後今日まで必要が満され続けています。また、第1回から英国にならって聖餐式をもって大会を閉じ、ケズィック家族の別れを惜しんで散会しています。

c. 危機的状況における恵み

第7回大会（1997年）、海外講師はレイモンド・ブラウン先生でしたが、沖縄大会が終わり福岡へ行くため空港へ向かう車中で、ブラウン先生は急病になられ、九州にお出でになることが出来なくなりました。大会前日のことであり、準備のためホテルに到着してまもなくのショッキングな知らせでした。動揺する心を静めるように祈り会を持ちました。その中で副委員長の磯崎国和先生が、「安心しなさい。わたしだ。恐れることはない」との主のお言葉を読んでくださり「真の講師であるイエス様はすでに到着されています」と言われました。危機的状況の中、主の臨在を肌で感じる祈り会でした。その時の日本人講師は黒木 安信先生、通訳者は増田 誉雄先生でしたが、お二人ともブラウン先生のことは知らずに到着されました。黒木先生に2回の奉仕を3回にしていただきました。増田先生は何の準備もなかったはずでしたが、驚くべきことに説教ノートを持っておられたのです。増田先生も3回のご奉仕をいただき「主の山に備えあり」を実体験いたしました。後に当時、沖縄大会委員長であった高橋 秀夫先生から、その時にブラウン夫人が言われた言葉を聞きました。「ケズィックでは、このような時、『このことから学びなさい。このことは終りではない』という教えがあります」と。これは、九州ケズィックの体験した危機における恵みでした。

第10回（2000年）の記念大会の時、大会前日、猛吹雪となり、講師のレイモンド・ブラウン先生御夫妻、お迎えに行かれた横田委員長御夫妻はホテルに到着出来ず、途中の日本旅館に宿泊されました。私もJAFに助けられて、ようやく夜にホテルにたどり着いたことでした。その前日の悪天候もあってかキャンセルも多く、第10回の記念大会でしたが登録参加者は143名でした。第1回から第9回大会まで、登録参加者数が200名を下回ったことはありませんでした。まず心配しましたのは献金です。例年の6割の参加者で、献金も目標の6割であるとすれば大会の継続にも影響する事態にもなります。しかし、祈りのうちに献金を数えた時、封筒に数万円と共に「九州ケズィックはなくてはならない集会です」と書いて献げられた方がおられ、他にも数万円の献金が何口かありました。その結果、予約献金も席上献金も目標の9割を越えました。ある人は大会後の観光の費用までも献げられました。参加者のお一人お一人が会衆人数を見て、九州ケズィックを愛する心から、その継続を願い献げてくださったのです。この危機的状況の中で、ケズィックを愛する方々の心に触れることが出来ました。

しかしこの状況が続くとなれば大変です。この時、委員長である横田 武幸先生から一つの提案がなされました。それは「委員、協力委員が一堂に会して泊まり込んで祈り会をしよう」とのことでした。大分県湯布院において一泊祈祷会が行われました。そ

こにおける集中したケズィックの祝福を求める祈りは、その後に大いに聖なる影響をもたらしました。第11回158名、第12回183名、第13回238名と参加者が増加に転じたのです。危機的状況の中に横田先生を通して、霊的指導が与えられたことを感謝いたします。

主は、このように様々な危機の中にも御手をのばしてくださいました。それは九州ケズィック・コンベンションが主に愛されていることの証しであると確信し、そこに身を置かせていただいたことを心から感謝いたします。

（ウェスレアン・ホーリネス教団 札幌新生教会牧師）

九州ケズィック・コンベンション
第16回（2006年）〜第20回大会（2010年）

山崎 忍（九州ケズィック・コンベンション委員長）

私が最初に箱根ケズィックに参加したのは、今から14年前のことです。それ以来ケズィックは、私にとっては大切な霊的クリニックの場となりました。2005年3月に教団の人事で、岡田 順一師（現北海道ケズィック事務局長）の後任として福岡の教会に赴任し、翌年2006年2月の第16回大会からは、九州の地でケズィックの恵みに預かり、事務局での奉仕をさせていただきました。

2006年以降の九州ケズィックの海外講師は、アメリカ・カナダからは、デービッド・オルフォード師、テッド・レンドル師、チャールズ・プライス師が、イギリスからは、ロバート・エイメス師でした。2010年には、既に80歳を越えたサムエル・カマレーソン師が、1996年以来14年ぶりにご用してくださいました。通常これらの海外講師に日本人講師が一人招かれますが、韓国よりチョン・ピルド師が四度来日され尊いご奉仕をされたことも九州ケズィックの特徴の一つです。

ケズィックの説教者は、御言葉の解き明かしが卓越していると同時にその人格の豊かさに深い感銘を受けます。私は、2008年度に九州ケズィックの主講師として来られたレンドル先生ご夫妻のことを今でもよく思い出します。ケズィックでは複数のスピーカーが講壇に立ち、導かれたメッセージを通して、御霊が会衆に語りかけます。そのことをよくご存知のレンドル師は、ご自身の尊いご用と同時に、お疲れの中でも、そのとき立てられた日本人講師のメッセージにも同時通訳を通して耳を傾けられました。また集会の間では、心の痛みの中で参加された方へのカウンセリングも積極的にされ、滞在期間の中でご自分の時間を最大限に用いて主のために働かれている姿に心を打たれ神の器の資質を教えられました。

日本人講師としては、峯野 龍弘師、村上 宣道師が過去20年の間に4回、本田 弘慈師が3回、黒木 安信師が2回を始め、毎回立てられた諸講師を通して味わいのある御言葉が語られました。第20回大会まで委員長として尊い労苦を担われた横田 武幸師が、地元から毎回、一つの聖会を担当され尊い御言葉を解き明かされました。

九州ケズィックでは、2007年度より中日の午後の集会の後、幼児祝福の祈りのときを持つようになりました。これは、既に箱根では行われていることでしたが、様々な形で主に用いられている器を通して多くの

子どもたちが祝福の祈りに毎年預かっています。また、最近では、特別賛美が豊かになりました。ゴスペル賛美、フルートの演奏、ギターによる賛美と形式に捉われない自由な賛美も九州ケズィックの特徴であります。これらを通しても主の豊かな恵みにあずかっています。また、九州ケズィック・コンベンションでは、第20回大会にいたるまで毎回最後の集会の後、聖餐式を持ってそれぞれの場へと派遣されていきます。

さて、第20回大会は、一つの大きな転機ともなりました。それは、これまで霊的リーダーとして九州ケズィック・コンベンション委員長として導いておられた横田 武幸師、副委員長の高野 秀男師が、この20回大会をもって辞任されることになり、委員会として両師の主にあっての愛の労苦に感謝する時を最後に持たせていただきました。後任の委員長には、福岡エルシオン教会牧師である山崎 忍が、そして副委員長には、熊本ナザレン教会牧師の中出 牧夫師が就任しました。これは、横田武幸師が祈りの中で、若い世代に引き継ぐように示されたことによって起こったことでした。私自身は恐れ多いことではありましたが、祈りつつその聖務に就くことを決断いたしました。

横田、高野両師には、霊的な支えとして今後もアドバイスをいただかなければならないことも多いと思います。しかし、新委員長が変わっても、イエス・キリストは昨日も今日も、永遠に変わることはありませんので、私自身は未熟で欠けの多い者ですが、主の前に謙り、主の憐れみと助け、皆様のお祈りにより、この任務にお仕えして参りたいと願っておりますので今度ともお祈りください。

(ウェスレアン・ホーリネス教団 福岡エルシオン教会 牧師)

第20回 九州ケズィック・コンベンション大会(2010)
カマレーソン博士と通訳者:横田 法路師

第20回 九州ケズィック・コンベンション大会(2010)

第1回 九州ケズィック・コンベンション(1991)
講師、委員の方々(後列左から)
　村上 潤一、横田 武幸、本田 弘慈、ジョージ・ダンカン、増田 誉雄、
　峯野 龍弘、広田 勝正、仲村 堪、福井 正躬
(前列左から)
　岡田順一、中山 勲、谷 志朗、原 寛、川内研二、太田晴久

九州ケズィック・コンベンション年表：講師＆委員長等

回	開催年	海外講師	日本人講師	委員長	会場
1	1991	ジョージ・ダンカン	峯野 龍弘 本田 弘慈	横田 武幸	城島後楽園ホテル
2	1992	レイモンド・ブラウン	瀬尾 要造 峯野 龍弘	横田 武幸	城島後楽園ホテル
3	1993	キース・ウェストン	本田 弘慈	横田 武幸	城島後楽園ホテル
4	1994	レイモンド・ブラウン	尾花 晃	横田 武幸	城島後楽園ホテル
5	1995	キース・ウェストン	本田 弘慈	横田 武幸	城島後楽園ホテル
6	1996	サムエル・カマレーソン	村上 宣道	横田 武幸	城島後楽園ホテル
7	1997		黒木 安信 増田 誉雄	横田 武幸	城島後楽園ホテル
8	1998	エリック・クライトン	峯野 龍弘	横田 武幸	城島後楽園ホテル
9	1999	レイモンド・ブラウン、 チョン・ピルド		横田 武幸	城島後楽園ホテル
10	2000	レイモンド・ブラウン	杉本 勉	横田 武幸	城島後楽園ホテル
11	2001	デリック・ビンガム	久保木 勁	横田 武幸	城島後楽園ホテル
12	2002	レイモンド・ブラウン	本間 義信	横田 武幸	城島後楽園ホテル
13	2003	テッド・レンドル	村上 宣道	横田 武幸	城島後楽園ホテル
14	2004	デビッド・オルフォード	小林 和夫	横田 武幸	城島後楽園ホテル
15	2005	テッド・レンドル	岡田 信常	横田 武幸	城島後楽園ホテル
16	2006	ロバート・エイメス チョン・ピルド		横田 武幸	城島後楽園ホテル
17	2007	デビッド・オルフォード	村上 宣道	横田 武幸	城島後楽園ホテル
18	2008	テッド・レンドル	黒木 安信	横田 武幸	城島後楽園ホテル
19	2009	チャールズ・プライス チョン・ピルド		横田 武幸	セントレジャー 城島高原ホテル
20	2010	サムエル・カマレーソン	村上 宣道 横田 武幸	横田 武幸	セントレジャー 城島高原ホテル

各地区の歩み

沖縄ケズィック・コンベンションの恵み

齋藤 清次(沖縄ケズィックコンベンション委員長)

OKINAWA

　1993年2月、第1回ケズィック沖縄大会が、那覇ホーリネス教会を会場に開催されました。講師はキース・ウェストン博士と峯野龍弘師が奉仕にあたられました。2010年2月で第18回を迎えました。

　沖縄ケズィックは主の恵みに導かれ、中央委員会のご協力とご指導を頂き、主にある皆様のお祈りに支えられて、小さい歩みながら継続できましたことを心から感謝いたします。

　ケズィック・コンベンションにおいて、キリスト者が主の御言葉を聴くことにより、霊的覚醒と主への献身に導かれ、「主イエス・キリストにあって一つ」であるとの確信に立ち、宣教の使命を果たしたいと願います。沖縄ケズィックのビジョンは、青年層にケズィックスピリットが浸透し、献身者が起こされること、そして、教会の信仰の後継者が育成されることです。さらには、もっと多くの教職やキリスト者の参加を願い、実行委員会ではこれらのために祈っているところです。

沖縄ケズィックの恵み

国吉 守(沖縄ケズィックコンベンション委員)

　「第1回日本ケズィック沖縄大会」が行われたのは、1993年2月のことでした。プロテスタント信仰の流れの中で伝統ある、あのケズィック・コンベンションが遂に沖縄に上陸したかと感謝の思いでした。
　その後、第2回、3回と沖縄では毎年2月にはケズィックの月として恒例の大会が守られて、今年は第18回ケズィック・コンベンションを迎えたのです。

　これまでの沖縄ケズィックで主が用いられた講師の先生方も、第一回大会のキース・ウェストン博士と峯野龍弘師をはじめ、レイモンド・ブラウン博士、サムエル・T.カマレーソン博士、エリック・クライトン博士、ロバート・エイメス博士、デビット・オルフォード博士、テッド・レンドル博士夫妻、チャールズ・プライス博士等多くの聖霊の器でありました。通訳をされた増田誉雄師、藤巻充師、具志堅聖師の三人の先生方の聖霊による名

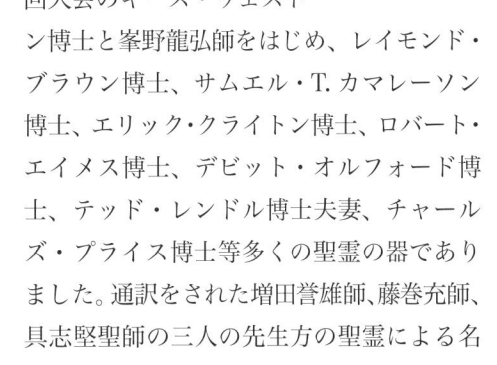

コンビは通訳を感じさせないほどでした。

主に選ばれた、これらの現代の代表的な説教者を通して語られたバイブル・リーディングの数々の恵みは一口に評価することはできませんが、御言葉の力強さと奥義を聴衆の心に深く刻みつける主のご臨在の集いでした。

超教派の活動が多い沖縄ですが、ケズィック・コンベンションは心を静め、静かに御言葉に傾聴して、聖霊の取り扱いを受ける悔い改めの時であり、驚くばかりの恵みの時であります。

主の十字架の血による全き聖めと、主の語られた御言葉によって、すでに聖められているとの主御自身の宣告、そして、聖霊による聖めのうちに御言葉に仕えるという勿体ない特権の恩寵を新たに感謝する出発となるのです。

キリストの福音は罪人を悔い改めに導いて、新しく造り変えて主の証し人として用いるという奇跡の御業です。この出来事は二千年前も、今も、これからも変わることはありません。ケズィックの恵みは、福音のこの原点を時代を超えて、常に私たちに示しております。

第50回目の節目を迎えられた日本ケズィック全体の上に、また各地のケズィック大会の上に、主の御祝福がいよいよ豊かにありますようお祈り致します。

（那覇バプテスト教会牧師）

沖縄ケズィック・コンベンションの歴史とこれからの展望
佐久眞 武三（沖縄ケズィック・コンベンション事務局長）

沖縄ケズィックの始まりと現在まで

沖縄ケズィックの始まりは、1992年初夏に日本ケズィック・コンベンション委員長の峯野龍弘師が沖縄にご来県されて、高橋秀夫師（那覇ホーリネス教会）と齋藤清次師（那覇ナザレン教会）のお三方がビザハウス（浦添市内）にて、「沖縄ケズィックの開催」について初めて会合が持たれた。そんな中で、委員長の峯野先生より、沖縄で「ケズィック」を開催できないかと両師に相談を持ちかけられた。

この会合の結果として、次年度（1993年）から「沖縄ケズィック」を開催する運びとなった。開催へと導かれたのも、日本ケズィック中央委員の諸先生方と主にある全国の多くの諸兄姉の篤き祈りが注がれていたからだと思う。

1. 沖縄ケズィック・コンベンションの講師陣営（第1回〜第18回）

第1回沖縄ケズィック・コンベンションは、1993年2月6日〜7日まで、那覇ホーリネス教会（那覇市）を会場に開催された。講師は英国よりキース・ウェストン博士と日本人講師は峯野龍弘師（日本ケズィック・コンベンション委員長）。通訳は増田誉雄師（経堂めぐみ教会）。また、初代の沖縄ケズィック委員長は高橋秀夫師（那覇ホーリネス教会）が務められた（2004年まで）。高橋秀夫師は召天されるまでの12年間、沖縄ケズィックのために、最後まで重責を担われ、本当に忠実に主にお仕えされた。

2代目の委員長には2005年から今日

(2010年）まで、齋藤清次師（那覇ナザレン教会）が務めておられる。

第2回（1994年）：英国より、レイモンド・ブラウン博士と日本人講師に峯野龍弘師（日本ケズィック・コンベンション委員長）

第3回（1995年）：英国より、キース・ウェストン博士と日本人講師に横田武幸師（九州ケズィック・コンベンション委員長）

第4回（1996年）：インド出身のサムエル・T. カマレーソン博士と日本人講師に増田誉雄師（経堂めぐみ教会）

第5回（1997年）：英国より、レイモンド・ブラウン博士。

第6回（1998年）：米国より、エリック・G. クライトン博士。

第7回（1999年）：英国より、レイモンド・ブラウン博士。

第8回（2000年）：英国より、レイモンド・ブラウン博士。

第9回（2001年）：英国より、デリック・ビンガム博士。

第10回（2002年）：英国より、レイモンド・ブラウン博士。

第11回（2003年）：米国より、テッド・レンドル博士ご夫妻。（ヘスター・レンドル女史）

第12回（2004年）：米国より、デビット・オルフォード博士。

第13回（2005年）：米国より、テッド・レンドル博士。女性大会講師：（ヘスター・レンドル女史）

第14回（2006年）：英国より、ロバート・エイメス博士。女性大会講師：(エリザヘス・エイメス女史)

第15回（2007年）：米国より、デビット・オルフォード博士。女性大会講師：ヘザー・オルフォード女史

第16回（2008年）：米国より、テッド・レンドル博士。女性大会講師：（ヘスター・レンドル女史）

第17回（2009年）：カナダより、チヤールズ・プライス博士。女性大会の講師も務められた。

第18回（2010年）：インド出身のサムエル・T・カマレーソン博士。女性大会の講師も務められた。

2．沖縄ケズィックの歴代通訳者

第1回（1993年）〜第4回（1996年）：増田誉雄師（経堂めぐみ教会）。

第5回（1997年）〜第8回（2000年）：藤巻 充師（横浜ホーリネス教会）。

第9回（2001年）〜第18回（2010年）：具志堅 聖師（日本福音同盟総主事）。

3．沖縄ケズィック女性大会

第1回の女性大会は2005年からスタートし、今年（2010年）で第6回目を迎えた。
第1回講師：米国のヘスター・レンドル女史。列王記下6章より、「失われた斧の頭の回復」について。

第2回：英国のエリザベス・エイメス女史。「私たちの救いの喜び」について。

第3回：米国のヘザー・オルフォード女史。「全き心で生きる」について。

第4回：第1回講師のヘスター・レンドル女史。
ヨハネ福音書1章より「シモンからケパへ：キリスト者の霊的成長」。

第5回：カナダのチャールズ・プライス博士。ピリピ4章から「すべての状況に対処する秘訣」。

第6回：インドのサムエル・T・カマレーソン博士。ヨハネ福音書4章から「永遠の

命に至る泉」。

女性大会のまとめ役として、初回（2005）から今年（2010）まで、新垣優子師（西原シオン教会）が務めておられる。

女性大会も回を追う毎に、超教派の教会にも浸透してきて、少しずつではあるが定着してきている。

4. 沖縄ケズィックの財政面

沖縄ケズィックは第 1 回大会から今日まで、中央委員会から惜しみないご協力と財的援助を受けて、

支えられ、感謝である。まだまだ経済的には乏しいのが現状ではあるが、願わくは、もっと財政面においても自立して行かなければならないと思う。今後、できれば沖縄ケズィックは負担金も増額できるように励み、また地区ケズィックへの援助もできるまでに成長したいと願う。

これらを実現するためには、もっと各教会への地道な働きかけ、またケズィックへの誘致をして行く必要がある。何よりも大事な事は、「ケズィック」に対する理解が得られるよう、努めることだと思う。

5. 沖縄ケズィック・コンベンションのビジョン

1）「箱根ケズィック」のような静かな場所を求めて

ケズィックのスピリットは、やはりバイブル・リーディングである。講師の良いメッセージを聴くためには、身も心も魂も整えられていかなければならない。市内にある会場は、便利で集まりやすいが、もっと自然環境にも恵まれ、ゆっくりと主の御前に静まることが願われる。

2）沖縄でも「青年ゼミ」のような集会ができたら

昨年の沖縄ケズィックの出席者は、最終日で 199 名の参加者があった。この 18 年間の中では、一番多かった。しかし、若い青少年の姿は僅かだった。ケズィックに若者たちを導くためには、魅力あるプログラムを準備する必要があるのではないか。

（例えば、聖書の正しい結婚・恋愛などについて、職場や学校でのクリスチャンとして、等）

3）沖縄ケズィックから「献身者」が起こされるよう

このケズィックを通して、多くの方々が主の取り扱いを受け、恵みの高き峰まで引き上げられ、祝福の器となって、教会に仕える人たちも確かに起こされている。

しかし、まだ沖縄ケズィックでのこの 18 年間の中で、フルタイムでの「直接献身者」、（伝道者、牧師、宣教師の決心者）は、起こされていない。このケズィックを通して「献身者」が起こされるよう、さらに祈らねばならない。

（ウェスレン・ホーリネス教団 沖縄第一聖潔教会牧師）

第18回（2010）沖縄ケズィック（那覇ナザレン教会にて）

第14回（2006）
沖縄ケズィック
（那覇ナザレン教会にて）
ロバート・エイメス博士夫妻、
斎藤 清次委員長と共に。

第17回（2009）沖縄ケズィック
（那覇ナザレン教会にて）

第18回（2010）沖縄ケズィック
（那覇ナザレン教会にて）

沖縄ケズィック写真

沖縄ケズィック・コンベンション年表：講師＆委員長等

回	開催年	講師	委員長	会場
1	1993	キース・ウェストン、峯野 龍弘	高橋 秀夫	那覇ホーリネス教会
2	1994	レイモンド・ブラウン、峯野 龍弘	高橋 秀夫	那覇ホーリネス教会
3	1995	キース・ウエストン、横田武幸	高橋 秀夫	那覇ホーリネス教会
4	1996	サムエル・カマレーソン、増田 誉雄	高橋 秀夫	那覇ホーリネス教会
5	1997	レイモンド・ブラウン	高橋 秀夫	那覇ホーリネス教会
6	1998	エリック・G.クライトン	高橋 秀夫	那覇バプテスト教会
7	1999	レイモンド・ブラウン	高橋 秀夫	那覇バプテスト教会
8	2000	レイモンド・ブラウン	高橋 秀夫	那覇ナザレン教会
9	2001	デリック・ビンガム	高橋 秀夫	那覇ナザレン教会
10	2002	レイモンド・ブラウン	高橋 秀夫	那覇ナザレン教会
11	2003	テッド・レンドル、ヘスター女史	高橋 秀夫	那覇ナザレン教会
12	2004	デビット・オルフォード	高橋 秀夫	那覇ナザレン教会
13	2005	テッド・レンドル、ヘスター女史	斎藤 清次	那覇ナザレン教会
14	2006	ロバート・エイメス、エイメス女史	斎藤 清次	那覇ナザレン教会
15	2007	デビット・オルフォード、ヘザー女史	斎藤 清次	那覇ナザレン教会
16	2008	テッド・レンドル、ヘスター女史	斎藤 清次	那覇ナザレン教会
17	2009	チャールズ・プライス	斎藤 清次	那覇ナザレン教会
18	2010	サムエル・T・カマレーソン	斎藤 清次	那覇ナザレン教会

＊名称について：「日本ケズィック・コンベンション沖縄大会」（1993年）から、2007年より「沖縄ケズィック・コンベンション」へ名称変更

各地区の歩み

東北ケズィック・コンベンション開催に至る経緯と祈り

小助川 次雄（東北ケズィック会長）

TOHOKU

　2007年2月に、第1回東北ケズィック・コンベンションが、仙台市にて開催されました。「ようやく来てくれた」というのが、そのときの思いでした。このとき、「みちのく東北にも、ケズィックの泉湧く」という静かな感動を共有し、主に感謝をささげたことでした。

　以下に、ご要請に応じ、「開催に至る経緯と祈り」について記させていただきます。

　ケズィック・コンベンションを開催するということにおいては、私は新参者ですので、このような記事を担当するにはふさわしくないのではないかと懸念しつつも、今の立場上の責任と思い、不十分かもしれませんが、記すことにいたします。

1．開催に至る祈り

　開催に至る祈りは、おそらく、第1回の箱根大会の頃からなされていたのだと思います。最初の推進者たち、関係者たちそして参加者たちが、このコンベンションが全国に展開されるように祈られたに違いありません。そういう中で、東北でも開催されるように密かに祈られた方たちがおられたと思います。

　たとえば、2007年1月のニューズ・レターには、村上宣道師が次のように記しておられます。「ケズィックが始まった最初から、父（牧師）は生前、青森から新幹線もなかったその当時、遠距離をものともせず、この恵みを慕って必ず箱根まで、それほどまでにケズィックは魅力あるのです」。

　ほかにも、このような先輩の諸師、諸兄姉が起こされ、何年にもわたって祈っておられたに違いないと思います。そのことをまず、確認しておきます。

2．開催の動き

　実際に東北で開催の動きがあったのは、2006年6月26日に、中央委員会の委員長峯野龍弘先生をお迎えして、東北ケズィック誘致準備懇願会が開かれたことからです。この後、毎月このための委員会を開きました。そして、実行委員長には行川孝夫師、会長には小助川が推薦されました。同年12月5日には、東北6県と新潟県の約700の教会へ案内、ポスター、チラシ等を発送いたしました。

　峯野龍弘先生はじめ、中央の委員会のご指導とご配慮をいただき、なんとか2007年2月の第1回東北ケズィックの開催にいたりました。本当に感謝いたしております。

さらに、他の先輩諸地域のコンベンションのお祈りとお励ましにも感謝いたします。

3．これまでの集会の内容
これまでの集会の内容を簡潔に記しておきます。
（回　　日時　　会場　　主な講師の順）
第1回　2007.2.11〜13
　　　　みやぎ婦人会館
　　　　D. オルフォード博士　　峯野龍弘師
　　　　H. オルフォード女史　　村上宣道師
第2回　2008.2.10〜12
　　　　茂庭荘
　　　　T. レンドル博士　　黒木安信師
　　　　H. レンドル女史
第3回　2009.2.10〜12
　　　　仙台青葉荘教会
　　　　R. エイメス博士　　岡田信常師
　　　　E. エイメス女史
第4回　2010.2.10〜12
　　　　茂庭荘
　　　　T. レンドル博士　　岩本助成師
　　　　H. レンドル女史

主が各説教者を豊かに祝福してくださり、本当に幸いな聖会を持たせていただきましたことを感謝しております。

4．このコンベンション継続の願い
上記1〜3までには、やや事務的な要約を記しました。大切なことは、継続の意義だと思います。ここに証しを兼ねて、少しだけ書かせていただきます。

いろいろな聖会や研修会が各地で持たれています。それぞれに目的や意義があり、祝福もあると信じます。その中で、ケズィック・コンベンションには、やはり特色と意義と祝福があると感謝しております。

「みな、キリストにあって一つ」、「個人的、実際的、聖書的ホーリネス」、「聖なる生涯を慕い求めて」など、いろいろな標題的表現は、いずれも私個人にとって必要なものであり、追求せざるを得ないものです。それゆえに、ケズィックの『説教集』に魅せられて読むようになりました。しかし、いろいろな事情があり、コンベンションには出席できておりませんでした。

日本各地で次々に開催されて行くのを見聞きしながら、どうして東北（仙台）には来てくれないのだろうかと勝手に羨望の思いでおりました。しかし、やはり背後に祈りがあったのだと思います。神様は4年前に、中央委員会を通して、東北ケズィック・コンベンションを導いてくださいました。仙台市を中心に、重荷をもっておられた先生方が、主のお導きを受け止めて実行委員会を組織してくださり、実現にいたりました。

第1回のコンベンションの際に、地方から来られたある教職のご夫妻が、仙台の地で行なわれたゆえに参加できたことを本当に喜んでおられたのを見て、主を崇めました。

ほかにも多くの聖会があります。もう一つの集会を加えることにどれだけの意味があるのだろうかという考えもあるようです。もちろん、お互いに独断的であったり、比較・競争的なものではないはずです。一つの集会ですべてを満たすことは不可能でしょう。聖書にも賜物の多様性とそれへの対応を多く教えていることからも分かります。それぞれの特色と意義を持っており、互いに補充的意味もあるのではないでしょうか。

東北ケズィックのしおりには、次のように基本が紹介されています。

ケズィック・コンベンションは、聖書の説き明かしによって、クリスチャンが霊的に強められ、新しくされ、神の御旨に生きる者となるために開かれるのです。（筆者注：このことは、他の全ての集会も同じでしょう）。その中心はバイブル・リーディングと呼ばれる聖書からの説教にあります。……キリスト者は、「あなたはどういう種類のクリスチャンであるか」が問われます。そして、キリスト者の罪とその解決、全き明け渡しと聖め、聖霊による満たし、そして宣教の派遣へと導かれます。……」

私たちはまだ4年目ですので、あえてケズィックの基本的特徴をここに復誦させていただきました。そして、ここに備えられている主の恵みに、そのつど、新しくあずからせていただき、「キリスト・イエスにあって聖なるものとされ」ている特権と幸いの証人として歩ませていただきたいと願い、祈るものです。なお、現在は島隆三師が委員長です。
（日本ルーテル同胞教団　シオンの丘秋田キリスト教会牧師）

東北ケズィックのビジョン
島 隆三（東北ケズィック委員長）

東北の地より

　東北ケズィック・コンベンションも2011年にはようやく第5回を開催しようとしています。まだ独り立ちというところまで行きませんが、徐々に軌道に乗りつつあります。長い間、全国の先輩コンベンションの諸師、諸兄姉に祈られ期待されて誕生した末子ですが、主にあってはダビデになる可能性もあるでしょう。これからどのように成長していくか、なお祈りつつ見守って頂きたいと存じます。

　私個人としては、長年箱根におけるコンベンションで恵まれ育てられてきました。自分の拙い伝道者としての歩みが、日本におけるケズィック・コンベンションの歩みと重なります。特に1970年代のコンベンションは強く印象に残っています。小涌園の大広間に千人を超える兄姉が一同に会して、熱心な祈りと賛美に包まれ、パウロ・リース師やジョージ・ダンカン師等の格調高いバイブル・リーディングや説教を聴きました。これは、日本の教会の霊的なレベルを示す一つのしるしであったということもできるでしょう。特に、参加者がかなり広範囲な教派的背景を持つ方々だったという印象が深く残っています。ケズィックは様々な教派の方々との出会いの場でもありました。

　今日は全国に枝分かれして開かれるようになり、トータルで数えれば参加者は増えているでしょうが、教派的には狭まっているのではないでしょうか。特に私たちの日本基督教団の参加者が減少していることが気になります。しかし、私たちの教団について言えば、2010年10月には東京神学大学と東北・奥羽の教会、教師たちがタイアップして伝道協議会を開きました。そこで語られた講演や発題は伝道のスピリットに満ちており、霊的な渇望も強くなっていることを感じました。かつて教団の教師、信徒たちが沢山ケズィックに参加して恵まれた

ように、今日の教団の若い教師・信徒たちも霊的に養われる必要があります。霊的に高められ整えられて、伝道における協力もより強固なものとなるでしょう。

ここ仙台では20回を超える宮城聖化大会が開かれ、また最近では仙台圏宣教協力会も生まれて超教派の伝道もなされておりますが、いずれも参加教会は多いとは言えません。限られた数の教会と牧師たちが、教派・教会の壁を越えて共に伝道し、また聖会を開いております。私はまだこの地には新参者ですが、当地での超教派運動の難しさも感じております。

ケズィックのモットーは、All one in Christ Jesus ですから、ケズィックがここ東北の地においても、諸教会が主にあって一つとなる超教派のシンボルになって欲しいと強く願わされております。東北の地のために、なおお祈りください。

（日本基督教団 仙台青葉荘教会牧師）

東北ケズィックのビジョン
大友 幸一（東北ケズィック副委員長）

2007年2月より始まった東北大会は2011年2月で5回目となります。東北という地域に根ざしたケズィックとなるよう期待しつつ、3つのビジョンを掲げたいと思います。

① 東北全県をターゲットにしたケズィック

現在東北6県ならびに新潟を含めた約600か所のプロテスタント諸教会に案内を郵送しています。ところが参加者は山形県、宮城県がほとんどですので、何らかの対策が必要かと思われます。そこで、準備委員の先生方が各県の牧師会や信徒大会等に出向いてアピールする必要があるのではないかと思われます。また、来たくても経済的に難しくて来られない方々の費用援助や遠方からの参加者のための交通費補助等財政面での援助ができたらよいのではないかと思っています。

② 若者たちや子どもたちが参加するケズィック

現在、2泊3日のプログラムには「子ども祝福式」が入っています。その子どもたちはどちらかというと親に連れられてきた子どもたちで、数はそう多くはありません。教会の高齢化、日本宣教の未来を考えた時に、子どもたちという視点に注目しなければなりません。東北の田舎での宣教はとても困難です。何十年経っても自立できないでいる教会がいくつもあります。だからこそ次世代をも含めた長期的な宣教プランを持つ必要があります。それでケズィックが子どもたちに信仰をバトンタッチする機会になったらよいのではないかと思います。小さな子どもたちのための集い、青年のための集いが現状のプログラムに並行して行なわれる人材豊かな東北ケズィックになるよう願っています。

③ 宣教的性格を持ったケズィック

キリスト者の成熟を目指した集まりがケズィックですが、日本の宣教状況、特に東北地方の現状を眺めた時、教会形成におい

て伝道を最優先させなければならないことは誰の目にも明らかです。キリスト者の成熟は人格に現われ、当然、伝道の実を結ばなければなりません。東北ケズィック・コンベンション規約の第3条（目的）③「キリスト者が、霊的覚醒ならびに信仰の深化にあずかり、主イエス・キリストにあって一つであるとの確信に立ち、主にある堅固な交わりのうちに、宣教と教会形成のために祈り、献身することを目的とする」とあります。東北地方の田舎で宣教の最前線で労苦している牧師や信徒の証しや宣教のネットワーク作り、宣教献身のチャレンジが与えられる宣教的熱気のあふれるケズィックになるよう祈っています。

（保守バプテスト同盟 塩釜聖書バプテスト教会牧師）

東北ケズィック・コンベンション年表：講師＆委員長等

回	開催年	講　　師	会　長	委員長	会　場
1	2007	デイビッド・オルフォード博士、ヘザー女史、峯野 龍弘師、村上 宣道師	小助川 次雄師	行川 孝夫師	みやぎ婦人会館
2	2008	テッド・レンドル博士 ヘスター女史、黒木 安信師	小助川 次雄師	行川 孝夫師	茂庭荘
3	2009	ロバート・エイメス博士 エリザベス師、岡田 信常師	小助川 次雄師	行川 孝夫師	仙台青葉荘教会
4	2010	テッド・レンドル博士 ヘスター女史、岩本 助成師	小助川 次雄師	島 隆三師	茂庭荘

第3回（2009）東北ケズィック・コンベンション（仙台青葉荘教会にて）

第1回（2007）東北ケズィック・コンベンション（みやぎ婦人会館にて）

第4回（2010）
東北ケズィック・コンベンション
（茂庭荘にて）

記録

歴代委員長、副委員長、書記一覧表
第1回〜第49回説教＆DVD収録一覧表

歴代の委員長等の一覧表。
日本におけるケズィック・コンベンション50年の歴史の中でなされた、
聖会、バイブル・リーディング、早天礼拝等でなされた説教一覧表。
（DVDに収録されている説教は●印で表示）

中央委員会：歴代委員長等一覧表

回	年	委員長	副委員長	書記
1	1962	金井為一郎	車田 秋次、小原 十三司	藤田 昌直、木田 愛信
2	63	〃	車田 秋次、小原 十三司	藤田 昌直、木田 愛信
3	64	なし	車田 秋次、小原 十三司	藤田 昌直、木田 愛信
4	65	武藤 健	車田 秋次、小原 十三司	藤田 昌直、木田 愛信
5	66	武藤 健	車田 秋次、都田 恒太郎	藤田 昌直、木田 愛信
6	67	武藤 健	車田 秋次、都田 恒太郎	藤田 昌直、木田 愛信
7	68	武藤 健	車田 秋次、都田 恒太郎	藤田 昌直、木田 愛信
8	69	武藤 健	車田 秋次、都田 恒太郎	藤田 昌直、木田 愛信
9	1970	武藤 健	車田 秋次、都田 恒太郎	藤田 昌直、木田 愛信
10	71	武藤 健	車田 秋次、都田 恒太郎	藤田 昌直、木田 愛信
11	72	都田 恒太郎	藤田 昌直	木田 愛信、瀬尾 要造
12	73	都田 恒太郎	藤田 昌直	木田 愛信、瀬尾 要造
13	74	都田 恒太郎	藤田 昌直	木田 愛信、瀬尾 要造
14	75	都田 恒太郎	藤田 昌直	木田 愛信、瀬尾 要造
15	76	都田 恒太郎	藤田 昌直	木田 愛信、瀬尾 要造
16	77	都田 恒太郎	藤田 昌直	瀬尾 要造
17	78	都田 恒太郎	藤田 昌直	瀬尾 要造
18	79	都田 恒太郎	小出 忍、瀬尾 要造	尾花 晃、増田 誉雄
19	1980	都田 恒太郎	小出 忍、瀬尾 要造	尾花 晃、増田 誉雄
20	81	都田 恒太郎	小出 忍、瀬尾 要造	尾花 晃、増田 誉雄
21	82	都田 恒太郎	小出 忍、瀬尾 要造	尾花 晃、増田 誉雄
22	83	都田 恒太郎	小出 忍、瀬尾 要造	尾花 晃、増田 誉雄

回	年	委員長	副委員長	書記
23	84	小出 忍	瀬尾 要造、尾花 晃	尾花 晃、増田 誉雄
24	85	小出 忍	瀬尾 要造、尾花 晃	尾花 晃、増田 誉雄
25	86	小出 忍	瀬尾 要造、尾花 晃	尾花 晃、増田 誉雄
26	87	小出 忍	瀬尾 要造、尾花 晃	尾花 晃、増田 誉雄
27	88	小出 忍	瀬尾 要造、尾花 晃	尾花 晃、増田 誉雄
28	89	瀬尾 要造	尾花 晃、峯野 龍弘	本間 義信、増田 誉雄
29	1990	瀬尾 要造	尾花 晃、峯野 龍弘	本間 義信、増田 誉雄
30	91	瀬尾 要造	尾花 晃、峯野 龍弘	本間 義信、増田 誉雄
31	92	瀬尾 要造	尾花 晃、峯野 龍弘	本間 義信、増田 誉雄
32	93	瀬尾 要造	尾花 晃、峯野 龍弘	本間 義信、増田 誉雄

東京委員会（1994年に改組）※　　　中央委員会（1994年に改組）※

回	年	委員長	副委員長	書記	委員長	副委員長	書記
33	94	尾花 晃	峯野 龍弘、増田 誉雄	本間 義信	尾花 晃	中嶋 彰、峯野 龍弘	横田 武幸
34	95	尾花 晃	峯野 龍弘、増田 誉雄	本間 義信	尾花 晃	中嶋 彰、峯野 龍弘	横田 武幸
35	96	尾花 晃	峯野 龍弘、増田 誉雄	本間 義信	尾花 晃	峯野 龍弘、横田 武幸	岡田 信常
36	97	尾花 晃	峯野 龍弘、増田 誉雄	本間 義信	尾花 晃	峯野 龍弘、横田 武幸	岡田 信常
37	98	尾花 晃	峯野 龍弘、増田 誉雄	本間 義信	峯野 龍弘	横田 武幸、武田 二郎	久保木 勁
38	99	峯野 龍弘	増田 誉雄、村上 宣道	本間 義信	峯野 龍弘	横田 武幸、武田 二郎	久保木 勁
39	2000	峯野 龍弘	増田 誉雄、村上 宣道	本間 義信	峯野 龍弘	横田 武幸、武田 二郎	久保木 勁
40	2001	峯野 龍弘	増田 誉雄、村上 宣道	本間 義信	峯野 龍弘	横田 武幸、武田 二郎	久保木 勁
41	2002	峯野 龍弘	増田 誉雄、村上 宣道	本間 義信	峯野 龍弘	横田 武幸	久保木 勁
42	2003	峯野 龍弘	増田 誉雄、村上 宣道	本間 義信	峯野 龍弘	横田 武幸	久保木 勁
43	2004	峯野 龍弘	増田 誉雄、村上 宣道	本間 義信	峯野 龍弘	横田 武幸	久保木 勁
44	2005	峯野 龍弘	増田 誉雄、村上 宣道	本間 義信	峯野 龍弘	横田 武幸、村上 宣道	久保木 勁
45	2006	峯野 龍弘	増田 誉雄、村上 宣道	本間 義信	峯野 龍弘	横田 武幸、村上 宣道	久保木 勁
46	2007	峯野 龍弘	増田 誉雄、村上 宣道	本間 義信	峯野 龍弘	横田 武幸、村上 宣道	久保木 勁
47	2008	峯野 龍弘	増田 誉雄、村上 宣道	本間 義信	峯野 龍弘	横田 武幸、村上 宣道	石井 栄治
48	2009	峯野 龍弘	増田 誉雄、村上 宣道	本間 義信	峯野 龍弘	横田 武幸、村上 宣道	石井 栄治
49	2010	峯野 龍弘	増田 誉雄、村上 宣道	本間 義信	峯野 龍弘	村上 宣道	石井 栄治

※改正により、中央委員会の働きを東京委員会へ。全国の代表者委員会を中央委員会とする。

第1回～第49回：聖会／バイブル・リーディング／開会・早天礼拝等一覧表

●=DVDに収録されている説教。音源は、MP3方式。　B・R=バイブル・リーディングの略

回	年月日	DVD		説教者	題名	聖書箇所	号
1	1962						
	3/20	●	開会礼拝	パウロ・リース	祝福の場	創世記32・9～12、22～31	1
		●	聖会（夜）	ボブ・ピアス			
	3/21		早天祈祷会	車田 秋次			
			聖会（午前）	クリスティー・ウィルソン	皆、キリストにあって一つ	ガラテヤ3・28	1
		●	〃	パウロ・リース	燃えるしば	出エジプト記3・1～14	2
			聖会（午後）	クリスティー・ウィルソン	主の内在	黙示録3・20	
			〃	パウロ・リース	イザヤの見た異象	イザヤ書6・1～12	3
			聖会（夜）	ボブ・ピアス			
	3/22		早天祈祷会	金井 為一郎	聖霊の火	ルカ12・50	1
			聖会（午前）	クリスティー・ウィルソン	生命の水	ヨハネ4・13～14	3
		●	聖会（午後）	パウロ・リース	バルナバ	使徒11・19～26	44
			聖会（夜）	ボブ・ピアス			
	3/23		早天祈祷会	小原 十三司			
			聖会（午前）	パウロ・リース	ステパノ	使徒6、7	4
			〃	クリスティー・ウィルソン			
2	1963						5
	2/26	●	開会礼拝	ジョージ・ダンカン	たましいの渇き		
		●	聖会（夜）	パウロ・リース	井戸の水よ湧きあがれ	民数記21・16～18	5
	2/27		早天祈祷会	車田 秋次		ヨハネ14・12～17	
		●	B・R	パウロ・リース	光の子　1	エペソ5・7～8	6
			聖会（午後）	ジョージ・ダンカン	聖霊の事実	ヨハネ16・7～11、14・12、16～17	6
		●	聖会（夜）	パウロ・リース	キリストの弟子	ルカ6・40～49	
			〃	ジョージ・ダンカン			
	2/28		早天祈祷会	小島 伊助		エペソ4・14～21	
			B・R	パウロ・リース	光の子　2	エペソ5・7～8	7
		●	聖会（午後）	ジョージ・ダンカン	舌を見せよ	ヤコブ3・1～12	7
			聖会（夜）	ジョージ・ダンカン	困難・発見・頌栄	IIコリント12・7～10	8
	3/1		早天祈祷会	小原 十三司			
			B・R	パウロ・リース	光の子　3	エペソ5・8	8
3	1964						
	2/25	●	開会礼拝	アラン・レッドパス	リバイバルへの道	イザヤ書44・1～8	9
		●	聖会（夜）	ボブ・ピアス	まことに試みられる時	ヨハネ15・12～17	11
	2/26		早天祈祷会	小原 十三司		ハバクク書2・4	
		●	B・R	パウロ・リース	コロサイ人への手紙講解　1	コロサイ1	9
			聖会（午後）	ボブ・ピアス	忠実な僕	マタイ25・14～30	12
			聖会（夜）	アラン・レッドパス	なおりたいのか	ヨハネ5・1～9	10
	2/27		早天祈祷会	車田 秋次		列王紀上18・25、36～40、ヤコブ5・16～18	
			B・R	パウロ・リース	コロサイ人への手紙講解　2	コロサイ	10
			聖会（午後）	ボブ・ピアス	罪とその解決	イザヤ書59・1～2	10
		●	聖会（夜）	アラン・レッドパス	勝利の生活	エペソ5・15～21	12
	2/28		早天祈祷会	藤田 昌直		コロサイ1・27～28、ローマ8・8～11	
		●	B・R	パウロ・リース	コロサイ人への手紙講解　3	コロサイ	11
4	1965						
	2/23		開会礼拝	ハーバート・クラッグ	罪悪のおよぼす害悪	イザヤ書53・1～6	13
		●	聖会（夜）	パウロ・リース	欠乏せるキリスト者と惜しみなく与え給う主	ヤコブ1・1～8	13
	2/24		早天祈祷会	車田 秋次		イザヤ書63・11～64・4	
		●	B・R	パウロ・リース	まことの信仰と偽りの信仰	ヤコブ2・14～26	14
			聖会（午後）	ハーバート・クラッグ	信者のうちにある罪の解決	ローマ6・14	15
		●	聖会（夜）	アロースミス	神の人と神の言葉	エレミヤ書1・1～13、5・14、1・16、20・7～9	14
	2/25		早天祈祷会	本田 弘慈		エペソ3・14～21	
			B・R	ハーバート・クラッグ	勝利の秘訣	ローマ7・14～8・17	16
		●	聖会（午後）	パウロ・リース	祈りを台無しにするもの	ヤコブ4・1～12	15
			聖会（夜）	ハーバート・クラッグ	主に栄光を得させる聖霊	ヨハネ16・14	17

第1回～第49回：聖会／バイブル・リーディング／開会・早天礼拝等一覧表　133

回	年月日	DVD		説教者	題名	聖書箇所	号
	2/26		早天祈祷会	小原 十三司		創世記41・50～51	
		●	B・R	パウロ・リース	四つの「見よ」	ヤコブ5・1～11	16
5	1966						
	2/22		開会礼拝	パウロ・リース	卓越者イエス	コロサイ1・18、3・11	17
		●	聖会（夜）	レイモンド・オートランド	罪ときよめ	詩篇51	18
	2/23		早天祈祷会	藤田 昌直		ルカ24・44～49、使徒1・12～14等	18
		●	B・R	パウロ・リース	キリスト者の責任	コロサイ1・14	18
			聖会（午後）	レイモンド・オートランド	十字架	マタイ16・13～27	19
		●	聖会（夜）	パウロ・リース	異端とキリストの優越性	コロサイ2・8、16～23	19
	2/24		早天祈祷会	車田 秋次		ヨハネ17・11～24	
			B・R	レイモンド・オートランド	聖化	ローマ12・1～8	19
		●	聖会（午後）	パウロ・リース	キリストとの一体性 1	コロサイ3	20
			聖会（夜）	レイモンド・オートランド	聖霊の満たし	エペソ5・15～21、ヨハネ14・12～18	20
	2/25		早天祈祷会	小原 十三司			
		●	B・R	パウロ・リース	キリストとの一体性 2	コロサイ3・12～17	20
6	1967						
	2/21		開会礼拝	韓 景職	忠実な思慮深い僕	マタイ24・42～47	21
			聖会（夜）	A・T・ホートン	ホーリネスの道	イザヤ書64・1～9	22
	2/22		早天祈祷会	車田 秋次		詩篇110・1～4	
			B・R	A・T・ホートン	ホーリネスを妨げるもの	イザヤ書64	23
		●	聖会（午後）	レイモンド・オートランド	エペソにある教会へ	黙示録2・1～7	21
			聖会（夜）	韓 景職	イエスの焼印	ガラテヤ6・11～18	22
	2/23		早天祈祷会	安藤 仲市		エステル4・7～17	
		●	B・R	A・T・ホートン	イザヤ書におけるホーリネス	イザヤ書	24
		●	聖会（午後）	レイモンド・オートランド	サルデスにある教会へ	黙示録3・1～6	23
		●	聖会（夜）	韓 景職	インマヌエル、エベネゼル、アドナイエレ	マタイ1・23、サムエル上7・12	23
	2/24		早天祈祷会	小原 十三司			
		●	B・R	レイモンド・オートランド	実を結ぶ生涯の秘訣	ヨハネ15・1～8	24
7	1968						
	2/27		開会礼拝	パウロ・リース	新約聖書における至聖所 1	ヨハネ13・1～17	25
			聖会（夜）	クリスティン・ウィルソン	あなた方のうちに在すキリスト・生命	黙示録3・14～21	25
	2/28		早天祈祷会	小原 十三司		Ⅱコリント12・7～9	
		●	B・R	パウロ・リース	新約聖書における至聖所 2	ヨハネ14・16	26
		●	聖会（午後）	クリスティン・ウィルソン	うちに在すキリスト・力	ピリピ2・3～11	26
		●	聖会（夜）	パウロ・リース	新約聖書における至聖所 3	ヨハネ14	27
	2/29		早天祈祷会	車田 秋次		エペソ1・13～19	
		●	B・R	クリスティン・ウィルソン	うちに在すキリスト・祝福	ヨハネ4・5～29	27
		●	聖会（午後）	パウロ・リース	新約聖書における至聖所 4	ヨハネ15・1～17	28
		●	講演（夜）	ボブ・ピアス	若人に訴える	Ⅰテサロニケ5・24	28
	3/1		早天祈祷会	藤田 昌直		ヨハネ6・5～21	
		●	B・R	パウロ・リース	新約聖書における至聖所 5	ヨハネ15・18～27	44
8	1969						
	2/18		開会礼拝	スポードゥ・サファー	イエス・キリストの人格とその業績の卓越性 1	コロサイ2・6	30
			聖会（夜）	スケヴィントン・ウッド	三つの祝福	エペソ1・15～23	29
	2/19		早天祈祷会	小原 十三司		エレミヤ書33・3、ヘブル4・16	
		●	B・R	パウロ・リース	キリストの顔に輝く神の栄光	Ⅱコリント3・12～4・12	29
			聖会（午後）	スケヴィントン・ウッド	二つの分離	イザヤ書59・1～16	30
			聖会（夜）	スポードゥ・サファー	イエス・キリストの人格とその業績の卓越性 2	コロサイ2・6	
	2/20		早天祈祷会	伊藤 栄一		Ⅰヨハネ3・1、ヨハネ3・16～17、イザヤ7・1～9	
		●	B・R	パウロ・リース	キリストの愛	Ⅱコリント5・6～21	31
			聖会（午後）	スケヴィントン・ウッド	神の愛	Ⅰヨハネ4・7～21	31
			聖会（夜）	スポードゥ・サファー	上にあるものを求めなさい	コロサイ3・1～17	32
	2/21		早天祈祷会	小原 十三司		ヤコブ5・13～16	
			B・R	パウロ・リース	弱さを克服するキリストの力	Ⅱコリント12・1～10	32
9	1970						
	2/24		開会礼拝	パウロ・リース	「余分のはかり」の原理	マタイ5・27	33
			〃	ジョージ・ダンカン	キリスト者の美・魅力	詩篇149・4	33

134　荒野から聖なる大路へ　日本ケズィック・コンベンション50年記念誌

回	年月日	DVD		説教者	題名	聖書箇所	号
		●	聖会（夜）	ジョージ・ダンカン	より重要な生活への召命	出エジプト記3・1〜10	34
	2/25		早天祈祷会	小原 十三司		ルカ8・4〜8	
		●	B・R	パウロ・リース	第一のものを第一に	マタイ6・24〜34	34
		●	聖会（午後）	ジョージ・ダンカン	よい羊飼	ヨハネ10・11〜29	35
			B・R（夜）	パウロ・リース	弟子たるものを不適格にする欠陥	ルカ6・39〜49	35
	2/26		早天祈祷会	藤村 勇		Ⅰコリント15・10	
		●	聖会（午前）	ジョージ・ダンカン	神の僕が出会う六つの危険	ルカ11・37〜54	35
			B・R（午後）	パウロ・リース	弟子たるものに要請されている全き献身	ルカ14・25〜33	36
			聖会（夜）	ジョージ・ダンカン	ヨシュアとエリコ	ヨシュア記5・13〜6・5	36
	2/27		早天祈祷会	藤田 昌直		使徒18・1〜4、24〜28	
			B・R	ジョージ・ダンカン		マタイ3・13〜4・11	
			B・R	パウロ・リース	弟子たるものに与えられたシンボル	ヨハネ13・1〜17	36
10	1971						
	2/23		開会礼拝	スタンレー・ムーニハム	まことのクリスチャン	使徒26・12〜20	37
			〃	リチャード・ルーカス	クリスチャンであることの意義	エペソ2・8、コロサイ1・11等	37
		●	聖会（夜）	スタンレー・ムーニハム	クリスチャンの使命	ヨハネ20・19〜23	38
	2/24	●	早天祈祷会	車田 秋次		ヨハネ7・37〜39	
		●	B・R	スタンレー・ムーニハム	クリスチャンの動機	Ⅱコリント5・14〜21	38
			聖会（午後）	リチャード・ルーカス	安息の生活	マタイ11・25〜30	38
			牧会ゼミ	スタンレー・ムーニハム			40
			B・R（夜）	スタンレー・ムーニハム	キリスト者の悲劇	黙示録2・1〜7	39
	2/25	●	早天祈祷会	小原 十三司		ルカ11・1〜13	
			聖会（午前）	スタンレー・ムーニハム	キリスト者のメッセージ	ガラテヤ6・7〜15	39
			B・R（午後）	リチャード・ルーカス	神による恢復	列王紀上19・11〜18	39
			牧会ゼミ	リチャード・ルーカス			40
		●	聖会（夜）	リチャード・ルーカス	キリスト者の戦いと勝利	マタイ4・1〜11	40
	2/26	●	早天祈祷会	藤田 昌直		出エジプト記12・1〜13	
			B・R	リチャード・ルーカス	有用にして美しき奉仕	マルコ14・1〜11	40
11	1972						
	2/29		開会礼拝	パウロ・リース	ガラテヤ書講解 1（テープなし）	ガラテヤ5・1〜15	41
			聖会（夜）	レイモンド・オートランド	ダビデの二つの秘密	サムエル記上16・1〜13	41
			〃	韓 景職	ヴィジョン・信仰・愛	イザヤ書6・1〜8	41
	3/1		早天祈祷会	車田 秋次		エペソ1・13〜19	
			B・R	パウロ・リース	ガラテヤ書講解 2	ガラテヤ5・16〜26	42
			教職ゼミ	レイモンド・オートランド		使徒2・42	
		●	信徒ゼミ	韓 景職	信徒の果すべき役割	Ⅰペテロ2・1〜10	42
			聖会	レイモンド・オートランド	真の友情	サムエル上18・1〜9	42
	3/2		早天祈祷会	藤田 昌直		コロサイ3・1〜4、5〜11	
		●	B・R	パウロ・リース	ガラテヤ書講解 3	ガラテヤ6・1〜10	43
			教職ゼミ	韓 景職			
			信徒ゼミ	レイモンド・オートランド	キリストの体なる教会	ローマ12・3〜8	43
			聖会	韓 景職		使徒2・1〜13	
	3/3		早天祈祷会	森山 諭		Ⅰペテロ4・7〜8	
			B・R	パウロ・リース	ガラテヤ書講解 4	ガラテヤ6・11〜18	44
12	1973						
	2/27		開会礼拝	H・M・アロースミス	ケズィックの特質	Ⅰヨハネ1・1〜10	45
		●	聖会（夜）	アラン・レッドパス	失われた嗣業	創世記 25・29〜34	45
	2/28		早天祈祷会	車田 秋次		ローマ8・26〜28	
			B・R	デビッド・モーケン	御子によって語られた	ヘブル1・1〜3	45
		●	聖会（午後）	アラン・レッドパス	いのちの御霊の法則	コロサイ3・1〜14	46
			宣教ゼミ	H・M・アロースミス			
			聖会（夜）	H・M・アロースミス		Ⅰヨハネ	
	3/1		早天祈祷会	瀬尾 要造		サムエル記上12・23	
			B・R	デビッド・モーケン	変わらざる大祭司	ヘブル4・14〜16	46
		●	聖会	H・M・アロースミス	勝利の生活	Ⅰヨハネ5・1〜5	46
			宣教ゼミ	デビッド・モーケン		使徒1・8、2・4	47
		●	聖会（夜）	アラン・レッドパス	生命の水の流れ	エゼキエル書47・1〜12	47

回	年月日	DVD		説教者	題名	聖書箇所	号
	3/2		早天祈祷会	アラン・レッドパス	力ある宣教の原則	マルコ3・14～15	47
		●	B・R	デビッド・モーケン	神に喜ばれる奉仕	ヘブル10・19～22	47
13	1974						
	2/26		開会礼拝	H・M・アロースミス	救い・聖潔・嗣業	ヘブル4・14～16	48
			聖会（夜）	デビッド・モーケン	希望の祭り	使徒1・1～11	48
	2/27		早天祈祷会	車田 秋次		ゼカリヤ12・10	
		●	B・R	リース・サミュエル	よろこびの讃歌	ピリピ1・27～30	48
			教職ゼミ	リース・サミュエル		使徒20・27	
			信徒ゼミ	デビッド・モルケン	聖霊による望みと喜び	使徒1・1～11	49
			婦人ゼミ	サミュエル夫人	家庭の宗教教育　1		49
			聖会	H・M・アロースミス	世を愛してはいけない	Ⅰヨハネ2・12～20	49
	2/28		早天祈祷会	瀬尾 要造		出エジプト記34・29、士師記16・20	
		●	B・R	リース・サミュエル	キリストの謙遜	ピリピ1・30～2・18	49
			教職ゼミ	デビッド・モルケン	御霊に満ちた教会		50
			信徒ゼミ	リース・サミュエル	信徒のつとめ	エペソ4・2～	51
			婦人ゼミ	サミュエル夫人	家庭の宗教教育　2	詩篇78・4～8	50
			聖会	H・M・アロースミス	クリスチャンの確信	Ⅰヨハネ5・6～21	51
	3/1		早天祈祷会	藤田 昌直		出エジプト記40・34～38	
		●	B・R	リース・サミュエル	栄光の望み	ピリピ3・8～21	51
14	1975						
	2/25		開会礼拝	都田 恒太郎		ヘブル1・1～3	52
			聖会（夜）	藤田 昌直	攻撃的な神の愛	出エジプト記1～2	52
	2/26		早天祈祷会	車田 秋次			
		●	B・R	アラン・レッドパス	誘惑の全領域	マタイ4・1～11	52
			聖会（午後）	藤田 昌直	血を流す神の愛	出エジプト記12・1～28	53
		●	聖会（夜）	フィリップ・テン（藤近輝）	天来のみ声	黙示録10・4、14・13、18・4等	56
	2/27		早天祈祷会	森山 諭			
			B・R	アラン・レッドパス	勝利者イエス	マタイ4・1～11	53
			聖会（午後）	藤田 昌直	神の契約の愛	出エジプト記19・1～3、5～6、20～22、24・3～8	54
			聖会（夜）	アラン・レッドパス	起きて歩め	ヨハネ5・1～9	53
	2/28		早天祈祷会	瀬尾 要造			
		●	B・R	アラン・レッドパス	勝利者イエス	ルカ4・1～15	54
15	1976						
	2/24		開会礼拝	ジョージ・ダンカン	山路の恵み	イザヤ書49・11	56
			聖会（夜）	小出 忍	教会と異端	黙示録2・1～7	55
	2/25		早天祈祷会	車田 秋次		エペソ3・14～19	
			B・R	パウロ・リース	神を敬う人	詩篇4	56
			聖会（午後）	小出 忍	教会と迫害	黙示録2・8～11	56
			教職ゼミ	ジョージ・ダンカン	牧師と聖霊との関係		57
			信徒ゼミ	パウロ・リース			
			聖会（夜）	ジョージ・ダンカン	隣人を愛せよ	ルカ10・25～37	58
	2/26		早天祈祷会	瀬尾 要造		雅歌1・6	
			B・R	パウロ・リース	主の山に登れ	詩篇24	57
			聖会（午後）	小出 忍	教会と俗化	黙示録3・14～22	57
			教職ゼミ	ジョージ・ダンカン	牧師と会衆との関係		58
			信徒ゼミ	パウロ・リース			
			聖会（夜）	ジョージ・ダンカン	聖霊の力の約束	使徒1・8	
	2/27		早天祈祷会	藤田 昌直		ヨハネ14・15～16	
			B・R	パウロ・リース	勇気ある生涯	詩篇27	58
16	1977						
	2/22		開会礼拝	ウィリアム・フィルビー	十字架を通しての救い	Ⅰコリント1・18～31	59
		●	聖会（夜）	瀬尾 要造	輝くクリスチャン	使徒6・8～15	59
	2/23		早天祈祷会	峯野 龍弘		サムエル上13～15	
			B・R	パウロ・リース	聖霊の力	使徒1・1～8	59
			聖会（午後）	瀬尾 要造	魅力ある人	使徒4・32～37	60
		●	教職ゼミ	パウロ・リース	伝道の危険　1	エペソ4・8～16	59
		●	信徒ゼミ	ウィリアム・フィルビー	信徒による伝道	使徒11・19～30	61

回	年月日	DVD		説教者	題名	聖書箇所	号
			婦人ゼミ	フィルビー夫人			
			聖会（夜）	ウィリアム・フィルビー	十字架による明け渡し	Ⅰコリント2・1〜5, 3・1〜4, 16〜23	60
		●	教職ゼミ	パウロ・リース	伝道の危険 2	エペソ4・8〜16	60
		●	信徒ゼミ	ウィリアム・フィルビー	牧師と信徒	Ⅱコリント10・1〜6	62
			婦人ゼミ	フィルビー夫人			
	2/24		早天祈祷会	小出 忍		マタイ	
			B・R	パウロ・リース	信徒の交わり	使徒2・41〜47	60
		●	聖会（午後）	瀬尾 要造	荒野をさして	使徒8・26〜40	61
			聖会（夜）	ウィリアム・フィルビー	十字架から出る奉仕	Ⅰコリント3	61
	2/25		早天祈祷会	藤田 昌直		ヨハネ13・1〜17	
			B・R	パウロ・リース	恵み	使徒4・23〜37	61
17	1978						
	2/28	●	開会礼拝	スティーブン・オルフォード	全き救い	詩篇24・1〜6	63
			聖会（夜）	小出 忍	大勇士ギデオン	士師記6・11〜16	63
	3/1		早天祈祷会	尾花 晃		ルカ11・8	
		●	B・R	ジョージ・ダンカン	讃美の真珠	ピリピ1・12〜26	63
			聖会（午後）	瀬尾 要造	ヤコブの神	ホセア書12・2〜6	64
			教職ゼミ	ジョージ・ダンカン	主に仕える	使徒20・17〜35	66
			信徒ゼミ	スティーブン・オルフォード	信徒と牧師	ヘブル13・7, 17, 24	65
			婦人ゼミ	ヘザー・オルフォード			
		●	聖会（夜）	スティーブン・オルフォード	全き自由	Ⅱコリント3・12〜17	64
	3/2		早天祈祷会	森山 諭	イスラエル王国を生み出したハンナの祈り		
		●	B・R	ジョージ・ダンカン	成長の真珠	ピリピ2・12〜18	64
			聖会（午後）	藤田 昌直	約束の国	ヘブル4・1	65
			教職ゼミ	ジョージ・ダンカン	伝道の定義と実際		66
			信徒ゼミ	スティーブン・オルフォード	信徒の職務		66
			婦人ゼミ	ヘザー・オルフォード			
		●	聖会（夜）	スティーブン・オルフォード	救いの熱情	ローマ9・1〜5	65
	3/3		早天祈祷会	中嶋 彰		出エジプト記33・41	
		●	B・R	ジョージ・ダンカン	キリストの真珠	ピリピ3・7〜14	65
18	1979						
	2/27		開会礼拝	アラン・レッドパス	弱さと強さ	列王紀上3・1〜15	67
			聖会（夜）	韓 景職	イザヤの聖召	イザヤ書6・1〜8	67
	2/28	●	早天祈祷会	安藤 仲市		ルカ9・27〜28	
			B・R	パウロ・リース	いよいよ豊かになる愛	ピリピ1・1〜11	67
			聖会（午後）	韓 景職	勝利の確信	ローマ8・31〜39	68
		●	教職ゼミ	アラン・レッドパス	牧師から牧師へ		70
		●	信徒ゼミ	パウロ・リース	交わりの教会	使徒2・36〜47	70
			婦人ゼミ	レッドパス夫人			
			聖会（夜）	アラン・レッドパス	ダニエルの祈り	ダニエル書9・22, 23	68
	3/1	●	早天祈祷会	中嶋 彰		詩篇103	
			B・R	パウロ・リース	輝きわたる光	ピリピ2・1〜16	68
		●	聖会（午後）	韓 景職	伝道と愛	ヨハネ13・31〜35	69
			教職ゼミ	アラン・レッドパス			
			信徒ゼミ	パウロ・リース	教会成長論	エペソ4・11〜16	70
			婦人ゼミ	レッドパス夫人			
			聖会（夜）	アラン・レッドパス	勝利の生活	ローマ8・1〜13	69
	3/2		早天祈祷会	瀬尾 要造		ピリピ1・21	
			B・R	パウロ・リース	強くしてくださる主	ピリピ4・1〜9	69
19	1980						
	2/26		開会礼拝	H・M・アロースミス	生ける神の子	Ⅱテモテ1・6〜13	71
			聖会（夜）	朴 朝駿	信仰の祝福	ヘブル11・33〜40	71
	2/27	●	早天祈祷会	尾花 晃		ホセア書12・3〜4	
			B・R	ジョージ・ダンカン	ナオミ	ルツ記1・1〜18	71
			聖会（午後）	朴 朝駿	生ける望み	Ⅰペテロ1・3〜9	72
			教職ゼミ	ジョージ・ダンカン	聖言を宣べつたえる者としての牧師の働き		
			信徒ゼミ	H・M・アロースミス	教会と教職	Ⅱコリント2	74

回	年月日	DVD	説教者	題名	聖書箇所	号
			青年ゼミ	朴 朝駿	青年の使命	ダニエル書10・11	74
		●	聖会（夜）	H・M・アロースミス	十字架のキリスト	ルカ22・42、23・33〜34	72
	2/28	●	早天祈祷会	本田 弘慈		ゼカリヤ書4・5〜7	
			B・R	ジョージ・ダンカン	アブラハムの従順	創世記12・1〜9、13・1〜18	72
			聖会（午後）	朴 朝駿	最も大いなるもの・愛	Iヨハネ4・7〜11	73
			教職ゼミ	ジョージ・ダンカン	よい羊飼い	ヨハネ10・11〜18、27〜29	74
			信徒ゼミ	H・M・アロースミス		IIコリント4・5〜8	
			青年ゼミ	朴 朝駿		ダニエル10・10〜21	
			聖会（夜）	H・M・アロースミス	来るべき王なるイエス・キリスト	詩篇24・1〜10	73
	2/29	●	早天祈祷会	小出 忍		イザヤ書25・6〜9	
		●	B・R	ジョージ・ダンカン	愛せられる人ダニエル	ダニエル書10・4〜14	73
20	1981						
	2/24		開会礼拝	キース・A・A・ウェストン	栄光ある恵み	エペソ1・1〜14	75
			聖会（夜）	スティーブン・オルフォード	評価する時	申命記8・1〜10	75
	2/25	●	早天祈祷会	都田 恒太郎		出エジプト記17・1〜7、詩篇42・23	
			B・R	パウロ・リース	結実を覚えよ	ヨハネ15・1〜9	75
			聖会（午後）	キース・A・A・ウェストン	パウロの祈り	エペソ3・14〜19	76
			教職ゼミ	パウロ・リース	説教について	コロサイ1・28〜29、Iテサロニケ1・5	78
			信徒ゼミ	キース・A・A・ウェストン	聖霊による一致と建設	エペソ4・1〜16	78
			青年ゼミ	スティーブン・オルフォード	結婚と伴侶	Iテサロニケ4・1〜8	78
			婦人ゼミ	オルフォード夫人			
			聖会（夜）	スティーブン・オルフォード	霊的献身・生きよりのみ	詩篇37・1〜7	76
	2/26		早天祈祷会	瀬尾 要造	祈祷の戦い	ルカ11・5〜13、18・1〜8	86
			B・R	パウロ・リース	友情を覚えよ	ヨハネ15・1〜15	76
			聖会（午後）	キース・A・A・ウェストン	勝利の生活の秘訣	エペソ6・10〜11	77
			教職ゼミ	パウロ・リース		Iテモテ4・11〜16	
			信徒ゼミ	キース・A・A・ウェストン		テトス2・11〜3・8	
			青年ゼミ	スティーブン・オルフォード		エペソ2・1〜10	
			婦人ゼミ	オルフォード夫人			
			聖会（夜）	スティーブン・オルフォード	奉仕への参画	ガラテヤ1・6〜17	77
	2/27		早天祈祷会	安藤 仲市		出エジプト記33・12〜23	
			B・R	パウロ・リース	戦いを覚えよ	ヨハネ16・1〜4	77
21	1982						
	2/16		開会礼拝	アラン・レッドパス	注がれる生命の水	イザヤ書44・1〜8	79
			聖会（夜）	金 俊坤	不可能を可能にする信仰	マタイ9・27〜31、箴言29・18	79
	2/17		早天祈祷会	森山 諭		ヨハネ9・4	
			B・R	パウロ・リース	任命の更新	IIテモテ3・10〜17	80
			聖会（午後）	中嶋 彰	巡礼者のうた	詩篇121	82
			教職ゼミ	パウロ・リース		ヘブル7・22〜28	
			信徒ゼミ	金 俊坤	なぜ伝道しなければならないか	マタイ28・18〜19、使徒1・8	80
			婦人ゼミ	レッドパス夫人			
			聖会（夜）	アラン・レッドパス	成功的キリスト者と、失敗的キリスト者	イザヤ書59・1〜3、9〜16	80
	2/18		早天祈祷会	安藤 仲市		詩篇16	
			B・R	パウロ・リース	キリスト中心の生活	IIテモテ2・1〜26	81
			聖会（午後）	瀬尾 要造	信仰の動力	ヘブル11・23〜27	82
			教職ゼミ	パウロ・リース		Iテモテ6・11〜16	
			信徒ゼミ	金 俊坤	山を移す信仰の祈り		81
			婦人ゼミ	レッドパス夫人			
			聖会（夜）	アラン・レッドパス	パンを与えよ	ルカ11・1〜11	81
	2/19		早天祈祷会	杉本 勉		使徒16・25〜34	
			B・R	パウロ・リース	大切なことを知りなさい	IIテモテ4・3〜4	82
22	1983						
	3/1		開会礼拝	アラン・ニーチ	恵みの永続的結果	使徒2・37〜47	83
			聖会（夜）	アラン・ウォーカー	神の御子を信ずる信仰	ガラテヤ2・19〜20	83
	3/2		早天祈祷会	本田 弘慈		イザヤ書44・1〜5、ルカ3・15〜22、4・1〜2等	
			B・R	パウロ・リース	従順	Iペテロ1・2、3、14〜15、22	83
			聖会（午後）	アラン・ニーチ	聖霊によるみ業の進展	使徒3・1〜11、4・23〜27	84

回	年月日	DVD		説教者	題名	聖書箇所	号
			教職ゼミ	パウロ・リース		コロサイ1・21～29	
			信徒ゼミ	アラン・ウォーカー		Ⅰペテロ2・5～10、5・9	
			婦人ゼミ	ニーチ夫人			
			聖会（夜）	アラン・ウォーカー	聖霊の力ある働き	使徒2・1～21	84
	3/3		早天祈祷会	瀬尾 要造		ヨハネ3・27～30	
			B・R	パウロ・リース	十字架	Ⅰペテロ1・18～19、2・21～25、3・17～18等	84
			聖会（午後）	アラン・ニーチ	クリスチャンの確立	使徒11・19～30	85
			教職ゼミ	パウロ・リース			
			信徒ゼミ	アラン・ウォーカー		ルカ10・1～9、17～20	
			婦人ゼミ	ウォーカー夫人			
			聖会（夜）	アラン・ウォーカー	全き明け渡しの生涯	マタイ28・16～20	85
	3/4		早天祈祷会	峯野 龍弘	義人は信仰によって生きる	ハバクク書	86
			B・R	パウロ・リース	苦難	Ⅰペテロ1・6～8、3・13～17、4・12～19等	85
23	1984						
	2/28		開会礼拝	ジョージ・ダンカン	閉じられた園	雅歌4・12～16	87
			聖会（夜）	小出 忍	メネ・メネ・テケル・ウパルシン	ダニエル書5・24～31	87
	2/29		早天祈祷会	尾花 晃		ヨハネ15・1～16	
			B・R	パウロ・リース	モーセ	出エジプト記3・1～12	87
			聖会（午後）	瀬尾 要造	ことばの功罪	ヤコブ3・1～12	88
			教職ゼミ	ジョージ・ダンカン			
			信徒ゼミ	パウロ・リース		使徒3・1～16	
			婦人ゼミ	本田 弘慈		ヨハネ13・1～17	
			聖会（夜）	ジョージ・ダンカン	すべてを黙って神に	ヨハネ4・46～54	88
	3/1		早天祈祷会	増田 誉雄		Ⅱコリント4・6～18	
			B・R	パウロ・リース	カレブ	民数記13・1～33、ヨシュア記14・6～15	88
			聖会（午後）	森山 諭	らい病人のきよめ	列王紀下5・1～15	89
			教職ゼミ	ジョージ・ダンカン			
			信徒ゼミ	パウロ・リース		ヨハネ20・19～23	
			婦人ゼミ	本田 弘慈		エペソ3・16～24	
			聖会（夜）	ジョージ・ダンカン	イエス・キリストの奴隷	出エジプト記21・1～6	89
	3/2		早天祈祷会	安藤 仲市		ヘブル5・7～10	
			B・R	パウロ・リース	エゼキエル	エゼキエル書1・1～3、2・1～8、3・12～15	90
24	1985						
	2/26		開会礼拝	ディック・ルーカス	キリストの主権	マルコ1・14～20	91
			聖会（夜）	瀬尾 要造	戦慄と魅力	イザヤ書6・1～8	92
	2/27		早天祈祷会	峯野 龍弘		詩篇24	
			B・R	パウロ・リース	教会が若かった時　1	使徒1・1～8	91
		●	聖会（午後）	中嶋 彰	勝ち得て余りある生活	ローマ8・28～39	94
			教職ゼミ	パウロ・リース		Ⅰテサロニケ2	
			信徒ゼミ	ディック・ルーカス		コロサイ1・9～10	
			婦人ゼミ	本田 弘慈		箴言31・10～12、29～31	
			聖会（夜）	ディック・ルーカス	エリヤの神	ヤコブ5・17、列王紀上17・17～24	92
	2/28	●	早天祈祷会	増田 誉雄		ローマ8・1～2	
			B・R	パウロ・リース	教会が若かった時　2	使徒20・17～38	92
		●	聖会（午後）	森山 諭	福音の全貌	ガラテヤ4・4～7	94
			教職ゼミ	ディック・ルーカス		Ⅱテモテ4・1～5	
			信徒ゼミ	パウロ・リース		Ⅰテサロニケ5・12～28	
			婦人ゼミ	安藤 仲市		エペソ3・14～21	
			聖会（夜）	ディック・ルーカス	神に用いられる器	列王紀下2・1～18	93
	2/29		早天祈祷会	杉本 勉		詩篇127	
			B・R	パウロ・リース	教会が若かった時　3	使徒20・17～38	93
25	1986						
	2/25	●	開会礼拝	P・H・ハッキング	極みまでの愛	ヨハネ13・1～7	95
		●	聖会（夜）	P・H・ハッキング	聖霊の恩寵	ローマ8・1～17	96
	2/26		早天祈祷会	森山 諭		Ⅱテモテ4・1～8	
			B・R	パウロ・リース	われらに必要な祭司	ヘブル2・17～18、4・14～16	95
		●	聖会（午後）	P・H・ハッキング	聖徒の歩みと品性の香り	エペソ4・17～5・2	97

第1回～第49回：聖会／バイブル・リーディング／開会・早天礼拝等一覧表　139

回	年月日	DVD		説教者	題名	聖書箇所	号
			聖会（夜）	パウロ・リース	生きて働く信仰	ヘブル4・14〜16, 10・19〜23, 11・1〜6	96
	2/27		早天祈祷会	尾花 晃		ガラテヤ2・15〜21	
			B・R	パウロ・リース	すべてが優勝できる競技	ヘブル12・1〜7	98
			聖会（午後）	D・F・キンロー	主権者である主	詩篇93	95
		●	聖会（夜）	P・H・ハッキング	義の冠を目指して	Ⅱテモテ4・1〜8	98
	2/28		早天祈祷会	瀬尾 要造		ルカ16・1〜13	
			B・R	パウロ・リース	分かたれた主権	イザヤ書26・13	98
26	1987						
	2/24		開会礼拝	ジョージ・ダンカン	ただひとり神の聖前に	マタイ26・36〜46	99
			聖会（夜）	スティーブン・オルフォード	聖い生活の秘訣	マタイ5・8	99
	2/25		早天祈祷会	瀬尾 要造	冬になる前に	Ⅱテモテ4・1〜22	102
			B・R	パウロ・リース	エペソの教会へのメッセージ	黙示録2・1〜7	99
			聖会（午後）	ジョージ・ダンカン	罪のゆるしの祝福	マタイ6・9〜15, 18・23〜25	100
			聖会（夜）	スティーブン・オルフォード	勝利の生活	マタイ5・6	100
	2/26		早天祈祷会	峯野 龍弘	逆境に打ち勝つための勝利の信仰生活の秘訣	詩篇34	102
			B・R	パウロ・リース	テアテラの教会へのメッセージ	黙示録2・18〜29	100
			聖会（午後）	ジョージ・ダンカン	注ぎ出された御霊の油	列王紀下 4・1〜7	101
			聖会（夜）	スティーブン・オルフォード	奉仕の生活の祝福	マタイ5・9	101
	2/27		早天祈祷会	森山 諭	神の子の身分と栄光	Ⅰヨハネ3・1〜3	102
			B・R	パウロ・リース	ラオデキヤの教会へのメッセージ	黙示録3・14〜22	101
27	1988						
	2/23		開会礼拝	ジョージ・ダンカン	みことばの祝福	詩篇1・1〜6	103
			聖会（夜）	エリック・クライトン	ヤコブから、イスラエルへ	創世記32・22〜32	103
	2/24		早天祈祷会	峯野 龍弘	宣教と救霊の障害と自我	ヨナ書	106
			B・R	ジョージ・ダンカン	信仰の戦い	エペソ6・10〜18	104
			聖会（午後）	森山 諭			
			青年ゼミ	ウィリアム・ニューエル	回復のための祈り	詩篇80	103
			聖会（夜）	エリック・クライトン	サムソンの生涯の教訓	士師記16・13〜22	104
	2/25		早天祈祷会	本間 義信	ルデヤの回心とその前後	使徒16・11〜15	105
			B・R	ジョージ・ダンカン	閉じた園	雅歌4・12〜16	106
			聖会（午後）	本田 弘慈		ヨハネ20・19〜23	
			青年ゼミ	ウィリアム・ニューエル	リバイバルを求めて	詩篇85	104
			聖会（夜）	エリック・クライトン	キリストのくびき	マタイ11・28〜30	105
	2/26		早天祈祷会	村上 宣道		ピリピ1・12〜21	
			B・R	瀬尾 要造		ルカ9・28〜36	
28	1989					1989年以降は新共同訳聖書に準拠	
	2/21	●	開会礼拝	アラン・ニーチ	サムソンの堕落の教訓	士師記16・1〜22	107
			聖会（夜）	ジェラルド・グリフィス	多くの罪を赦された女性	ルカ7・47	107
	2/22		早天祈祷会	瀬尾 要造	謙遜	フィリピ2・1〜10	110
			B・R	パウロ・リース	幻想か？現実か？	エレミヤ書2・11〜13, ヨハネ7・37〜39	107
			聖会（午後）	ジェラルド・グリフィス	隣人愛に生きる	ルカ10	108
			教職ゼミ	アラン・ニーチ		使徒20・13〜38	
			婦人ゼミ	グリフィス夫人		Ⅱコリント12・5〜10	
			青年ゼミ	本田 弘慈		Ⅰテサロニケ4・1〜8	
		●	聖会（夜）	アラン・ニーチ	プレッシャーの祝福	ローマ8・22〜39	108
	2/23		早天祈祷会	峯野 龍弘	祝福を求めて	ハガイ書	110
			B・R	パウロ・リース	信仰の勇者	ヨハネ15・18〜27, 16・1〜4	108
			聖会（午後）	ジェラルド・グリフィス	求めの切なるによりて	ルカ11・1〜13	109
			教職ゼミ	ジェラルド・グリフィス		Ⅰテモテ4・11〜16	
			婦人ゼミ	グリフィス夫人			
			青年ゼミ	本田 弘慈		使徒2・16〜21	
		●	聖会（夜）	アラン・ニーチ	御霊に支配された生涯	コロサイ1・15〜29	109
	2/24		早天祈祷会	尾花 晃	その子をわたしの所に	マタイ17・14, 21	
			B・R	パウロ・リース	教会の使命	ヨハネ20・19〜23	109
29	1990						
	2/27		開会礼拝	瀬尾 要造	神の手にある粘土	エレミヤ書18・1〜4	111
			聖会（夜）	スティーブン・オルフォード	勝利のキリスト	ヨハネ17・1〜26	111

回	年月日	DVD		説教者	題名	聖書箇所	号
			2/28	早天祈祷会	杉本 勉	教会の忠実な僕	エフェソ6・21〜22	114
			B・R	レイモンド・ブラウン	悪魔の誘惑を受けられたイエス 1	ルカ4・1〜15	111
			聖会（午後）	峯野 龍弘	贖い主の愛	イザヤ書43・1〜11	112
			教職ゼミ	スティーブン・オルフォード		使徒6・1〜6	
			婦人ゼミ	オルフォード夫人		ヨハネ6・1〜14	
			青年ゼミ	レイモンド・ブラウン		使徒3・1〜11	
			聖会（夜）	スティーブン・オルフォード	キリストの支配	ローマ14・7〜12	112
		3/1	早天祈祷会	本間 義信	ゆるしと成熟	詩編105・16〜23	114
			B・R	レイモンド・ブラウン	悪魔の誘惑を受けられたイエス 2	ルカ4・1〜15	112
			聖会（午後）	本田 弘慈	聖霊を受けよ	エフェソ5・15〜21	113
			教職ゼミ	レイモンド・ブラウン		出エジプト記34・29、士師記16・20	
			婦人ゼミ	ブラウン夫人		ルカ8・1〜4、24・1〜10	
			青年ゼミ				
			聖会（夜）	スティーブン・オルフォード	キリストの命令	ローマ12・11	113
		3/2	早天祈祷会	中島 彰	終わりまであなたの道を行きなさい	Ⅰペトロ2・9〜10	114
			B・R	レイモンド・ブラウン	悪魔の誘惑を受けられたイエス 3	ルカ4・1〜15	113
30	1991						
		2/26	開会礼拝	エリック・クライトン	キリストの心を心とせよ	ルカ2・41〜52	以下略集
		●	聖会（夜）	サムエル・T・カマレーソン	あらゆる苦い根からの解放	エフェソ3・14〜21	
		2/27	早天祈祷会	瀬尾 要造	怒り—良いか？悪いか？		
			B・R	ジョージ・ダンカン	補佐役アンデレ	ヨハネ1・35〜42、6・5〜14、12・20〜23	
		●	聖会（午後）	サムエル・T・カマレーソン	変貌させるキリストの能力	フィリピ3・1〜11	
			聖会（夜）	エリック・クライトン	聖なる生涯への優先順位 1	マタイ4・1〜12	
		2/28	早天祈祷会	峯野 龍弘	人生の荒野経験を克服する道	詩編63	
			B・R	ジョージ・ダンカン	みことばに従ったエリヤ	列王記上18・20〜40	
		●	聖会（午後）	サムエル・T・カマレーソン		エゼキエル書36・25〜27、使徒7・54〜60	
			聖会（夜）	エリック・クライトン	聖なる生涯への優先順位 2	イザヤ50	
		3/1	早天祈祷会	尾花 晃	わたしの目は主に向かっている	詩編25・9、12〜15	
			B・R	ジョージ・ダンカン	感謝あふれる愛の働き	ヨハネ12・1〜9	
31	1992						
		2/25	開会礼拝	キース・K・K・ウェストン		イザヤ書6・1〜8、エレミヤ書29・11	
			聖会（夜）	瀬尾 要造	ふたごころのバラム	民数記	
		2/26	●	早天祈祷会	尾花 晃		ルカ24・49	
			B・R	デニス・キンロー		ヨハネ10・7〜21	
			聖会（午後）	本田 弘慈	キリストの血によりて	Ⅰコリント5・1〜8	
			聖会（夜）	キース・K・K・ウェストン	神の栄光ある恵み	エフェソ1・1〜14	
		2/27	早天祈祷会	峯野 龍弘		Ⅰテサロニケ1	
		●	B・R	デニス・キンロー		ヨハネ12・20〜26	
			教職ゼミ	デニス・キンロー	神と併せる人	イザヤ書59・1〜2	
			信徒ゼミ	キース・K・K・ウェストン		エフェソ4・1〜16	
			聖会（夜）	キース・K・K・ウェストン		エフェソ4・17〜5・2	
		2/28	早天祈祷会	増田 誉雄		Ⅰペトロ1・15〜16、2・1〜10	
			B・R	デニス・キンロー		ヘブライ12・1〜3	
32	1993						
		2/23	開会礼拝	瀬尾 要造	深き淵から	ヨナ書	
			聖会（夜）	スティーブン・オルフォード	聖くあれ	Ⅰペトロ1・13〜21	
		2/24	早天聖会	黒木 安信	神のみわざに生かされる	ヨハネ9・1〜7	
			B・R	フィリップ・ハッキング		Ⅰペトロ1・1〜12	
			聖会（午後）	峯野 龍弘	美しい人間関係におけるホーリネス	ピレモン1〜25	
			聖会（夜）	スティーブン・オルフォード	御霊に満たされよ	エフェソ5・15〜21	
		2/26	早天聖会	堀内 顕		ヘブライ7・24〜26	
			B・R	フィリップ・ハッキング		Ⅰペトロ1・13〜23	
			教職ゼミ	スティーブン・オルフォード		Ⅱテモテ2・1〜7	
			信徒ゼミ	フィリップ・ハッキング		Ⅰペトロ5・1〜2	
			婦人ゼミ	ヘザー・オルフォード		イザヤ書55・1〜2	
			聖会（夜）	スティーブン・オルフォード	堅く立て	Ⅰコリント15・50〜58	
		2/27	早天聖会	村上 宣道	主を私の前に置く	詩編16・1〜11	

回	年月日	DVD		説教者	題名	聖書箇所	号
			B・R	フィリップ・ハッキング		Ⅰペトロ2・1〜12	以下説教集
33	1994						
	2/22		開会礼拝	増田 誉雄	真理による聖別	ヨハネ17・14〜26	
			聖会（夜）	エリック・クライトン	陶器師の手にある土の器	エレミヤ書18・1〜6	
	2/23		早天聖会	本田 弘慈		創世記17・1	
		●	B・R	レイモンド・ブラウン		士師記6・7〜18	
			聖会（午後）	杉本 勉	みことばに堅く立つ勝利の信仰生活	イザヤ書41・8〜16	
			聖会（夜）	エリック・クライトン	生ける水の川	使徒1・1〜8、ヨハネ7・37〜39	
	2/24		早天聖会	横田 武幸		ゼカリヤ書2	
		●	B・R	レイモンド・ブラウン		士師記7・9〜21	
			教職ゼミ	レイモンド・ブラウン		エレミヤ書1・8〜11	
			信徒ゼミ	エリック・クライトン		ルカ19・1〜10	
			聖会（夜）	エリック・クライトン		出エジプト記21・1〜6	
	2/25		早天聖会	岩井 清		ローマ12・1〜2	
		●	B・R	レイモンド・ブラウン		士師記8・22〜28	
34	1995						
	2/28		開会礼拝	尾花 晃	神の御旨は	エフェソ5・17	
			聖会（夜）	ステュアート・ブリスコー	エフェソ人への祈り	エフェソ1・15〜23	
	3/1		早天聖会	中島 秀一	キリストと共にあるいのち	コロサイ3・1〜4	
			B・R	キース・K.K.ウェストン		ハガイ書1・1〜15	
			聖会（午後）	峯野 龍弘	巧妙な誘惑とキリスト者の堕落	民数記22・21〜35	
			聖会（夜）	ステュアート・ブリスコー	救い	エフェソ2・1〜10	
	3/2		早天聖会	毛戸 健二	主に在る勝利の生活	ガラテヤ2・20	
			B・R	キース・K.K.ウェストン		ハガイ書2・1〜9	
			教職ゼミ	ステュアート・ブリスコー		エフェソ3・14〜21	
			信徒ゼミ	キース・K.K.ウェストン		エフェソ4・1〜16	
			婦人ゼミ	ジル・ブリスコー		ルカ10・38〜42、ヨハネ12・1〜8	
			聖会（夜）	ステュアート・ブリスコー		エフェソ5・15〜21	
	3/3		早天聖会	朝野 洋	キリストに贖われた世界に生きる	使徒7・54〜60	
			B・R	キース・K.K.ウェストン		ハガイ書2・10〜23	
35	1996						
	2/27		開会礼拝	尾花 晃	キリストがあがめられる生活	フィリピ1・20	
			聖会（夜）	サムエル・T・カマレーソン	福音の宣教における協力	フィリピ1・1〜6	
	2/28		早天聖会	岸田 馨	信仰の絆	創世記28・13	
			B・R	フィリップ・ハッキング		ヨハネ14・1〜14	
			聖会（午後）	本田 弘慈	火をもって答える神	Ⅰ列王記18・23〜24	
			聖会（夜）	サムエル・T・カマレーソン	宣教のための同労者	フィリピ3・17〜21	
	2/29		早天聖会	本間 義信	あなたはどういう種類のクリスチャンか	使徒8・26〜40	
			B・R	フィリップ・ハッキング		ヨハネ14・15〜31	
			教職ゼミ	フィリップ・ハッキング		Ⅰテサロニケ2・1〜12	
		●	信徒ゼミ	サムエル・T・カマレーソン		エフェソ5・21〜33	
			聖会（夜）	サムエル・T・カマレーソン	キリストのよきパートナー	フィリピ3・17〜21	
	3/1		早天聖会	張田 望	救、力、歌	イザヤ書12・1〜3	
			B・R	フィリップ・ハッキング		ヨハネ15・1〜17	
36	1997						
	2/25		開会礼拝	峯野 龍弘	人生の日の出から日没まで	イザヤ書38・1〜8	
			聖会（夜）	ウィリアム・プロバスコ	キリスト者の罪、その解決	ゼカリヤ書3・1〜5	
	2/26		早天聖会	村上 宣道	皆、キリスト・イエスにあって一つ	ヨハネ17・20〜26	
			B・R	レイモンド・ブラウン		ネヘミヤ書1	
			聖会（午後）	本田 弘慈	死もまた儲けもの	フィリピ1・18〜23	
			聖会（夜）	ウィリアム・プロバスコ	きよめられた存在として	マルコ5・25〜34	
	2/27		早天聖会	久保木 勁	教会を建て上げるために	Ⅰコリント3・10〜13、Ⅰテサロニケ1・2〜3等	
			B・R	レイモンド・ブラウン		ネヘミヤ書2・1〜20	
			教職ゼミ	ウィリアム・プロバスコ	武装せよ	エフェソ6・10〜18	
			信徒ゼミ	レイモンド・ブラウン		エフェソ5・10、Ⅱコリント1・5〜9、ヘブル13・21	
			婦人ゼミ	ギャレン・プロバスコ			
			聖会（夜）	ウィリアム・プロバスコ	御霊に満たされた僕	ヨハネ2・1〜11	

回	年月日	DVD		説教者	題名	聖書箇所	号
	2/28		早天聖会	工藤 公敏	朝を大切にしよう	詩編93・5	以下説教集
			B・R	レイモンド・ブラウン		ネヘミヤ記8・1～3, 8～18	
37	1998						
	2/24	●	開会礼拝	ロバート・エイメス	信仰の自己吟味	マタイ20・1～16	
			聖会（夜）	エリック・クライトン	隠れた罪の処理	創世記20	
	2/25		早天聖会	藤村 和義	きよめを見せる	ヘブライ13・7～8	
			B・R	スティーブン・オルフォード	神の警告	ヘブライ3・7～19	
		●	聖会（午後）	ロバート・エイメス	聖なる責任	ローマ8・5～17	
			聖会（夜）	エリック・クライトン	大祭司、キリスト	ヘブライ5・1～10	
	2/26	●	早天聖会	高橋 秀夫	聖なるものとなるために	レビ記11・41～45	
			B・R	スティーブン・オルフォード	勝利の処方	ヘブライ12・1～4	
		●	聖会（午後）	ロバート・エイメス	ほふられた羊	黙示録5・1～14	
			聖会（夜）	エリック・クライトン	キリストの手紙	Ⅱコリント3・1～6, 17～18	
	2/27		早天聖会	相田 望	一つとなるために	Ⅰコリント13	
			B・R	スティーブン・オルフォード	金メダルを目指せ	ヘブライ13・1～8	
38	1999						
	2/23		開会礼拝	峯野 龍弘	ケズィック・コンベンションとはいかなるところか	ルカ5・1～11	
			聖会（夜）	ジョン・W・P・オリバー	キリストと共に	エフェソ2・1～10	
	2/24		早天聖会	黒木 安信	栄光の主イエス	ヨハネ2・1～12	
			B・R	レイモンド・ブラウン	困難な時代の中にある聖さ	出エジプト記2・1～10	
			教職ゼミ	ジョン・W・P・オリバー	福音をゆだねられた者として	Ⅰテサロニケ2・1～8	
			信徒ゼミ	レイモンド・ブラウン	聖書の正しい学び方	Ⅱテモテ3・12～17, ヨハネ17・17	
			聖会（夜）	ジョン・W・P・オリバー	パウロの祈り	エフェソ1・15～23	
	2/25		早天聖会	小山 恒雄	神の選びのご目的	ヨハネ15・1～16	
			B・R	レイモンド・ブラウン	荒野の恵み	出エジプト記3・1～15	
			聖会（午後）	本田 弘慈	羊の大牧者、主イエス	詩編23	
			聖会（夜）	ジョン・W・P・オリバー	聖霊による派遣	ヨハネ20・19～23	
	2/26		早天聖会	村上 宣道	私の杯はあふれます	詩編23・1～6	
			B・R	レイモンド・ブラウン	指導者の資質	出エジプト記33・7～13	
39	2000						
	2/22		B・R	レイモンド・ブラウン	キリスト者は何を考えるべきか	Ⅰペトロ1・1～3, 13～16	
			聖会（夜）	スティーブン・オルフォード	聖霊を悲しませてはいけません	エフェソ4・25～32	
	2/23		早天聖会	横田 武幸	恵み深い主の学課	創世記39	
			B・R	レイモンド・ブラウン	神の奉仕への召し	Ⅰペトロ1・15～16, 2・9, 3・9, 5・10	
			聖会（午後）	峯野 龍弘	実践的ホーリネス	ヘブライ12・7～13	
			聖会（夜）	スティーブン・オルフォード	御霊に満たされた生活	エフェソ5・15～21	
	2/24		早天聖会	横山 義孝	主の栄光を映し出す生涯	Ⅱコリント3・12～18	
			B・R	レイモンド・ブラウン	私たちは何をなすべきなのか	Ⅰペトロ5・5～11	
			聖会（午後）	スティーブン・オルフォード	主に仕えよ	ローマ12・1～11, 出エジプト記21・1～6	
40	2001						
	2/20		B・R	デリック・ビンガム	イエス・キリストこそ希望	ヨハネ4・46～54、20・31	
			聖会（夜）	スティーブン・オルフォード	聖められた生活	Ⅰテサロニケ5・14～24	
	2/21		早天聖会	武田 二郎	対立から和解の十字架	ガラテヤ5・16～24	
			B・R	デリック・ビンガム	イエス・キリストはすべての領域の王	ヨハネ6・1～21	
			聖会（午後）	村上 宣道	栄光の幻	エゼキエル書47・1～12	
			聖会（夜）	スティーブン・オルフォード	献げられた生活	ローマ11・33～12・2	
	2/22		早天聖会	峯野 龍弘	キリストの愛のメール	Ⅲヨハネ	
			聖会（午後）	スティーブン・オルフォード	御霊に満たされた生活	ヨハネ14・12～26	
			B・R	デリック・ビンガム	イエス・キリストの最後の奇跡	ヨハネ11・17～44, 12・1～2, 12～19, Ⅰコリント4・13～18	
41	2002						
	2/19		B・R	デビッド・オルフォード	何を優先して生きるのか	ハガイ書1・1～15	
			聖会（夜）	スティーブン・オルフォード	勝利への戦略	ローマ7・14～8・4	
	2/20		早天聖会	本間 義信	日々、主の背をみつめて	Ⅱコリント1・8～10	
			B・R	デビッド・オルフォード	聖なる民の責任	Ⅰペトロ1・13～2・12	
			ユース	デビッド・オルフォード	イエス・キリストに目を注げ	ヘブライ1・1～4, 12・1～2	
			レディース	ヘザー・オルフォード	適切で十全なお方キリスト	ヨハネ6・1～14	
			聖会（夜）	スティーブン・オルフォード	自由への戦略	Ⅱコリント3・17～18	

第1回～第49回：聖会／バイブル・リーディング／開会・早天礼拝等一覧表　*143*

回	年月日	DVD	説教者	題名	聖書箇所	号
	2/21		早天聖会 村上 宣道	すべてのことを福音のために	Ⅰコリント 9・19〜23	以下説教集
			B・R デビッド・オルフォード	主への全き献身	マルコ 14・1〜11	
			聖会（午後） スティーブン・オルフォード	主の働きの戦略	マタイ 28・16〜20	
42	2003					
	2/25		B・R ロバート・エイメス	大祭司イエス	ヘブライ 4・14〜16	
			聖会（夜） テッド・レンドル	神の栄光をあらわしなさい	Ⅰコリント 6・12〜20	
	2/26		早天聖会 岡田 信常	キリストに似る	Ⅱコリント 3・6〜18	
			B・R ロバート・エイメス	神はすべての豊かさに満たされる	エフェソ 3・14〜21	
			ユース ロバート・エイメス	キリストのための働き	マタイ 20・1〜16	
			レディース ヘスター・レンドル	回復と復興	列王記下 6	
			メンズ テッド・レンドル	沖へ漕ぎだせ	ルカ 5・1〜11	
			聖会（夜） テッド・レンドル	心の審査	詩編 139・1〜6, 23〜24	
	2/27		早天聖会 峯野 龍弘	ケズィックと聖なる燃え柴の経験	出エジプト記 3・1〜15	
			B・R ロバート・エイメス	実践的ホーリネス	ルカ 5・17〜26	
			聖会（午後） テッド・レンドル	未信者の世界におけるクリスチャンの証し	使徒 1・1〜11	
43	2004					
	2/24		B・R レイモンド・ブラウン	聖なる神との出会い ベテルでのヤコブ	創世記 28・10〜22	
			聖会（夜） スティーブン・オルフォード	勝利の秘訣	ローマ 7・13〜8・4	
	2/25		早天聖会 三ツ橋 信昌	キリストの贖いの恵み	出エジプト記 25・10〜12	
			B・R レイモンド・ブラウン	聖なる神との出会い ペヌエルでのヤコブ	創世記 32・22〜32	
			ユース 村上 宣道	ただ若者にすぎないと言ってはならない	エレミヤ書 1・1〜12	
			レディース ヘザー・オルフォード	いら立ちから信頼へ	詩編 37・1〜9	
			メンズ 黒木 安信	主の家に向かって	詩編 23・1〜6	
			聖会（夜） スティーブン・オルフォード	わが霊によって	ゼカリヤ書 4・1〜14	
	2/26		早天聖会 長谷川 義信	派遣されるモーセ	出エジプト記 2・23〜3・10	
			B・R レイモンド・ブラウン	聖なる神との出会い 再びベテルでのヤコブ	創世記 35・1〜15	
			聖会（午後） スティーブン・オルフォード	宣教の働きの秘訣	ヨハネ 20・19〜23	
44	2005					
	2/22		B・R ジョナサン・ラム	クリスチャンの奉仕の代価	Ⅱコリント 4・1〜15	
			聖会（夜） テッド・レンドル	永遠に救うことのできる神	ヘブライ 7・20〜8・2	
	2/23		早天聖会 峯野 龍弘	アブラハムの召命経験に学ぶキリスト者生涯の聖別	創世記 22・1〜14	
			B・R ジョナサン・ラム	クリスチャンの希望の土台	Ⅱコリント 4・16〜5・10	
			メンズ テッド・レンドル	あなたの心を神のための王路として備えよ	ルカ 3・1〜6	
			レディース ヘスター・レンドル	喜びの中にある婦人	フィリピ 4・1〜7	
			ユース ジョナサン・ラム	将来の希望に生きる	Ⅰペトロ 1・3〜5	
			聖会（夜） テッド・レンドル	全くきよくすることのできる神	ユダ 20〜25	
	2/24		早天聖会 中島 秀一	救霊の情熱とその喜び	ルカ 15・11〜32	
			B・R ジョナサン・ラム	クリスチャンの誠実への召命	Ⅱコリント 6・1〜7・1	
			聖会（午後） テッド・レンドル	あらゆる恵みをあふれるばかり与えることのできる神	Ⅱコリント 9・6〜15	
45	2006					
	2/21		B・R ロバート・エイメス	救う御言葉	ヘブライ 7・16〜25	
			聖会（夜） デビッド・オルフォード	聖なる道	列王記上 11・1〜13	
	2/22		早天聖会 久保木 勁	ただ一つのことを	ヨハネ 9・25, ルカ 10・41〜42, フィリピ 3・13〜14	
			B・R ロバート・エイメス	教える御言葉	Ⅰヨハネ 1・1〜4	
			メンズ デビッド・オルフォード	実践的なクリスチャン生活	ヤコブ 1・22〜27	
			レディース ヘザー・オルフォード	キリストを知ること、生きること	フィリピ 3・7〜11	
			ユース 錦織 寛	あなたはわたしのもの	イザヤ書 43・1〜7	
			聖会（夜） デビッド・オルフォード	私たちの内に働く神の力	ヘブライ 13・20〜21	
	2/23		早天聖会 本間 義信	キリストへの道しるべ	マタイ 3・1〜12	
			B・R ロバート・エイメス	拒絶された御言葉	ルカ 4・14〜30	
			聖会（午後） デビッド・オルフォード	派遣され得るしもべ	フィリピ 2・1〜24	
46	2007					
	2/20		B・R スティーブ・ブレディー	愛する価値のある主	ルカ 1・1〜4, 使徒 1・1〜11	
			聖会（夜） チャールズ・プライス	「福音」とは何か	ローマ 1・16〜17	
	2/21		早天聖会 齋藤 清次	宣教と協力	アモス書 8・9〜14	
			B・R スティーブ・ブレディー	宣べ伝える価値のある福音	使徒 2・14〜41	
			メンズ スティーブ・ブレディー	熟年世代の誘惑	創世記 38・12〜30	

回	年月日	DVD		説教者	題名	聖書箇所	号
			レディース	村上 宣道			以下説教集
			ユース	峯野 慈朗	この世は「聖」なる人を求めている	エフェソ1・3〜14	
			聖会（夜）	チャールズ・プライス	「キリストの十字架」は何のためか	ローマ3・21〜31	
	2/22		早天聖会	峯野 龍弘	聖なる生涯への招きと主のご期待	Iペトロ1・1〜16	
			B・R	スティーブ・ブレディー	加わる価値のある教会	使徒11・19〜30, 13・1〜3, 15・1〜3	
			聖会（午後）	チャールズ・プライス	二つの霊的法則	ローマ7・15〜25	
47	2008						
	2/19		B・R	ジョナサン・ラム	全てを支配しておられるイエス・キリスト	黙示録1・1〜20	
			聖会（夜）	ロジャー・ウィルモア	祝福の場所	創世記32・23〜33	
	2/20		早天聖会	岩井 清	至福の交わり	Iヨハネ1・1〜2・2	
			B・R	ジョナサン・ラム	生きる覚悟と確かな希望	黙示録2・8〜11	
			メンズ	ロジャー・ウィルモア	神の聖なる人	列王記下4・8〜10, Iペトロ1・13〜16	
			レディース	峯野 龍弘	聖書に見る女性像-女性の源流エバを探ねて	創世記3・1〜6	
			ユース	ジョナサン・ラム	神の導きを知る	詩編25	
			聖会（夜）	ロジャー・ウィルモア	私たちに賜わった神の愛	Iヨハネ3・1〜3	
	2/21		早天聖会	桑原 信子	帰って仕えなさい	創世記16・1〜16	
			B・R	ジョナサン・ラム	天国の幻	黙示録7・9〜12	
			聖会（午後）	ロジャー・ウィルモア	生ける水が川となって	ヨハネ7・37〜39	
48	2009						
	2/24		B・R	ロバート・エイメス	キリストにあってわれらは一つ	フィリピ2・1〜11	
			聖会（夜）	イアン・コフィ	パウロと恐れ	使徒18・1〜11	
	2/25		早天聖会	吉田 眞	壊し、建てる	エレミヤ書1・4〜8	
			B・R	ロバート・エイメス	御言葉を宣べ伝える	ルカ5・1〜11	
			メンズ	ロバート・エイメス	あなたは私に何をしてほしいか	ルカ18・35〜42	
			レディース	エリザベス・エイメス	神と共に歩むこと	ガラテヤ5・13, 22〜24	
			ユース	イアン・コフィ	何のために生きるのか	フィリピ1	
			聖会（夜）	イアン・コフィ	モーセとためらい	出エジプト記3・1〜3	
	2/26		早天聖会	島田 勝彦	家族をキリストへ	使徒16・25〜34	
			B・R	ロバート・エイメス	主は彼らの信仰を見た	ルカ5・17〜26	
			聖会（午後）	イアン・コフィ	真の解放	使徒12・1〜19	
49	2010						
	2/23		B・R	スティーブ・ブレディ	妥協の中で生きるロト	創世記13・1〜13	
			聖会（夜）	テッド・レンドル	私たちの聖さを回復される神	詩編51・12〜17	
	2/24		早天聖会	大井 満	聖なる交わりの祝福	詩編133・1〜3	
			B・R	スティーブ・ブレディ	損失と共に生きるアブラハム	創世記23・1〜20	
			メンズ	錦織 博義	証し人として生きる	マルコ3・13〜17	
			レディース	ヘスター・レンドル	二度目のチャンス	ヨナ書1・1〜3, 3・1	
			ユース	古波津 保秀	聖霊の宮として	Iコリント6・9〜20	
			聖会（夜）	テッド・レンドル	私たちの賛美を回復される神	詩編51・16〜17	
	2/25		早天聖会	小寺 徹	希望を支える神の愛	ローマ5・1〜11	
			B・R	スティーブ・ブレディ	試練と共に生きる	創世記37〜41	
			聖会（午後）	テッド・レンドル	私たちの証しを回復される神	詩編51・11〜19	

●印のDVDの音声データは、MP3方式です。

日本ケズィック・コンベンション中央委員会構成

(2011.1 現在)

- 委員長　　峯野 龍弘
- 副委員長　村上 宣道
- 書　記　　石井 栄治、小西 直也（英文）
- 会　計　　岡田 信常
- 出　版　　黒木 安信
- 事務局長　錦織 寛
- 委　員　　安田 正、西村 哲也、小菅 剛、山崎 忍、齋藤 清次、島 隆三
- 会計監査　錦織 博義、塩島 光三
- 常任委員　峯野 龍弘、岡田 信常、黒木 安信、錦織 寛、小西 直也

日本ケズィック・コンベンション規約

沿　革

　１．イングランドの北西部にあるカンバランド地方は、いくつかの湖水が散在しているレイク・ディストリクト（湖水地域）を有し、ワーズワースやコールリッジゆかりの地でもある。その湖水の一つダウェントウォーターの北端、スキドー山の影の落ちるあたりにケズィックという閑静な町がある。北海道よりも北で、カムチャッカ半島と同緯度である。

　このケズィックという町で1875年以来（２度の世界大戦で６回休会したが）毎年聖会が開かれてきた。会する者７、８千。会期中、ケズィックの町はキリスト者であふれる。御言葉のうちに御自身を示される神を拝した大群衆は、教えられたところを実生活に現わすために、またここで獲得した主との新しいつながりを享受し、さらにこれを持ちつづけようとして、地の極をさして散って行く。

　このケズィックのメッセージの中心は「聖め」である。重厚な神学的論議ではなく、また現代世界の重要なトピックスに集中するのでもない。講師は、「聖書的・個人的・実践的聖め」を力説する。そしてそれが聖書学的にも正しい、しかも霊的な意味においても強力な説得力をもつバイブル・リーディング（聖書講解）によってなされる。

　このケズィック・コンベンションの初期の40年間、リーダーの一人であったエバン・ホプキンズは、「ケズィックの聖めは、自己の力で罪を抑圧していく意味での圧迫説でもなく、また一度聖化されたらもはや罪を犯す可能性はなくなる意味での根絶説でもない。それは、対抗・中和（Counteraction）説である」と書いている。

　さて、ケズィック・ムーブメントの先駆者として忘れてはならない３人の人物がある。それはボードマンとスミス夫妻である。これら３人は、赦罪と聖化とは区別されねばならないこと、そしていずれの経験も、神の恩寵がわれらのうちに適用せられる結果としてあるものであるが、それぞれ別個の経験であることを力説した。ことにスミス夫妻は、1872年にロンドンに移るや人々の招聘を受け、あちらこちらの社交室での集まりで聖めの説教をした。翌年の春、ヨーロッパに滞在していたボードマンが招かれ、スミス夫妻と共に連続的な聖会をした。

　この当時、この「より高いキリスト者の生活」の恵みに浴した多くの人々の中に、のちにケズィック・コンベンションにおける最も有力な説教者のひとりとなったエバン・ホプキンズがいた。

　こうしてスミス夫妻やボードマンによる諸集会の影響が四方にひろがり、1874年の夏には６日間、ブロードランズ・カンファレンスが開かれ、約100人の出席者があった。彼らは、主との交わりと、いっさいの、自ら知れる罪に対する勝利の生活を維持するために、多くの祈りと黙想の時をもった。

　さらに1874年８月29日から９月７日まで、オックスフォードにおいて、「聖書的ホーリネスの促進」のための聖会を開いたが、この聖会で霊的飛躍を経験した人のうちに、ケズィッ

ク・コンベンションの創立者の一人となったケズィックにある聖ヨハネ教会の牧師、ハーフォード・バタースビーがいた。

続いて1875年5月29日から6月7日まで、ブライトンにおいて聖会が開かれたが、それには約8千人の会衆があった。これだけの会衆を一時に収容するホールがなかったので、同時に数ヵ所で集会がもたれた。これらの諸集会でメイン・スピーカーとなったのは、ボードマンやスミス夫妻であった。

このバタースビーと、オックスフォード聖会で恵みを受けたクエイカーの信徒、ロバート・ウィルスンなどが、この「いやまされる恵み」を多くの人々に分かつために計画したのが第1回のケズィック・コンベンションであった。これはブライトンの聖会から3週間後の6月29日から始まったが、それは「実践的ホーリネスの促進のための合同聖会」という名目で開かれた。ところがスミス氏の身に思いがけぬ事件が起こり、この聖会の主催者はもとより、それに参加しようとした人々に大きなショックを与えた。バタースビーらは万難を排して、予定どおり、第1回のコンベンションをケズィックの6百人収容できるテント内で開催した。バタースビーがチェアマンになり、ウェップ・ペプローらが説教した。この聖会の出席者はわずか3、4百であった。

以来、毎年ケズィック・コンベンションが開催され7、8千の会衆が集まる（百年記念には1万数千の会衆があった）。このコンベンションのモットーは、「皆、キリスト・イエスにあって一つ」であり、これらの会衆は世界各国、また各教派からの恵みを求める人々である。また、これまでのコンベンションで用いられた講師の顔ぶれを見ても、F・B・マイアー（バプテスト）、A・T・ピアスン（アメリカの長老派）、アンドリュー・マーレー（オランダの長老派）、モール主教（英国の聖公会）、チャールズ・インウッド（メソジスト）など、いかにも多彩である。

2．ケズィックの流れの及ぶところは広く、また深い。今やこのムーブメントはアフリカ、オーストラリア、アメリカ、アジアの各地に進展している。

ひと昔、有馬で修養会が開かれていたが、宣教師たちはそれを「日本のケズィック」と呼んでいた。それは1895年（明治28年）に開始されたが、現在は大阪府下の歌垣で毎年8月に「関西聖会」として開催されている。その他、日本の各地で開かれている聖会や退修会の中には、多少とも、英国のケズィックのビジョンにかかわりのあるものがある。

しかし、われらが忘れ得ないケズィック派遣の講師はチャールズ・インウッドである。彼は1916年（大正5年）と1922年（大正11年）の2回来日した。いずれも日本の大都市に、数日間の聖会を開き1日2回の講演をした。会衆は7、8百。少なくて2百をくだらなかった。初回のは「天からの火」、次回のは「真の安息」として、彼をしのばせる講演集が出版されている。

このように、「ケズィックの流れ」が早くから日本にも及んでいたが、「東京クリスチャン・クルセード」を契機として、日本にも英国でもたれているケズィック・コンベンションのような聖会をもとうではないか、との議が起り、何回も協議を重ねた結果、1962年3月、「日本キリスト者聖会」として第1回のコンベンションが箱根湯本の三昧荘で開かれた。集まる

者5、6百名であった。講師はボブ・ピアス、ポール・リース、アフガニスタンの宣教師クリスティ・ウィルスンであった。

　その後、本会の委員4名が、1962年7月14日から21日までの英国ケズィック・コンベンションに出席し、直接コンベンションの霊気にふれ、ホートン議長らの歓待を受け、「日本キリスト者聖会」を「日本ケズィック・コンベンション」として開催する正式の了解を得た。

　日本におけるこのムーブメントはさらに進展し、1965年からは北海道ケズィック、1966年には大阪ケズィック・コンベンションが開催され、さらに、東京大会をも加え、毎年2月下旬から3月上旬にかけ、4箇所でコンベンションがもたれるようになった。1991年には九州ケズィック・コンベンション、1993年には沖縄ケズィック・コンベンション、2007年には東北ケズィック・コンベンションが始まっている。

名　　称
第 一 条　　本会は、日本ケズィック・コンベンションと称す。
　　　　　　（以下、本会と称す）

事務局
第 二 条　　本会の事務所は東京都千代田区神田駿河台2−1　OCC306に置く。

目　　的
第 三 条　　本会は、ケズィック・コンベンションの精神を受け、聖書的・個人的・実践的聖潔を強調する。
　　　　　②キリストの死とよみがえりの信仰にあずかり、内住の聖霊により、御心にかなう献身と奉仕のために、全身、全霊、全生涯をささげ、罪に対する絶えざる勝利と継続的聖い生活のための力を力説する。
　　　　　③キリスト者が、霊的覚醒ならびに信仰の深化にあずかり、主イエス・キリストにあって一つであるとの確信に立ち、主にある堅固な交わりのうちに、宣教と教会形成のために祈り、献身することを目的とする。

業　　務
第 四 条　　本会は、日本各地のコンベンション運動の推進のために次の業務を行う。
　　　　　1　ケズィック・コンベンションの精神の継承ならびに啓蒙と、各地コンベンションの育成。
　　　　　2　各地のコンベンションの運営促進と調整。
　　　　　3　講師の選定と斡旋。
　　　　　4　機関誌ならびにその他の出版物の発行。
　　　　　5　財政の協力。
　　　　　6　交流。
　　　　　7　その他の必要業務を行う。

中央委員会

第五条　本会は、本会の目的達成のために中央委員会を置く。

　　②　中央委員会は、下記のものをもって構成する。

　　1　各地区代表2名以内。

　　2　中央委員会において選任した者若干名。

　　③中央委員の任期は2年とし、再任を妨げない。

　　④中央委員会には委員長1名、副委員長2名、書記2名、会計1名、事務局長1名、会計監査2名を置く。

　　⑤中央委員会は年3回これを開き、本会の業務を行う。

　　⑥中央委員会は必要に応じて顧問及び協力委員を置くことができる。

　　⑦中央委員会は常任委員会を置き、随時これを開き日常の業務を行う。常任委員会は、委員長、副委員長、書記、会計、事務局長その他をもって構成する。

　　⑧中央委員会は各種委員会を設けることができる。

顧　　問

第六条　本会は、目的達成のために功労のあった者を顧問として委嘱することができる。

協力委員

第七条　本会はこの運動を推進するために、協力委員を委嘱することができる。

　　②協力委員は、教団、教派、各種団体の代表その他とする。

　　③協力委員の任期は、その団体の代表たる任期による。

　　④協力委員は中央委員会に陪席するものとする。

地区委員会

第八条　本会は各地区に地区委員会を置き、ケズィック・コンベンションを開催する。

財　　政

第九条　本会は以下のものをもって、その財政をまかなうものとする。

　　1　各地のコンベンションの分担金

　　2　献金

　　3　その他

会計年度

第十条　本会の会計年度は毎年1月1日に始まり、12月31日をもって終わる。

規約改正

第十一条　本規約の改正は、中央委員会において出席委員の3分の2以上の賛成を得、各地のコンベンションの同意を得なければならない。

改　　正
第　二　条　本会の事務所は東京都千代田区駿河台2－1　OCC515に置く。

付　　則
　　　　　本改正規約は2009年2月24日より実施する。

一、各地区の財政分担金については、中央委員会の年間予算を案分比例して分担する。
　　ただし、現段階においては、各地区の実情に応じて分担金を考慮するものとする。
二、広報について
　　講師の紹介、各地区のニュースの分かち合い等のために、全国的なニューズ・レターが必要である。

あとがき

　日本ケズィック・コンベンションは、2011年2月に第50回を迎える。しかし、日本でのケズィック前史とでもいうべきものが1895（明治28）年に有馬聖会として開かれており（主講師 ハドソン・テーラー）、宣教師たちはこれを日本のケズィックと呼んでいたと言われる。その後の歌垣聖会など、「霊の深まり」や「豊かなクリスチャン生活」、また「聖き」を目指して、祈りと渇望を重ねてきた心あるキリスト者たちが各地にあったことを忘れてはならない。

　第1回は、「日本キリスト者修養会」という名称で1962（昭和37）年3月、箱根・湯本の三味荘で開かれ、主講師はボブ・ピアス、パウロ・リース、クリスティー・ウイルソン（アフガニスタンの宣教師）であった。

　日本キリスト者修養会実行委員会はその年の7月、日本からの正式な代表団（金井為一郎、車田秋次、小原十三司、藤田昌直、他）を派遣、英国ケズィック委員会との会合をもった。当時の、藤田昌直師の熱い思いを記しておきたい。

　〈種々なことについて話し合いが進んでのち、いよいよ、日本ケズィック・コンベンションの名称を使うことに関してのことになった。この日まで、実のところJapan Keswick Conventionの名称を公式に使用することに遠慮を感じていた。われわれはそのことを率直に話した。しかし今日以後は、明らかに使用することを認めてほしいと申し入れた。この日までにおいても日本でこの名を使用していることは、英国ケズィック・コンベンション・カウンスルでも暗黙のうちに承知していたことではあったとは知っていたが、やはり明確にしておかなければならないと感じて、日本ケズィック・コンベンション常置委員会書記として筆者はこれをきり出したのであった。

　話の経過を述べると、ホートン議長は、初めのうちは"Japan Convention on Keswick Line"（ケズィックの線に従っての日本の聖会という意味になる）としてはどうかと申された。そして説明されるところは、大体、次のようであった。「今日まで、ケズィックの名称を使っての聖会が、世界のあちこちであったが、その内容がどうも当方の期待するところとかけ離れていて迷惑したことがある。あなたがたの方があぶないのではないが、しばらくこうしたらどうか」と。しかしわれわれは、あくまでも日本ケズィック・コンベンションで一致を見出しているのであって、この線がぼやけると、われわれの間の一致もおびやかされるものであることをあからさまに申し述べた。ホートン議長も次第に理解して、ではJapan "Keswick" Conventionとしてケズィックにインヴァーテッド・コンマをつけてはどうかと言われた。ここまできてほとんどわれわれの目的は達せられたと見た。……われわれ日本ケズィック・コンベンションは、この英国ケズィック・コンベンションの精神をうけ、コンベンション規約にその目的を明確にしている。いわゆる寄せ集めでもなければ最大公約数的な数的集まりでもない。われわれはこの聖会の特性を意識したい。たくさん集まるのはよいが、しばしば特性を失うことがある。明確な使命がなくなる。それでは存在の理由もなくなる。それが長続きしないわけである。ケズィックの伸びているわけは塩がきいているからと言えよう〉（藤田

昌直・瀬尾要造共著『ケズィック－その歴史と特質－、83 〜 85 頁)

　日本でのケズィックがどのような思いで始まったのかを、私たちは決して忘れてはならないと思う。

　この度の『50 年記念誌』編集については、中央委員会で出版特別委員会が選ばれ、各地区からも中央委員会後の出版特別委員会に出席し、協力してくださった。箱根だけでなく、各地区のケズィック開催のためには、多くの方々が愛の労を惜しまず、今日までケズィックを支えてきてくださったことを覚え、感謝は尽きない。

　この度の出版には、箱根での第 1 回からの説教が DVD に収められ、付録として加えられていることは何よりの喜びである。DVD には歴代の説教 109 編、「ケズィック誌」第 1 号〜 114 号の完全 PDF データ、「ニューズ・レター」第 1 号〜 49 号の完全 PDF データ、「ケズィックのミニストリー　その歴史・神学・貢献」、「ケズィックのミニストリー '88　その歴史と分析」が収録されている。

　私自身、今も時折、ボブ・ピアス師の「近道は罪です」(Short cut is sin) とか、ポーロ・リース師の「手ぬぐいを覚えなさい」(Remember the towel) という肉声の響きを耳にする思いになることがある。この DVD を通して、ケズィックに出席する機会のなかった方々が、ケズィックの何たるかに出会ってほしいと願わずにはおれない。

　最後に、出版特別委員会の諸師（本間 義信、錦織 博義、大井 満、錦織 寛、平島 望 [書記]、黒木 安信 [委員長]）と DVD 作成のために多大の労を負ってくださった錦織 寛師と東京聖書学院図書館の皆さん、また出版のために終始、尽力してくださったヨベルの安田正人社長に感謝したい。

　願わくは本誌が多くの人々に読まれ、ケズィックへの理解者と参加者が更に増し加えられることを祈りつつ。

2011 年 1 月

　　　　　　　　　　　　　　第 50 回 日本ケズィック・コンベンションを前に
　　　　　　　　　　　　　　　　　　出版特別委員会委員長　黒木 安信

「ケズィック 50 年記念誌」付録 DVD の使用法について

1．この DVD は日本ケズィック 50 年記念誌の付録であり、バラ売りはしておりません。なお、この DVD を複製して配布したり、販売したりすること、インターネット等で公開することは固くお断りいたします。

2．この DVD はデータ DVD ですので、コンピューターでご使用ください。DVD プレーヤーや CD プレーヤーなどで使用することはできません。

3．この DVD はＭ ac でも Windows でも使用することができます。

4．この DVD には二つのフォルダーが入っています。
① 「**ケズィック機関誌 PDF**」というフォルダーには過去の『**ケズィック　１〜114 号**』誌、『**日本ケズィック・コンベンション　ニューズ・レター　１〜 49 号**』、『**ケズィックのミニストリー　その歴史・神学・貢献**』、『**ケズィックのミニストリー '88　その歴史と分析**』の内容が PDF というフォーマットで入っています。

ファイルをダブルクリックすると、大概のコンピューターにインストールされているアクロバットリーダーというソフトが自動で立ち上がり、内容を表示します。このデータは単なる画像データではなく、テキストが埋め込まれていますので、用語の検索なども可能です。（ただし、テキストデータは自動認識しているため、間違いも多く含まれています。ご了承ください）。

② 「**ケズィック説教 MP3**」というフォルダーには、過去のケズィックでなされた説教の中から選択された **109 篇の説教音声データ**が年ごとのサブフォルダーに分けて収録されています。（収録された説教は 133 〜 145 頁の**一覧表**でご確認できます。）

聞きたい説教のデータをコンピューターで選んで、ダブルクリックするなどして開くと、自動的に MP3 データを再生するためのプログラムが起動します。このデータは、皆さんのお持ちになっているデジタルオーディオプレーヤー等でも再生することができます。ただし、古い説教は音質が悪く、聞きづらいことがあるかもしれません。オリジナルの音源の劣化によるものですのでご了承ください。

5．万が一、このディスクが最初から不良品であった場合にはお取り替えいたしますので、遠慮なくお申し出ください。

6．今回の説教の音声データのデジタル化のためには東京聖書学院図書館が多くの犠牲を払い、労をとってくださいました。心よりお礼申し上げます。

2011 年 1 月
出版特別委員会委員　錦織　寛

荒野から聖なる大路へ　日本ケズィック・コンベンション 50 年記念誌

2011 年 2 月 20 日　初版発行

編　集　日本ケズィック・コンベンション 50 年記念誌出版特別委員会
発行者　日本ケズィック・コンベンション
　　　　〒 101-0062　東京都千代田区神田駿河台 2-1 OCC ビル 515
　　　　　Tel 03-3291-1910（Fax 兼用）
　　　　　http://www17. plala. or. jp/keswick/
　　　　　e-mail：jkeswick@snow. plala. or. jp

発行所　株式会社ヨベル　YOBEL Inc.
　　　　〒 113-0033　東京都文京区本郷 4 - 1 - 1
　　　　Tel 03-3818-4851　e-mail：info@yobel. co. jp
DTP・印刷　株式会社ヨベル

定価は表紙に表示してあります。
本書の無断複写（コピー）は著作権法上での例外を除き、禁じられています。
落丁本・乱丁本は小社宛にお送りください。送料小社負担にてお取り替えいたします。

配給元─日キ販　東京都新宿区新小川町 9-1　振替 00130-3-60976　Tel03-3260-5670
©Japan Keswick Convention 2011, Printed in Japan　ISBN978-4-946565-69-4